中国国家汉办规划教材
体验汉语系列教材

MW00635293

Experiencing Chinese
Oral Course

体验汉语

口语教程

Tiyan Hanyu Kouyu Jiaocheng

主　编　　陈作宏
编　者　　江傲霜　陈作宏

高等教育出版社·北京
HIGHER EDUCATION PRESS　BEIJING

图书在版编目(CIP)数据

体验汉语口语教程.1/陈作宏主编.—北京:高等教育出版社,2010.3(2015.4重印)
ISBN 978 – 7 – 04 – 028400 – 3

Ⅰ.①体…Ⅱ.①陈…Ⅲ.①汉语 – 口语 – 对外汉语教学 – 教材 Ⅳ.①H195.4

中国版本图书馆 CIP 数据核字(2010)第 011640 号

策划编辑 梁 宇	责任编辑 梁 宇	封面设计 彩奇风	版式设计 刘 艳
责任绘图 彩奇风	插图选配 赵奕博 王 群	责任校对 梁 宇	责任印制 毛斯璐

出版发行	高等教育出版社	咨询电话 400 – 810 – 0598
社　　址	北京市西城区德外大街 4 号	网　　址 http://www.hep.com.cn
邮政编码	100120	http://www.chinesexp.com.cn
印　　刷	北京北苑印刷有限责任公司	网上订购 http://www.landraco.com
开　　本	889×1194　1/16	http://www.landraco.com.cn
印　　张	19.75	
字　　数	578 000	版　　次 2010 年 3 月第 1 版
购书热线	010 – 58581118	印　　次 2015 年 4 月第 7 次印刷

本书如有缺页、倒页、脱页等质量问题,请到所购图书销售部门联系调换

版权所有　侵权必究

物 料 号　28400 – 00

ISBN 978 – 7 – 04 – 028400 – 3
06500

    口语教学在对外汉语教学中一直受到高度重视，国内大多数对外汉语教学单位也都单独开设以提高学习者口语交际技能为主要目的的口语课。尽管口语课的教学目标十分明确，而且大家对口语教学的特点也早已达成了共识，但是在实际的课堂教学中还是存在初级阶段精读化，中高级阶段泛读化的问题。因此我们希望编写一套不但能体现教学法理念、能提供教学内容，同时也能引导教师采用符合口语教学特点的方法进行教学的口语教材。

    《体验汉语口语教程》采用以任务为中心的体验式的课堂教学模式，力求体现在使用汉语中学习汉语的体验式的教学理念，并吸取各教学法之长，特别是任务型语言教学的优势。本教材设计以意义为中心的课堂活动和贴近真实生活的任务练习来提升课堂教学的互动性和交际性。每课都按照任务型语言教学模式设计教学环节，"任务前"的准备和以语言输入为主的活动，"任务中"以完成具体交际任务为目的的语言输出活动以及"任务后"的语言练习和扩展活动，为教学提供了较为完整的环节和步骤。

    《体验汉语口语教程》参考《高等学校外国留学生汉语教学大纲》(长期进修)的分级确定教学等级和难度；参考《国际汉语教学大纲》的《教学话题及内容建议》确定教学内容。全套共分8册。1、2、3为初级，4为准中级，5、6为中级，7、8为高级。

    考虑到学习者学习经历复杂，而且学习者使用教材时并不是顺接的多样性特点，以及学习者虽然学习时间较短但希望有较大提高的需求，每册都采取适当降低起点，适当延伸内容难度的做法。在确定生词和学习内容时各册之间均采取搭接的方式，循环递进地进行教学。

    《体验汉语口语教程》具有如下特点：

    1. 将表达功能和语言运用结合起来，以贴近生活的口头交际任务为主线编写，以提高教学内容的实用性。

    2. 教学内容的安排力求与课堂教学环节一致，并为新教师提供教学建议，以减轻教师的备课负担。

    3. 考虑到学习者学习经历复杂的特殊性，每一课都设计了一个准备环节，对相关内容、词语和句子等进行复习和预习，为教学顺利进行做热身和准备。

    4. 教学环节以及交际活动的设计符合语言学习规律，注重从输入到输出、从旧知识到新知识、从个人准备到合作学习的自然过渡，以降低情感过滤，提高学习效率。

    5. 以意义为中心推进教学，但又不忽视语言形式。在任务后对重要的语音、词汇和语法问题进行追踪整理，以提高学习者表达的准确性。

    6. 尝试将教学评价引入教材，在每课的课后列出学生自评表，并在复习课中通过各种形式对学习者的语言行为表现进行评估，使教学评价更为全面。

    7. 增加图片的功能性，以达到减轻学习者记忆负担、提高课堂教学互动性的目的。

    希望您能喜欢我们的《体验汉语口语教程》，也希望您对本书提出批评和建议。本书的编写和出版得到了高等教育出版社国际汉语出版中心的大力支持和帮助，在此一并表示衷心的感谢！

编 者

2009年12月

编写说明及使用建议

　　《体验汉语口语教程1》是以满足生活需求为目的，以实用的交际任务为主线编写的口语教材。适合母语非汉语的零起点汉语学习者使用，在正规的语言课堂上，每周8课时，使用18周左右。也可用于不分课型的汉语短期班，每周两课左右，使用8到10周。

　　全书包括3个语音课、18个正课和3个复习课。书后附词语表、语言注释表和录音文本。建议每课用6~8课时进行教学。"扩展活动"您可以根据情况灵活选用。每6课进行一次复习和总结。

　　考虑到零起点班级的口语课有可能在综合课的语音教学之后进入，因此编写了3个语音课。教师可以根据学生和教学情况选用其中的任何一课开始教学。

　　每课前都列出了任务目标。"任务前"包括准备、词语、句子、情景几个部分。"任务中"包括各种以交际任务为主的课堂活动，不但有单人活动、双人活动、也有小组活动、全班活动等等。"任务后"包括语音、词汇、语法及口语格式的练习，以及可以灵活使用的扩展活动和课堂游戏等等。最后是总结与评价，在这一部分学生对在本课学习过程中的自我表现以及学习目标的掌握情况进行总结和自我评价。

　　复习课主要用于复习、整理和评价，部分内容也可以作为口语考试使用。

目标：每课前列出明确的学习目标，令学生有的放矢，更有兴趣地投入到学习中。

准备：复习和预习相结合，激活与学习目标相关的知识，为教学顺利进行做热身和准备。

词语：包括生词和词语搭配练习。

给老师的提示：针对活动步骤和注意事项提出教学建议，方便(新)老师备课。

句子：帮助学生熟悉词语的用法，同时为他们完成本课目标任务，做好句子方面的准备。

给学生的提示：告诉学生某些要求或针对具体活动提出建议，方便学生顺利参与到活动中。

情景：包括3到4段以真实生活为场景的对话和读前听，读后说等课文练习，帮助学生熟悉课文内容。

语言注释：随文注释语言难点，帮助学生准确理解课文。

双人活动或小组活动：学生按要求交换真实信息，合作完成任务。

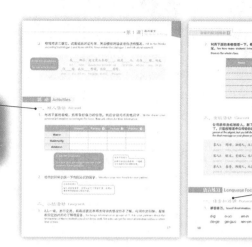

语音和语调：包括声母、韵母、声调和语气语调方面的发音练习。

游戏：以游戏的方式学习语言。

小词库：列出与交际任务相关的常用词语，方便学生边学边用。

参考句型：针对具体的交际活动列出相关句型，方便学生顺利完成任务。

替换练习等：巩固和整理本课的重要句型和常用语言格式。

看图编故事并表演：学生利用图片提供的部分信息商量后完成一个完整故事，并和同伴一起给大家表演。

总结与评价：归纳、整理本课内容，让学生为自己的表现做出评价。

目 标 Objectives

目 标 Objectives

主要人物 Main Characters

欧文 美国人
Irving: American

山本 日本人
Yamamoto: Japanese

春香 韩国人
Chun Hyang: Korean

玛莎 俄罗斯人
Marsha: Russian

娜拉 泰国人
Nara: Thai

李红 中国人
Li Hong: Chinese

王军 中国人
Wang Jun: Chinese

语 音 1
Phonetics 1

一、 音节是汉语的语音单位。一般来说，一个音节就是一个汉字。汉语的音节一般由声母、韵母和声调三部分组成。The syllabus is a phonetic unit in Chinese. Generally speaking, a syllabus is a Chinese character and it is usually made up of an initial, a final and a tone.

二、 声母是音节开头的部分。普通话有21个声母。The initial is the beginning of a syllabus. There are 21 initials in Chinese.

For example: bà

	ˋ（声调）tone
b（声母）consonant	a （韵母）vowel

b	p	m	f
d	t	n	l
g	k	h	
j	q	x	
zh	ch	sh	r
z	c	s	

三、 韵母是音节中声母后面的部分。普通话有39个韵母。The final is what follows the initial in a syllabus. There are 39 finals in Chinese.

Single finals 单韵母：a o e i u ü

Compound finals 复韵母：ai ei ao ou ia ie ua uo üe iao iou uai uei

Nasal finals 鼻韵母：an ian uan üan en in uen ün ang iang uang eng ing ueng ong iong

Retroflex finals 卷舌韵母：er

Special finals 特殊的元音韵母：-i（前）-i（后）ê

四、 声调是一个音节发音时高低升降的变化。在汉语中，声调尤为重要，因为它有区别意义的作用。现代汉语语音有四个基本声调，用"ˉ、ˊ、ˇ、ˋ"来表示。第一声55、第二声35、第三声214、第四声51。The tone refers to the rise and fall of a syllabus and it is especially important in Chinese because it is used to differentiate meanings. There are four basic tones in modern Chinese pronunciation and they are marked with ˉ, ˊ, ˇ and ˋ. The first tone is 55, the second tone 35, the third tone 214 and the fourth tone 51.

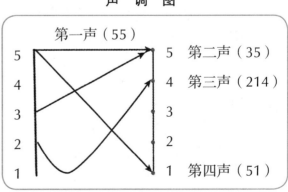

声 调 图

第一声（55）
第二声（35）
第三声（214）
第四声（51）

Tip: The third tone is 211 except when it is pronounced alone or at the end of a syllabus.

For example:

ā á ǎ à   ōu óu ǒu òu   īng íng ǐng ìng

1

练习 Exercises

1. **朗读下列声母**。Read the following initials aloud.

   b(a)　p(a)　m(o)　f(o)　d(e)　t(e)　n(e)　l(e)　g(u)　k(u)　h(u)

   j(iao)　q(iao)　x(iao)　z(ui)　c(ui)　s(ui)　zh(eng)　ch(eng)　sh(eng)　r(eng)

2. **朗读下列韵母**。Read the following finals aloud.

   (m)a　(h)e　(l)ü　(n)i　(t)an　(g)ai　(x)ie　(zh)ao　(k)uai

   (j)iao　(sh)ua　(b)ei　(m)ai　(b)ie　(p)en　(f)ang

3. **辨别声韵母**。Distinguish two sounds in each pair.

   b—p　d—t　g—k　j—q—x　zh—ch—sh　f—p　n—l　m—n　z—c—s

   a—e　e—u　i—ü　i—u　u—ü　a—o　e—o

   ai—ei　ao—ou　uo—ou　ie—ia　uei—ei　iou—iao　ie—üe

4. **朗读下列单音节**。Read the following single syllabuses aloud.

   ū　ú　ǔ　ù　　　āo　áo　ǎo　ào　　　wēi　wéi　wěi　wèi

   ī　í　ǐ　ì　　　yuē　yué　yuě　yuè　　　yūn　yún　yǔn　yùn

   mā—mǎ　má—mǎ　bā—bà　bá—bǎ　pō—pó　　pǒ—pò

   guō—guǒ　guó—guǒ　shí—shì　shí—shǐ　qiān—qiǎn　qián—qiàn

5. **朗读下音节**。Read the following syllabuses aloud.

   qǐng　　　gēn　　　wǒ　　　dú　　　tīng　　　shuō　　　nǐ

   xiànzài　　shàngkē　　hěnhǎo　　xiūxi　　yíxià　　xiàkē

6. **朗读下列句子**。Read the following sentences aloud.

   现在上课。Now class begins.
   Xiànzài shàng kè.

   请你读。Please read it.
   Qǐng nǐ dú.

   很好。Very good.
   Hěn hǎo.

   下课。Class is over.
   Xià kè.

   请跟我读。Please read after me.
   Qǐng gēn wǒ dú.

   你听，我说。You listen and I speak.
   Nǐ tīng, wǒ shuō.

   休息一下。Take a break.
   Xiūxi yíxià.

语 音 2
Phonetics 2

一、 变调指音节在连续发音过程中发生的声调的变化。包括三声的变调、"一"和"不"的变调。The tone change refers to the change that a tone undergoes in the pronouncing process, including the changes of the third tone, 一 and 不.

(1) 三声变调：两个三声字相连时，第一个字的声调变为第二声。The change of the third tone: when a character with the third tone is followed by another third tone, the first should be changed into the second tone.

ˇ + ˇ ——→ ´ + ˇ

For example:

nǐ hǎo （你好） —— ní hǎo (hello)

hěn hǎo（很好） —— hén hǎo (very good)

shǒuzhǐ（手指） —— shóuzhǐ (finger)

(2) "一"后面一个字的声调是第一声、第二声、第三声时，"一"读为第四声；后面一个字的声调是第四声时，"一"读为第二声。When 一 is followed by a character whose tone is the first, second or third, it should take the fourth tone. When it is followed by a character with the fourth tone, it should take the second tone.

For example:

yī tiān （一天） —— yì tiān (one day)

yī nián（一年） —— yì nián (one year)

yīzǎo（一早） —— yìzǎo (early morning)

yīdìng（一定） —— yídìng (must)

(3) "不"后面一个字的声调是第四声时，"不"读为第二声。When 不 is followed by a character with the fourth tone, 不 should take the second tone.

For example:

bù qù （不去） —— bú qù (don't go)

bù huì（不会） —— bú huì (can't)

二、 轻声指有的音节在词或句子中往往失去原来的声调，变成一种又轻又短的调子，就是轻声。轻声有区别意义和区分词性的作用。轻声是相对重音而言的。The neutral tone refers to a light and short tone resulting from a syllabus' loss of its original tone in a word or sentence. It is used to differentiate meanings and parts of speech. The neutral tone is said so in comparison with the stress.

For example:

jiějie （姐姐）　　　wǒ de （我的）　　　nǐmen （你们）

声韵拼合表：Table of Paired Initials and Finals :

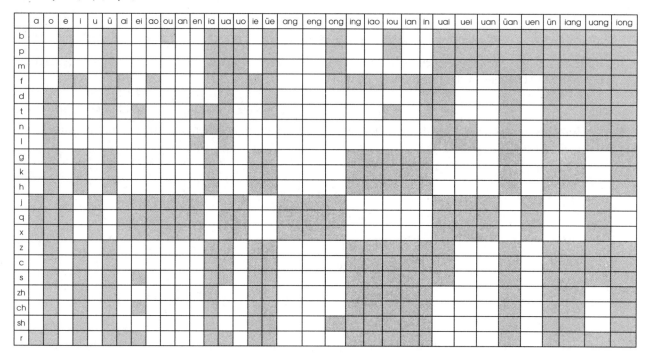

练 习 Exercises

1. 朗读下列单音节。Read the following single syllabuses aloud.

bā	pái	mǒ	fàn
dāo	téng	nǔ	lǜ
guā	káng	hěn	
jiāo	qiú	xǔ	
zuān	cáng	sǐ	
zhān	chóng	shuǐ	rè

2. 朗读下列双音节。Read the following double syllabuses aloud.

(1)

冬天	星期	同时	食堂
dōngtiān	xīngqī	tóngshí	shítáng
winter	week	simultaneous	cafeteria

毕业	破坏	支持	生词
bìyè	pòhuài	zhīchí	shēngcí
graduate	destroy	support	new word

操场	出口	牛奶	停止
cāochǎng	chūkǒu	niúnǎi	tíngzhǐ
playground	exit	milk	stop

大家	唱歌	饼干	小说
dàjiā	chàng gē	bǐnggān	xiǎoshuō
everybody	sing	biscuit	novel

(2)

朗读	打球	感谢	土地
lǎngdú	dǎ qiú	gǎnxiè	tǔdì
read aloud	play a ball game	thank	land

爬山	明天	大学	课文
pá shān	míngtiān	dàxué	kèwén
climb mountains	tomorrow	university	text

电影	汉语	吃饭	书店
diànyǐng	Hànyǔ	chī fàn	shū diàn
movie	Chinese	eat, have a meal	bookstore

学校	颜色	不对	不论
xuéxiào	yánsè	bú duì	búlùn
school	color	incorrect	no matter

一般	一直	一起	一切
yìbān	yìzhí	yìqǐ	yíqiè
ordinary	always	together	everything

3. 朗读下列音节和句子。Read the following syllabuses and sentences aloud.

nǐ	kàn	shū	dì	yě	dǎ
shēngr	zài	zuò	huí dá	hēibǎn	dǎ kāi
fān dào	hé shang	yìdiǎnr	yí biàn	liànxí	

请你回答。Please answer it.
Qǐng nǐ huí dá.

请看黑板。Please look at the blackboard.
Qǐng kàn hēibǎn.

休息休息。Take a break.
Xiūxi xiūxi.

合上书。Close the book.
Hé shang shū.

再说一遍。I beg your pardon?
Zài shuō yí biàn.

打开书，翻到第5页。Open the book and turn to page 5.
Dǎ kāi shū, fān dào dì wǔ yè.

大一点儿声儿。Louder, please.
Dà yì diǎnr shēngr.

现在做练习。Now let's do the exercises.
Xiànzài zuò liànxí.

语 音 3
Phonetics 3

1. **b—p d—t g—k j—q zh—ch z—c**

   这组声母的区别是前者为不送气音，后者为送气音。 In each of these pairs of initials, the first is unaspirated and the second is aspirated.

   bā — pā   bǐ — pǐ   dā — tā   gē — kē   gāi — kāi   dù — tù
   jī — qī   zhuī — chuī   zāng — cāng   zuò — cuò   jiē — qiē   zhī — chī

2. **l—r**

   "l"是舌尖抵住上齿龈；"r"是舌尖接近硬腭，但不接触。 "l" is pronounced with the tip of the tongue touching the upper alveolar, while "r" is pronounced with the tip of the tongue approaching the hard palate instead of touching it.

   rè — lè   rōu — lōu   rì — lì   rú — lú   rǎo — lǎo   rén — lù

3. **p—f f—h**

   "p"和"f"的区别是双唇音和唇齿音的区别。"f"和"h"的区别是唇齿音和舌根音的区别。"p" is bilabial while "f" is labiodental; "f" is labiodental while "h" is radical.

   pā — fā   pù — fù   pàn — fàn   pèng — fèng   pǔ — fǔ   pāng — fāng
   fā — hā   fēi — hēi   fáng — háng   fán — hán   fèi — huì   fěn — hěn

4. **j—z—zh q—c—ch x—s—sh**

   这组声母的区别是舌面音、舌尖前音和舌尖后音的区别。In each of these triples, the first is dorsal, the second is blade-alveolar, and the third is blade-palatal.

   jì — zì — zhì   jiǎo — zǎo — zhǎo   qǐ — cǐ — chǐ   qián — cán — chán
   xīn — sēn — shēn   xiǎng — sǎng — shǎng   jiǔ — zōu — zhōu   jǔ — zǔ — zhǔ
   jīng — zēng — zhēng   qiā — cā — chā   sì — xì — shì   qióng — cóng — chóng

5. **i**

   "ji、qi、xi"、"zhi、chi、shi、ri"、"zi、ci、si"中的"i"要整体来读。"i" in "ji, qi and xi", "zhi, chi, shi, ri", and "zi, ci, si" cannot be pronounced in an isolated manner.

7

bī bǐ pí pī mǐ dī tī nǐ lǐ

jī — qī — xī   zhì — chì — shì — rì   zì — cì — sì

6. u—ü

u和ü都是圆唇，发音时ü的舌头前伸， u的舌头后缩。"u" and "ü" are both pronounced with the round lips. When "ü" is pronounced, the tongue is extended forward; when "u" is pronounced, the tongue is retracted backward.

wù — yù   wú — yú   wǔ — yǔ   wǎn — yuǎn   wén — yūn

7. e—o

e发音时的舌尖后缩，不圆唇，o在相同部位，圆唇。When "e" is pronounced, the tip of the tongue is retracted but the lips are not rounded; when "o" is pronounced, the tongue is placed at the same position and the lips are rounded.

pò — kē   gē — pò   dé — bō   kè — bō   mó — hè

8. n—ng

n是前鼻音，ng是后鼻音。"n" is alveolar nasal, while "ng" is velar nasal.

bān — bāng	jiǎn — jiǎng	yīn — yīng	qīn — qīng	wēn — wēng
rén — réng	xīn — xīng	bèn — bēng	wǎn — wǎng	
chénjiù—chéngjiù	rénmín—rénmíng	chuán shàng—chuáng shàng		rénshēn — rénshēng

第 1 课

我叫欧文 (Wǒ jiào Ōuwén)

My Name Is Irving

目标 | Objectives

1. 学习数字1–10。Learn the numbers 1 to 10.
2. 学习最基本的问候语。Learn the most basic greetings.
3. 学习询问和介绍姓名及国籍。Learn to enquire and introduce names and nationalities.
4. 学习询问和介绍住址及房间号。Learn to enquire and introduce addresses and room numbers.

准备 Preparation

1. 看图学数字。Look at the following form and learn numbers.

1	2	3	4	5	6	7	8	9	10
yī	èr	sān	sì	wǔ	liù	qī	bā	jiǔ	shí
一	二	三	四	五	六	七	八	九	十

> 给教师的提示
> 您可以准备数字卡片，带着学生反复练习。等学生熟悉以后，您也可以把表示数字的手势教给他们。

2. 说说电话号码和房间号。Learn to say telephone numbers and room numbers.

① 看数字拼出你的电话号码和房间号。 Look at these numbers and then spell out your telephone number and room number.

Tip:

1 is usually pronounced as "yāo" when saying telephone numbers and room numbers.

60724
51839

109

② 告诉同伴你的电话号码和房间号是多少。Tell your partner your telephone number and room number.

> 给教师的提示
>
> 您可以教给学生"o"的读法。您也可以将电话和房间门的图片贴在黑板上。

③ 听录音，写出你听到的电话号码和房间号。 Listen to the recording, write down the telephone numbers and room numbers you hear. 🔘 01-01

	☎	109
👩		
👩		
👨		

3. 看图片，听录音，并按录音内容在图上用数字标出先后顺序。Look at the pictures, listen to the recording, and then number the pictures according to what you hear. 🔘 01-02

美国
Měiguó

日本
Rìběn

韩国
Hánguó

法国
Fǎguó

泰国
Tàiguó

中国
Zhōngguó

> 给教师的提示
>
> 您可以先带领学生认识一下图片中的国家。

词语 Words and Expressions

☐ 朗读下列词语，注意发音和词语的意思。Read the following words aloud, pay attention to the pronunciation and the meanings.

给教师的提示
您别忘了提醒学生课前预习这些词语。

1 你 nǐ you	2 好 hǎo good	3 是 shì be	4 哪 nǎ which	5 国 guó country	6 人 rén people, person	7 我 wǒ I, me
8 呢 ne a modal particle	9 叫 jiào call	10 什么 shénme what	11	名字 míngzi name	12 这 zhè this	13 的 de a modal particle
14	朋友 péngyou friend	15 您 nín you	16 贵姓 guìxìng surname	17 姓 xìng one's surname is	18 住 zhù live	19 哪儿 nǎr where
20 号 hào number	21	楼 lóu building	22 他 tā he, him	23 吗 ma a modal particle	24 留学生 liúxuéshēng overseas student	25 也 yě also, too
26 哪个 nǎge which	27	房间 fángjiān room	专有名词 Proper nouns	28 日本 Rìběn Japan	29 美国 Měiguó U.S.	30 中国 Zhōngguó China
31 王军 Wáng Jūn Wang Jun	32 欧文 Ōuwén Irving	33 山本一郎 Shānběn Yīláng Yamamoto Ichiro	34 娜拉 Nàlā Nara			

☐ 选择合适的词语进行搭配。Choose the proper words to match the words below.

是 shì	叫 jiào	住 zhù

A tip for students

You should find as many words as you can to match the words mentioned above.

☐ 词语搭积木。Word building.

Example:

人
rén

日本人
Rìběnrén

是日本人
shì Rìběnrén

名字	朋友	房间	楼
míngzi	péngyou	fángjiān	lóu
□□名字	□□朋友	□□房间	□□□楼
□□□名字	□□□□朋友	□□□房间	□□□□楼

给教师的提示

这个练习，您可以按照从上到下的顺序带领学生依次朗读，也可以分给不同的小组先做练习，然后全班交流。

句子 Sentences

☐ **朗读句子。** Read the sentences aloud.

① 你好。
Nǐ hǎo.
Hello.

② 你是哪国人?
Nǐ shì nǎ guó rén?
Where are you from?

③ 我是日本人，你呢?
Wǒ shì Rìběnrén, nǐ ne?
I'm from Japan, and you?

④ 你叫什么名字?
Nǐ jiào shénme míngzi?
What's your name?

⑤ 我叫欧文。
Wǒ jiào Ōuwén.
My name is Irving.

⑥ 这是我的中国朋友。
Zhè shì wǒ de Zhōngguó péngyou.
This is my Chinese friend.

⑦ 您贵姓?
Nín guìxìng?
What's your family name?

⑧ 我姓王。
Wǒ xìng Wáng.
My family name is Wang.

⑨ 我也住留学生楼。
Wǒ yě zhù liúxuéshēng lóu.
I live in the Overseas Students' Building too.

⑩ 你住哪个房间?
Nǐ zhù nǎge fángjiān?
Which room do you live in?

给教师的提示

您可以采用各种方式来操练句子，同时纠正学生的发音。

☐ **听录音，填词语。** Listen to the recording and fill in the blanks. 🔘 01-03

① 你是哪_____人?
Nǐ shì nǎ_____ rén?

② 我_____美国人。
Wǒ_____ Měiguórén.

③ 我_____欧文，这是我的中国_____。
Wǒ_____ Ōuwén, zhè shì wǒ de Zhōngguó_____.

④ 我是日本人，你_____?
Wǒ shì Rìběnrén, nǐ_____?

⑤ 你住哪个_____?
Nǐ zhù nǎge_____?

⑥ 我的_____叫王军。
Wǒ de_____ jiào Wáng Jūn.

⑦ 我_____住留学生楼。
Wǒ_____ zhù liúxuéshēng lóu.

⑧ 你叫_____名字?
Nǐ jiào_____ míngzi?

⑨ 我姓王，您_____?
Wǒ xìng Wáng, nín_____?

A tip for students

If you don't know how to write a Chinese character, you can also write in *Pinyin*.

情景 Situations

一

☐ 看着图片听两遍录音，然后和同伴根据图片内容对话。Look at the picture and listen to the recording twice. Then make a dialogue with your partner according to the picture. 🔘 01-04

Nǐ jiào shénme míngzi?

☐ 朗读对话一，注意发音和语气。Read Dialogue 1 aloud, pay attention to the pronunciation and the tone.

欧文:	你好[1]。
Ōuwén:	Nǐ hǎo.
山本:	你好。
Shānběn:	Nǐ hǎo.
欧文:	你是哪国人[2]?
Ōuwén:	Nǐ shì nǎ guó rén?
山本:	我是日本人，你呢[3]?
Shānběn:	Wǒ shì Rìběnrén, nǐ ne?
欧文:	我是美国人[4]。
Ōuwén:	Wǒ shì Měiguórén.
山本:	你叫什么名字[2]?
Shānběn:	Nǐ jiào shénme míngzi?
欧文:	我叫欧文，你呢?
Ōuwén:	Wǒ jiào Ōuwén, nǐ ne?
山本:	我叫山本一郎。
Shānběn:	Wǒ jiào Shānběn Yīláng.

Tips:

1. In Chinese, if two third tones meet, the first one should be changed into the second tone. For example, "nǐ hǎo" should be pronounced as "ní hǎo".

2. The word order of the interrogative sentence in Chinese is different from that in English. It is the same as that of the declarative sentence, with only a change of the needed part into interrogatives. E.g. 我是日本人。(Wǒ shì Rìběnrén. I'm from Japan.)，The question is 你是哪国人? (Nǐ shì nǎ guó rén? Where are you from?) 。

3. 你呢 (nǐ ne) means 你是哪国人? (Nǐ shì nǎ guó rén?) in this sentence. The Noun or pronoun and 呢 (ne) make an interrogative sentence whose meaning depends on the previous sentence. E.g. In this sentence 我住 308，你呢? (Wǒ zhù sānlíngbā, nǐ ne? I live in Room 308, and you?) 你呢 means 你住哪个房间? (Nǐ zhù nǎge fángjiān? Which room do you live in?)

Irving:	Hello.
Yamamoto:	Hello.
Irving:	Where are you from?
Yamamoto:	I'm from Japan, and you?
Irving:	I'm from the U.S.
Yamamoto:	What's your name?
Irving:	My name is Irving. And you?
Yamamoto:	My name is Yamamoto Ichiro.

4. The basic word order in Chinese is: the subject+ the predicate (usually a verb or an adjective) + the object (if the verb is transitive).

☐ 根据对话一，选择合适的句子跟同伴对话。Choose the proper sentences in Dialogue 1 and talk with your partner.

Ask	Answer
你好！ Nǐ hǎo!	
	我是日本人。 Wǒ shì Rìběnrén.
	我叫欧文。 Wǒ jiào Ōuwén.

☐ 看着图片听两遍录音，然后和同伴商量录音和图片的内容有什么不同。Look at the picture and listen to the recording twice. Then discuss with your partner the differences between the picture and what you hear. 🔘 01-05

Wǒ xìng Lǐ, jiào Chūnxiāng.

❑ **朗读对话二，注意发音和语气。** Read Dialogue 2 aloud, pay attention to the pronunciation and the tone.

山本:　欧文，你好。
Shānběn:　Ōuwén, nǐ hǎo.

欧文:　你好，山本，这是我的中国朋友。
Ōuwén:　Nǐ hǎo, Shānběn, zhè shì wǒ de Zhōngguó péngyou.

山本:　你好，我叫山本一郎，您贵姓[2]？
Shānběn:　Nǐ hǎo, wǒ jiào Shānběn Yīláng, nín guìxìng?

王军:　我姓王，叫王军。
Wáng Jūn:　Wǒ xìng Wáng, jiào Wáng Jūn.

山本:　你住哪儿[3]？
Shānběn:　Nǐ zhù nǎr?

王军:　我住5号楼。
Wáng Jūn:　Wǒ zhù wǔ hào lóu.

Yamamoto:	Hello, Irving.
Irving:	Hello, Yamamoto, this is my Chinese friend.
Yamamoto:	Hello, I'm Yamamoto Ichiro, what's your family name?
Wang Jun:	My family name is Wang, and my full name is Wang Jun.
Yamamoto:	Where do you live?
Wang Jun:	I live in Building No.5.

Tips:

1. The possessive case in Chinese is often indicated by the word 的 (de) between the attribute and the headword, such as 我的朋友 (wǒ de péngyou) 他的电脑 (tā de diànnǎo his computer) 我的书 (wǒ de shū my book), etc.
2. When you ask somebody, such as a senior for his/her family name in a respectful way, you can use 贵姓 (guìxìng). 您 (nín) is a respectful form of address of 你 (nǐ).
3. 哪儿 (nǎr) is used to ask for the location of a place, while 哪 (nǎ) means *which*. Do not confuse these two.

❑ **根据对话二说出完整的句子。** Say the whole sentences according to Dialogue 2.

① 王军是欧文的_____。
　　Wáng Jūn shì Ōuwén de ....

② 欧文的中国朋友姓_____，　　叫_____。
　　Ōuwén de Zhōngguó péngyou xìng .... jiào ....

③ 王军住_____。
　　Wáng Jūn zhù ....

④ 山本问(ask)王军姓什么，山本说(say)_____。
　　Shānběn wèn Wáng Jūn xìng shénme, Shānběn shuō ....

☐ **听录音，回答问题。** Listen to the recording and answer the following questions. 🔘 01-06

① 欧文是哪国人？
Ōuwén shì nǎ guó rén?

② 欧文住哪儿？
Ōuwén zhù nǎr?

③ 娜拉住哪儿？
Nàlā zhù nǎr?

④ 欧文住哪个房间？
Ōuwén zhù nǎge fángjiān?

⑤ 娜拉住哪个房间？
Nàlā zhù nǎge fángjiān?

☐ **朗读对话三，注意发音和语气。** Read Dialogue 3 aloud, pay attention to the pronunciation and the tone.

山本: Shānběn:	娜拉，这是我的朋友，他叫欧文。 Nàlā, zhè shì wǒ de péngyou, tā jiào Ōuwén.
娜拉: Nàlā:	你好，我叫娜拉，你是美国人吗[1]？ Nǐ hǎo, wǒ jiào Nàlā, nǐ shì Měiguórén ma?
欧文: Ōuwén:	我是美国人。 Wǒ shì Měiguórén.
娜拉: Nàlā:	你住哪儿？ Nǐ zhù nǎr?
欧文: Ōuwén:	我住留学生楼。 Wǒ zhù liúxuéshēng lóu.
娜拉: Nàlā:	我也住留学生楼，你住哪个房间？ Wǒ yě zhù liúxuéshēng lóu, nǐ zhù nǎge fángjiān?
欧文: Ōuwén:	我住716[2]。 Wǒ zhù qīyāoliù.
娜拉: Nàlā:	我住328。 Wǒ zhù sān'èrbā.

> Yamamoto: Nara, this is my friend Irving.
> Nara: Hello, I'm Nara. Are you American?
> Irving: Yes, I am American.
> Nara: Where do you live?
> Irving: I live in the Overseas Students' Building.
> Nara: I live in that building too. Which room do you live in?
> Irving: I live Room 716.
> Nara: I live in Room 328.

Tips:

1. A declarative sentence in Chinese can be easily turned into an interrogative one with the word 吗 (ma) added to its end. And this kind of interrogative sentences should be answered with the affirmative or negative form of a verb or an adjective. For example, 你是美国人吗？——我是/不是美国人。(Nǐ shì Měiguórén ma? Wǒ shì/bú shì Měiguórén.) 你去教室吗？——去/不去。(Nǐ qù jiàoshì ma? — Qù/Bú qù. Are you going to the classroom? — Yes / No.)

2. In order to be differentiated from the number 7, the number 1 is often pronounced "yāo" in telephone numbers, room numbers and license plate numbers. E.g. 316 is read as sānyāoliù.

❑ 根据对话三填空，试着说说对话内容。然后模仿对话说说自己的情况。Fill in the blanks according to Dialogue 3 and try to retell it. Then imitate the Dialogue 3 and talk about yourself.

> **A tip for students**
>
> You can write in *pinyin*.

我＿＿娜拉。欧文是山本的＿＿＿。他是＿＿人。我住＿＿楼，他也
Wǒ ＿＿ Nàlā. Ōuwén shì Shānběn de ＿＿＿. Tā shì ＿ rén. Wǒ zhù ＿ lóu, tā yě

住＿＿楼。我住＿＿房间，他住＿＿房间。
zhù ＿ lóu. Wǒ zhù ＿ fángjiān, tā zhù ＿ fángjiān.

活 动 Activities

一、双人活动 Pair work

1. 利用下面的表格，先准备好自己的信息，然后分别问问其他同学。Write down your personal information according to the form. Then ask others for their information.

	Oneself	Partner ❶	Partner ❷	Partner ❸
Name				
Nationality				
Address				

> **A tip for students**
>
> You and your partner should ask other students for information.

> 给教师的提示
>
> 如果您的学生来自同一个国家，这个活动您可以简单处理。

2. 给你的同伴介绍一下你刚认识的同学。Introduce your new friends to your partner.

> 给教师的提示
>
> 双人活动结束后，您可以让几个同学汇报。还可以请其他同学复述汇报的内容。

二、小组活动 Group work

1. 3人一组，进行交流，看看班里还有哪些同学的情况你不了解，问问你的同伴。看谁在规定的时间内了解得最多。Exchange information in groups of 3. Ask your partners about the information of those students you don't know well. See who can get the most information within a certain limit of time.

2. 利用下面的表格整理一下，看看你了解了多少同学的情况，然后向大家介绍他们的情况。See how many students' information you know according to the following form. Then introduce them to the whole class.

Name	Nationality	Address

Pattern

这是我的朋友，他/她(she)叫……。
Zhè shì wǒ de péngyou, tā/tā jiào …….

三、全班活动 Class work

公司派你去机场接人，到了机场你才发现准备好的写有客人姓名的牌子忘在公司了，只能按电话中公司给你的客人信息，自己去找。Your company assigned you to pick up a person at the airport, but you left the name sign on the car, so now you have to find the person according to the short message on your phone your company sent you.

客人1: 玛丽，法国人，从美国来。
guest 1: Mǎlì, Fǎguórén, cóng Měiguó lái.

客人2: 欧文，美国人，从日本来。
guest 2: Ōuwén, Měiguórén, cóng Rìběn lái.

客人3: 春香，韩国人，从法国来。
guest 3: Chūnxiāng, Hánguórén, cóng Fǎguó lái.

给教师的提示

您别忘了把客人信息写在小卡片上。您还需要设置若干和客人有类似地方的干扰人，以保证每位同学都能参与。

Pattern

你从……来?
Nǐ cóng … lái?
Where are you from?

语言练习 Language Focus

一、语音和语调 Pronunciation and intonation

1. 辨音练习。Sound discrimination.

d-g	e-uo	en-in	ui-iu	ao-iao	ou-uo	ie-ei
de-ge	ge-guo	ren-yin	gui-jiu	hao-jiao	gou-guo	shi-si

2. 声调练习。Tone exercises.

nǐ   wǒ   nǎ   hǎo   ne   zhè   de   zhù   hǎo   lóu   yě

3. 朗读下列词语。Read the following words aloud.

① 前重后轻。Stressing the former part.

什么	朋友	名字	这个
shénme	péngyou	míngzi	zhège

② 前中后重。Stressing the latter part.

房间	贵姓
fángjiān	guìxìng

> **Tip:**
>
> As for the pronunciation of Chinese words, the stress sometimes appears in the former part of the words, which is called "the stressed former part" and sometimes in the latter part, which is called "the stressed latter part".

4. 用正确的语调朗读下面的句子，注意语气和重音。Read the following sentences aloud with correct intonation, pay attention to the tone and the stress.

① 你是哪国人？
Nǐ shì nǎ guó rén?

② 我是日本人，你呢？
Wǒ shì Rìběnrén, nǐ ne?

③ 这是我的中国朋友。
Zhè shì wǒ de Zhōngguó péngyou.

④ 你叫什么名字？
Nǐ jiào shénme míngzi?

⑤ 我叫欧文。
Wǒ jiào Ōuwén.

⑥ 你住哪个房间？
Nǐ zhù nǎge fángjiān?

⑦ 我也住留学生楼。
Wǒ yě zhù liúxuéshēng lóu.

二、替换练习 Substitution exercises

① 你好。
Nǐ hǎo.

您
nín

你们 (you, a plural form of 你)
nǐmen

老师 (teacher)
lǎoshī

② 我 是 日本人。
Wǒ shì Rìběnrén.

他　美国
tā　Měiguó

她 (she)　英国 (British)
tā　Yīngguó

娜拉　泰国 (Thailand)
Nàlā　Tàiguó

19

③ 我姓王，叫王军。
Wǒ xìng Wáng, jiào Wáng Jūn.

李　　　李春香
Lǐ　　　Lǐ Chūnxiāng

张　　　张红
Zhāng　Zhāng Hóng

④ 他是我　的　中国朋友。
Tā shì wǒ de Zhōngguó péngyou.

你　　　老师 (teacher)
nǐ　　　lǎoshī

山本　　同学 (classmate)
Shānběn　tóngxué

欧文　　朋友
Ōuwén　péngyou

三、模仿例句完成对话 Complete the dialogues after the example

Example：A：你叫什么名字？
Nǐ jiào shénme míngzi?

B：我叫王军，你呢？
Wǒ jiào Wáng Jūn, nǐ ne?

① A：你是哪国人？
Nǐ shì nǎ guó rén?

B：＿＿＿＿＿＿＿＿＿＿＿。

② A：你住哪个房间？
Nǐ zhù nǎge fángjiān?

B：＿＿＿＿＿＿＿＿＿＿＿。

四、改句子 Change the sentences

用"什么、哪、吗"将下列句子改成疑问句。 Change the following sentences into interrogative sentences with 什么，哪，吗.

① 我是日本人。（哪）
Wǒ shì Rìběnrén. (nǎ)

② 我叫山本一郎。（什么）
Wǒ jiào Shānběn Yīláng. (shénme)

③ 欧文是我的朋友.（吗）
Ōuwén shì wǒ de péngyou. (ma)

④ 我住308房间.（哪）
Wǒ zhù sānlíngbā fángjiān.(na)

五、连词成句 Combine the words into sentences

① 欧文　　我　　呢　　叫　　　你
Ōuwén　wǒ　ne　jiào　nǐ

② 哪　　你　　个　　房间　　住
nǎ　nǐ　gè　fángjiān　zhù

③ 的　　我　　这　　中国　　是　　朋友
de　wǒ　zhè　Zhōngguó　shì　péngyou

④ 日本　是　　他　　人
Rìběn　shì　tā　rén

扩展活动 Extended Activities

一、根据图片内容介绍一下玛丽 Introduce Mary according to the pictures

1. **仔细看看图片内容，和同伴一起商量怎么介绍这个人。** Look at the pictures carefully, and discuss with your partner how to introduce this person.

Wǒ jiào Mǎlì, wǒ shì Měiguórén.

Wǒ zhù liúxuéshēng lóu.

①

②

③

2. **看看你和同伴能用多少句子介绍玛丽。** Let's see how many different sentences you and your partner can use to introduce Mary.

> 给教师的提示
>
> 您可以从不同方面引导学生注意还可以介绍哪些内容。

二、游戏：猜一猜他/她是谁？ Game: can you guess who he/she is?

请一位同学背对着大家站到教室前面，另一位同学走到他/她的身后，拍一下他/她的肩膀，但不能说话。第一位同学向大家提问了解第二位同学的情况。大家只能用"是"和"不是"回答。 One student goes to the front of the classroom with his back to the class. Another student goes behind him, pats his shoulder, yet says nothing. The first student asks the class some questions about the second student. The class can only answer "yes" or "no".

Word bank

男 (male)   女 (female)
nán   nǚ

Patterns

他/她是男/女的吗？
Tā / Tā shì nán / nǚ de ma?

他/她是……国人吗？
Tā / Tā shì …… guórén ma?

他/她住……吗？
Tā / Tā zhù …… ma?

他/她是……的朋友吗？
Tā / Tā shì …… de péngyou ma?

总结与评价 Summary and Evaluation

一、在这一课你学会了什么？请你试着写出你记住的词语。What have you learned in this lesson? Please write down the words you have remembered.

A tip for students

You can also write in *pinyin*.

二、你会问姓名、国籍、房间号了吗？把你学会的句子整理一下，然后去认识几个朋友。Are you able to ask for name, nationality and room number now? Review what you have learned and make some new friends.

	Ask	Answer
Ask for name		
Ask for nationality		
Ask for room number		

三、完成任务的自我表现评价。Self-evaluation.

A	B	C	D	Are you satisfied with your performance?
A	B	C	D	Do you often express your own ideas actively?
A	B	C	D	Do you often ask your classmates questions actively?

第 2 课

明天星期几? (Míngtiān xīngqī jǐ?)

What Day Is Tomorrow?

目标 | Objectives

1. 复习数字1–10。Review the numbers 1 to 10.
2. 学习数字11–100。Learn the numbers 11 to 100.
3. 学习时间和日期的基本表达方式。Learn the basic expressions of time and date.
4. 学习简单说明每天的时间安排。Learn to simply explain your daily schedule.

准备 Preparation

1. **数一数下面的东西，看看有几个。**
   Count the following things.

①

②

③

2. **询问老师或同学的电话号码。** Ask your teachers or classmates for their telephone numbers.

> **Pattern**
>
> 我的电话(telephone)是……，你呢?
> Wǒ de diànhuà shì..., nǐ ne?

> 给教师的提示
>
> 您可以让学生用接力问
> 答的方式进行。

23

3.　学习数字11－100。Learn the numbers from 11 to 100.

① 两人一组，跟同伴一起朗读数字。Work in pairs and read aloud the numbers from 11 to 100 with your partner.

11	12	13	14	15	16	17	18	19	20
shíyī	shí'èr	shísān	shísì	shíwǔ	shíliù	shíqī	shíbā	shíjiǔ	èrshí
21	22	23	24	25	……	……	……	……	……
èrshíyī	èrshí'èr	èrshísān	èrshísì	èrshíwǔ	……	……	……	……	……
31	32	33	34	……	……	……	……	……	100
sānshíyī	sānshí'èr	sānshísān	sānshísì	……	……	……	……	……	yìbǎi

② 朗读下列数字。Read the following numbers aloud.

11　20　18　36　47　59　73　86　92　100

③ 游戏：找朋友。Game: find your friends.

请几位同学，每人拿一个数字卡片站在前面，听到其他同学报出的两位数后，要快速组合站在一起。说得越快，站得也要越快。说错的要挨罚。A few students stand in front of the class, each with a figure in hand. After hearing other students speak out a double-digit number, two students should combine themselves and stand together in order to show the number. Play as quickly as possible. Students who make mistakes will be punished.

④ 看看下面的钟表是几点。Look at these following clocks, and see what time it is.

4:35	5:14	6:00	7:40	8:09
①	②	③	④	⑤

9:45	10:20	11:55	6:19	2:30
⑥	⑦	⑧	⑨	⑩

词语　Words and Expressions

❑　朗读下列词语，注意发音和词语的意思。Read the following words aloud, pay attention to the pronunciation and the meanings.

给教师的提示

您别忘了提醒学生课前预习这些词语。

1 现在 xiànzài now	2 几 jǐ how many, how much	3 点 diǎn o'clock	4 七 qī seven	5 一 yī one	6 刻 kè quarter	7 上课 shàng kè attend class
8 八 bā eight	9 时候 shíhou time	10	吃 chī eat	11 早饭 zǎofàn breakfast	12 半 bàn half	13 明天 míngtiān tomorrow
14 有 yǒu have	15 课 kè class	16 星期 xīngqī week	17 六 liù six	18 我们 wǒmen we, us	19 没有 méiyǒu not have	20 不 bù no, not
21 五 wǔ five	22 上午 shàngwǔ morning	23 下午 xiàwǔ afternoon	24	生日 shēngrì birthday	25 月 yuè month	26 晚上 wǎnshang evening, night
27 睡觉 shuì jiào sleep, go to bed	28 十 shí ten	29 二 èr two	30 中午 zhōngwǔ noon	31 休息 xiūxi rest	32 三 sān three	33 今天 jīntiān today
专有名词 Proper noun	34 玛莎 Mǎshā Masha					

❑　选择合适的词语进行搭配。Choose the proper words to match the words below.

现在
xiànzài

点
diǎn

不
bù

A tip for students

You should find as many words as you can to match the words mentioned above.

句 子 Sentences

□ **朗读句子**。Read the sentences aloud.

1 现在几点？
Xiànzài jǐ diǎn?
What time is it now?

2 现在七点一刻。
Xiànzài qī diǎn yí kè.
It's a quarter past seven now.

3 你几点上课？
Nǐ jǐ diǎn shàng kè?
When will you attend class?

4 你什么时候吃早饭？
Nǐ shénme shíhou chī zǎofàn?
When do you have breakfast?

5 我七点半吃早饭。
Wǒ qī diǎn bàn chī zǎofàn.
I have breakfast at half past seven.

6 明天你有课吗？
Míngtiān nǐ yǒu kè ma?
Will you have classes tomorrow?

7 明天星期几？
Míngtiān xīngqī jǐ?
What day is tomorrow?

8 明天星期五，16号。
Míngliān xīngqīwǔ, shíliù hào.
Tomorrow is Friday, 16th.

9 你的生日是几月几号？
Nǐ de shēngrì shì jǐ yuè jǐ hào?
When is your birthday?

10 中午休息吗？
Zhōngwǔ xiūxi ma?
Do you have a rest at noon?

□ **听录音，画线连接**。Listen to the recording and match. 02-01

现在
xiànzài

七点半
qī diǎn bàn

八点
bā diǎn

星期六
xīngqīliù

今天
jīntiān

你的生日
nǐ de shēngrì

明天
míngtiān

没有课
méiyǒu kè

8号
bā hào

几月几号
jǐ yuè jǐ hào

几点
jǐ diǎn

上课
shàng kè

星期几
xīngqī jǐ

吃早饭
chī zǎofàn

给教师的提示
您可以采用各种方式来操练句子，同时纠正学生的发音。

26

情 景 | Situations

☐ **看图片，和同伴商量他们可能在说什么。**
Look at the picture, and discuss with your partner what they are probably talking about.

> **A tip for students**
>
> Take a look at the sentences you've just learned and see what can be used to talk about the picture.

☐ **朗读对话一，注意发音和语气。**Read Dialogue 1 aloud, pay attention to the pronunciation and the tone.

山本：	现在几[1]点？
Shānběn:	Xiànzài jǐ diǎn?
娜拉：	现在七点一刻[2]。
Nàlā:	Xiànzài qī diǎn yí kè.
山本：	你几点上课[3]？
Shānběn:	Nǐ jǐ diǎn shàng kè?
娜拉：	八点。
Nàlā:	Bā diǎn.
山本：	你什么时候吃早饭？
Shānběn:	Nǐ shénme shíhou chī zǎofàn?
娜拉：	我七点半吃早饭[4]。
Nàlā:	Wǒ qī diǎn bàn chī zǎofàn.

Yamamoto: What time is it now?
Nara: It's a quarter past seven now.
Yamamoto: When will you attend class?
Nara: At eight o'clock.
Yamamoto: When do you have breakfast?
Nara: I have breakfast at half past seven.

Tips:

1. 几 is used here to ask time. In Chinese, this character is usually used to inquire a number below 10. E.g. 你家有几口人？(Nǐ jiā yǒu jǐ kǒu rén? How many people are there in your family?) 房间里有几个人？(Fángjiān lǐ yǒu jǐ ge rén? How many people are there in the room?) etc.

2. 一刻 means *a quarter*. E.g. "7：15" should be 七点一刻 (qī diǎn yí kè) in Chinese; "8：45"should be 八点三刻 (bā diǎn sān kè). But thirty minutes can never be 两刻. E.g. "6：30"should be 六点半 (liù diǎn bàn).

3. The word order in Chinese is different from that in English. One can't say 几点你上课？(Jǐ diǎn nǐ shàng kè?)

4. In Chinese time words should be put before verbs, one can't say 吃早饭七点半 (chī zǎofàn qī diǎn bàn). E.g. 他八点上课 (tā bā diǎn shàng kè) can't be 他上课八点 instead.

❑ **根据对话一，选择合适的句子跟同伴对话。** Choose the proper sentences in Dialogue 1 and talk with your partner.

Ask	Answer
	现在七点。 Xiànzài qī diǎn.
你几点上课? Nǐ jǐ diǎn shàng kè?	
	我七点半吃早饭。 Wǒ qī diǎn bàn chī zǎofàn.

❑ **看着图片听两遍录音，然后和同伴商量录音和图片的内容有什么不同。** Look at the picture and listen to the recording twice. Then discuss with your partner the differences between the picture and what you hear. 🔘 02-02

❑ **朗读对话二，注意发音和语气。** Read Dialogue 2 aloud, pay attention to the pronunciation and the tone.

山本: 明天你有课吗?
Shānběn: Míngtiān nǐ yǒu kè ma?

王军: 明天星期六[1]，我们没有课。
Wángjūn: Míngtiān xīngqīliù, wǒmen méiyǒu kè.

山本: 明天不是星期六。
Shānběn: Míngtiān bú shì xīngqīliù.

王军: 明天星期几?
Wángjūn: Míngtiān xīngqī jǐ?

山本: 明天星期五，16号。
Shānběn: Míngtiān xīngqīwǔ, shíliù hào.

Yamamoto: Will you have classes tomorrow?
Wang Jun: Tomorrow is Saturday, and we Won't have classes.
Yamamoto: Tomorrow isn't Saturday.
Wang Jun: What day is tomorrow?
Yamamoto: Tomorrow is Friday, 16th.
Wang Jun: I have classes on Friday morning, but not in the afternoon.

王军： 星期五上午我有课，下午没有课[2,3]。
Wángjūn: Xīngqīwǔ shàngwǔ wǒ yǒu kè, xiàwǔ méiyǒu kè.

Tips:

1. When describing time, the verb 是 is usually omitted between the subject and the predicate. E.g. 今天12号。 (Jīntiān shí'èr hào. It's the 12th today.) 现在三点。 (Xiànzài sān diǎn. It's 3 o'clock now.)

2. A time adverbial can be put either before or after the subject. E.g. 星期五上午我有课。 (Xīngqīwǔ shàngwǔ wǒ yǒu kè. I have classes on Friday morning.) One can also say 我星期五上午有课。 (Wǒ xīngqīwǔ shàngwǔ yǒu kè); 上午我没有课。 (Shàngwǔ wǒ méiyǒu kè. I don't have classes in the morning.) can also be expressed as 我上午没有课。

3. The antonym of 有 (yǒu) is 没有 (méiyǒu) instead of 不有 (bùyǒu).

❏ 根据对话二说出完整的句子。 Say the whole sentences according to Dialogue 2.

 王军星期六_____。
Wáng Jūn xīngqīliù.......... .

② 明天不是_____，明天_____。
Míngtiān bú shì..........., míngtiān.......... .

③ 明天_____号。
Míngtiān...........hào.

④ 王军星期五上午_____，星期五下午_____。
Wáng Jūn xīngqīwǔ shàngwǔ.......... xīngqīwǔ xiàwǔ.......... .

三

❏ 看图片，和同伴商量他们可能在说什么。 Look at the picture, and discuss with your partner what they are probably talking about.

☐ 朗读对话三，注意发音和语气。Read Dialogue 3 aloud, pay attention to the pronunciation and the tone.

玛莎： 星期五几号？
Mǎshā: Xīngqīwǔ jǐ hào?

欧文： 9月18号。
Ōuwén: Jiǔ yuè shíbā hào.

玛莎： 9月18号是娜拉的生日。
Mǎshā: Jiǔ yuè shíbā hào shì Nàlā de shēngrì.

欧文： 你的生日是几月几号？
Ōuwén: Nǐ de shēngrì shì jǐ yuè jǐ hào?

玛莎： 6月3号。你呢？
Mǎshā: Liù yuè sān hào. Nǐ ne?

欧文： 我的生日是12月8号。
Ōuwén: Wǒ de shēngrì shì shí'èr yuè bā hào.

Masha:	What date is it on Friday?
Irving:	September 18th.
Masha:	Nara's birthday is on September 18th.
Irving:	When is your birthday?
Masha:	June 3rd. And yours?
Irving:	My birthday is on December 8th.

☐ 根据对话三回答问题。Answer the following questions according to Dialogue 3.

1 星期五几号？
Xīngqīwǔ jǐ hào?

2 娜拉的生日是几月几号？
Nàlā de shēngrì shì jǐ yuè jǐ hào?

3 玛莎的生日是几月几号？
Mǎshā de shēngrì shì jǐ yuè jǐ hào?

4 欧文的生日是几月几号？
Ōuwén de shēngrì shì jǐ yuè jǐ hào?

☐ 听录音，判断正误。Listen to the recording and decide whether the following sentences are true or false. 🔘 02-03

1 山本晚上十一点睡觉。☐
Shānběn wǎnshang shíyī diǎn shuì jiào.

2 山本中午不休息。☐
Shānběn zhōngwǔ bù xiūxi.

3 娜拉中午休息。☐
Nàlā zhōngwǔ xiūxi.

4 娜拉星期三下午没有课。☐
Nàlā xīngqīsān xiàwǔ méiyǒu kè.

❑ **朗读对话四，注意发音和语气。** Read Dialogue 4 aloud, pay attention to the pronunciation and the tone.

娜拉： 你晚上几点睡觉？
Nàlā: Nǐ wǎnshang jǐ diǎn shuì jiào?

山本： 十二点。
Shānběn: Shí'èr diǎn.

娜拉： 中午休息吗？
Nàlā: Zhōngwǔ xiūxi ma?

山本： 不休息。你呢？
Shānběn: Bù xiūxi. Nǐ ne?

娜拉： 我也不休息。
Nàlā: Wǒ yě bù xiūxi.

山本： 下午你有课吗？
Shānběn: Xiàwǔ nǐ yǒu kè ma?

娜拉： 星期二下午没有，星期三下午有。
Nàlā: Xīngqī'èr xiàwǔ méiyǒu, xīngqīsān xiàwǔ yǒu.

Nara:	When do you go to bed?
Yamamoto:	At 12 o'clock.
Nara:	Do you have a rest at noon?
Yamamoto:	No, I don't. Do you?
Nara:	Neither do I.
Yamamoto:	Do you have classes in the afternoon?
Nara:	I don't have classes in the afternoon on Tuesday, but I do on Wednesday afternoon.

❑ **画线连接。** Draw lines and match.

① 你晚上几点睡觉？
Nǐ wǎnshang jǐ diǎn shuì jiào?

② 中午休息吗？
Zhōngwǔ xiūxi ma?

③ 下午你有课吗？
Xiàwǔ nǐ yǒu kè ma?

Ⓐ 不休息。
Bù xiūxi.

Ⓑ 星期二下午没有，星期三下午有。
Xīngqī'èr xiàwǔ méiyǒu, xīngqīsān xiàwǔ yǒu.

Ⓒ 十二点。
Shí'èr diǎn.

（五）

❑ **读下列短文，然后模仿短文说说你的一天是怎么安排的。** Read the passage aloud and talk about your own schedule of a whole day.

我的一天 (One day of mine)

今天9月18号，星期五。我七点起床 (get up)，七点半吃早饭。上午八点上课，十二点下课 (dismiss a class)。中午我不休息。下午我没有课。晚上我六点吃晚饭，十一点洗澡 (take a bath)，十二点睡觉。

> Wǒ de yì tiān
>
> Jīntiān jiǔ yuè shí bā hào, xīngqīwǔ. Wǒ qī diǎn qǐ chuáng. Qī diǎn bàn chī zǎofàn. Shàngwǔ bā diǎn shàng kè, shí'èr diǎn xià kè. Zhōngwǔ wǒ bù xiūxi. Xiàwǔ wǒ méiyǒu kè. Wǎnshang wǒ liù diǎn chī wǎnfàn. shíyī diǎn xǐ zǎo, shí'èr diǎn shuì jiào.

活动 Activities

一、双人活动 Pair work

1. 画线将小词库中的词语与相应的图片连接起来，然后朗读词语。Match the words in the word bank with the corresponding pictures, and read these words aloud.

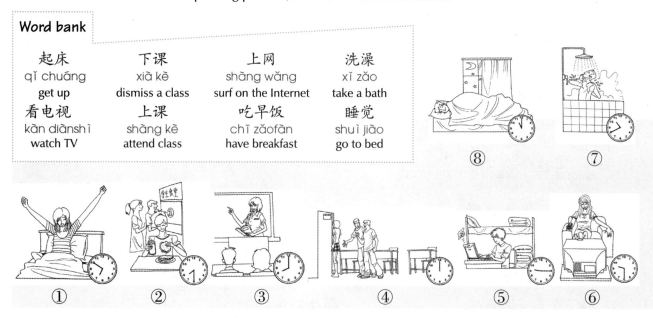

Word bank

| 起床 qǐ chuáng get up | 下课 xià kè dismiss a class | 上网 shàng wǎng surf on the Internet | 洗澡 xǐ zǎo take a bath |
| 看电视 kàn diànshì watch TV | 上课 shàng kè attend class | 吃早饭 chī zǎofàn have breakfast | 睡觉 shuì jiào go to bed |

2. 利用上面的图片跟同伴进行对话。Talk with your partner according to the pictures above.

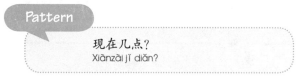

Pattern

现在几点？
Xiànzài jǐ diǎn?

3. 你的作息时间跟图片中的人一样吗？跟同伴说一说。Tell your partner whether your schedule is the same as that of the person in the picutures.

Patterns

A：你几点起床？
Nǐ jǐ diǎn qǐ chuáng?

B：我7：00起床。你呢？
Wǒ qī diǎn qǐ chuáng. Nǐ ne?

A：我7：30起床。
Wǒ qī diǎn bàn qǐ chuáng.

二、采访活动 Interview

1. 利用下面的表格采访三个同学。Interview three classmates according to the following form.

Activities	Partner ❶	Partner ❷	Partner ❸
起床 (qǐ chuáng)			
上课 (shàng kè)			
吃晚饭 (chī wǎnfàn) **(have dinner)**			
上网 (shàng wǎng)			
洗澡 (xǐ zǎo)			
睡觉 (shuì jiào)			

> **A tip for students**
>
> You and your partner should ask different people.

2. 采访结束后，向同伴介绍你了解到的情况。Tell your partner what you have known after the interview.

三、全班活动 Class work

1. 填好下面的表格，然后去问问其他同学，看看有没有人跟你的生日相同。Fill in the form and then ask other students to see whether someone's birthday is on the same day as yours.

	几月几号 jǐ yuè jǐ hào	星期几 xīng qī jǐ	Same or different (√/×)
Your birthday			
Partner ❶			
Partner ❷			
Partner ❸			

2. 跟同伴谈一谈，你打算怎么安排生日这一天的时间。Talk with your partner about your schedule on your birthday.

> **Patterns**
>
> 我的生日是……月……号。
> Wǒ de shēngrì shì …… yuè …… hào.
>
> 我……点……。
> Wǒ …… diǎn …….
> *I...at...o'clock.*

语言练习 Language Focus

一、语音和语调 Pronunciation and intonation

1. **辨音练习**。Sound discrimination.

an-ian	a-ia	ao-ou	in-ing	en-eng	ei-en
ban-xian	ba-xia	zao-zou	min-ming	men-sheng	mei-men

2. **声调练习**。Tone exercises.

   jǐ diǎn chī bàn bū hāo yuè

3. **朗读下列词语**。Read the following words aloud.

   1 前重后轻。Stressing the former part.

我们	时候	休息	晚上
wǒmen	shíhou	xiūxi	wǎnshang

   2 前中后重。Stressing the latter part.

今天	现在	上课	早饭	星期	明天	没有
jīntiān	xiànzài	shàng kè	zǎofàn	xīngqī	míngtiān	méiyǒu

4. **用正确的语调朗读下面的句子，注意语气和重音**。Read the following sentences aloud with correct intonation, pay attention to the tone and the stress.

   1 现在几点?
   Xiànzài jǐ diǎn?

   2 现在七点一刻。
   Xiànzài qī diǎn yí kè.

   3 你几点上课?
   Nǐ jǐ diǎn shàng kè?

   4 你什么时候吃早饭?
   Nǐ shénme shíhou chī zǎofàn?

   5 明天你有课吗?
   Míngtiān nǐ yǒu kè ma?

   6 明天16号，星期五。
   Míngtiān shíliù hào, xīngqīwǔ.

   7 你的生日是几月几号?
   Nǐ de shēngrì shì jǐ yuè jǐ hào?

5. **按要求读出下面的时间**。Read aloud the following time as required.

   1 注意"刻"的读法。 Pay attention to the expression of "a quarter".

   7：15 9：45 12：15

② 注意 "0" 的读法。 Pay attention to the expression of "0".

23：05　5：08　8：10　10：20

9：18　3：50　4：25　6：57

> **Tip:**
>
> At ten minutes, 分 can't be omitted. For example, 9:10 should be read as 九点十分(jiǔ diǎn shí fēn) rather than 九点十 (jiǔ diǎn shí)。

二、替换练习 Substitution exercises

① 今天星期几? 今天星期一。
Jīntiān xīngqī jǐ? Jīntiān xīngqīyī.

星期二
xīngqī'èr

星期五
xīngqīwǔ

星期四
xīngqīsì

② 今天几号? | 今天 | 15号。
Jīntiān jǐ hào? | Jīntiān | shíwǔ hào.

昨天 (yesterday) | 14号
zuótiān | shísì hào

明天 | 16号
míngtiān | shíliù hào

后天 (the day after tomorrow) | 17号
hòutiān | shíqī hào

③ 你几点上课?
Nǐ jǐ diǎn shàng kè?

睡觉
shuì jiào

上网 (surf on the Internet)
shàng wǎng

洗澡 (take a bath)
xǐ zǎo

④ 我八点 | 上课。
Wǒ bā diǎn | shàng kè.

十二点 | 睡觉
shí'èr diǎn | shuì jiào

下午一点 | 上网 (surf on the Internet)
xiàwǔ yī diǎn | shàng wǎng

晚上十点 | 洗澡 (take a bath)
wǎnshang shí diǎn | xǐ zǎo

三、用 "什么时候" 完成下列对话 Complete the following dialogues with 什么时候

① A: _____?
B: 我十一点半睡觉。
　 Wǒ shíyī diǎn bàn shuì jiào.

② A: _____?
B: 他下午两点上课。
　 Tā xiàwǔ liǎng diǎn shàng kè.

③ A: _____?
B: 她 (she) 晚上七点看电视。
　 Tā wǎnshang qī diǎn kàn diànshì.

四、根据下面的句子，用"吗"提问 Ask questions with 吗 according to the following sentences

1. 他明天有课。
   Tā míngtiān yǒu kè.

2. 10月12号是我的生日。
   Shí yuè shí'èr hào shì wǒ de shēngrì.

3. 娜拉中午不休息。
   Nàlā zhōngwǔ bù xiūxi.

4. 她 (she) 下午上网。
   Tā xiàwǔ shàng wǎng.

五、把下列句子改成否定句 Change the sentences into negative sentences

1. 他是日本人。
   Tā shì Rìběnrén.

2. 星期二下午我有课。
   Xīngqī'èr xiàwǔ wǒ yǒu kè.

3. 今天星期五。
   Jīntiān xīngqīwǔ.

4. 中午我睡觉。
   Zhōngwǔ wǒ shuì jiào.

扩展活动 Extended Activities

一、看图编故事并表演 Make up a story according to the pictures and act

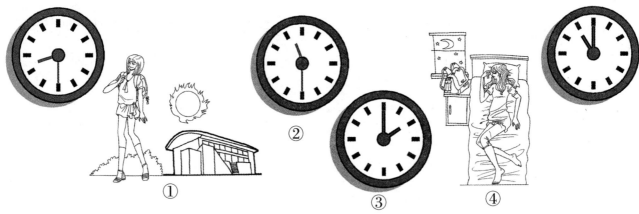

① ② ③ ④

二、你选什么课？ Which course do you want to choose?

先看看选修课的时间表，选择适合自己的选修课，然后跟同伴谈谈你的想法。Look at the elective course timetable and choose courses that suit you. Then talk with your partner about your option.

Elective courses	星期一	星期二	星期三	星期四	星期五
èrhú	3:00–5:00				
mínzú wǔdǎo		4:00–6:00			

Elective courses	星期一	星期二	星期三	星期四	星期五
jiǎn zhǐ				2:00–4:00	
shūfǎ			1:00–3:00		
tàijíquán					2:30–4:30

Patterns

你选什么课？
Nǐ xuǎn shénme kè?
Which course do you want to choose?

你几点上课？
Nǐ jǐ diǎn shàng kè?
When will you attend class?

你星期几上课？
Nǐ xīngqī jǐ shàng kè?
On which days of the week do you have classes?

三、游戏：过"6" Game: pass "6"

大家轮流数数，从1开始，遇到包含6的数字或6的倍数时不说出来，如6、12、16、24、30等等，不能说的数字要击掌。出错的同学要受罚，给大家唱歌。The whole class count numbers in turns. The starting point is 1, but the number 6 and any number which is multiple of 6, such as 6, 12, 16, 24, 30, etc, should be passed with a clap. Whoever makes a mistake should sing a song as a punishment.

总结与评价 | Summary and Evaluation

一、在这一课你学会了什么？请你试着写出你记住的词语。What have you learned in this lesson? Please write down the words you have remembered.

A tip for students

You can also write in *pinyin.*

二、你学会问时间了吗？试试下午不带手机和手表向别人询问时间。Are you able to ask about time now? Try to leave your mobile phone and watch behind and ask others about time.

三、完成任务的自我表现评价。Self-evaluation.

A	B	C	D	Are you satisfied with your performance?
A	B	C	D	Do you often express your own ideas actively?
A	B	C	D	Do you often ask your classmates questions actively?

第 3 课

我买这个 (Wǒ mǎi zhège)

I'll Buy This

目标 | Objectives

1 复习数字11–100。Review the numbers 11 to 100.
2 学习人民币的表达法。Learn the expressions of RMB cash.
3 学习询问商品和价格。Learn to enquire commodities and their prices.
4 学习购物时的常用语句。Learn the commonly used expressions of shopping.
5 学习还价和付款的简单说法。Learn the simple expressions of bargaining and paying.

准备 Preparation

一、复习数字和时间 Review numbers and time

1. 听录音，并在房间的门上写出你听到的房间号。Listen to the recording and write the room numbers you hear on the doors in the pictures. 🔊 03-01

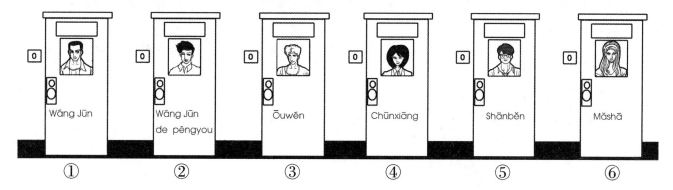

Wāng Jūn	Wāng Jūn de péngyou	Ōuwén	Chūnxiāng	Shānběn	Mǎshā
①	②	③	④	⑤	⑥

2. 回答下列问题。Answer the following questions.

1 今天几月几号？星期几？
Jīntiān jǐ yuè jǐ hào? Xīngqī jǐ?

3 前天(the day before yesterday)几月几号？星期几？
Qiántiān jǐ yuè jǐ hào? Xīngqī jǐ?

2 昨天(yesterday)几月几号？星期几？
Zuótiān jǐ yuè jǐ hào? Xīngqī jǐ?

4 明天几月几号？星期几？
Míngtiān jǐ yuè jǐ hào? Xīngqī jǐ?

⑤ 后天(the day after tomorrow)几月几号？星期几？

　Hòutiān jǐ yuè jǐ hào? Xīngqī jǐ?

3. 问三个同伴他们家人和朋友的生日。Ask three partners when are the birthdays of their families and friends.

	Yourself	Partner ❶	Partner ❷	Partner ❸
爸爸的生日 bàba de shēngrì				
妈妈的生日 māma de shēngrì				
朋友的生日 péngyou de shēngrì				

Word bank

爸爸(father)　妈妈(mother)
bàba　　　　　māma

Pattern

你……的生日是几月几号？
Nǐ ... de shēngrì shì jǐ yuè jǐ hào?

二、认识人民币 Recognize RMB cash

1. 看看下面的人民币，你知道是多少钱吗？ Look at the following RMB cash. Do you know them?

 一角
yì jiǎo

 五角
wǔ jiǎo

 一元
yì yuán

 五元
wǔ yuán

 十元
shí yuán

 二十元
èrshí yuán

 五十元
wǔshí yuán

 一百元
yìbǎi yuán

2. 读出下面的钱数。Read the following amount of money aloud.

　¥1.20　　¥2.50　　¥3.80　　¥10.40　　¥6.30

词 语 Words and Expressions

❑ 朗读下列词语，注意发音和词语的意思。Read the following words aloud, pay attention to the pronunciation and the meanings.

1 售货员 shòuhuò yuán shop assistant	2 要 yào want	3 这个 zhège this	4 块 kuài yuan	5 那个 nàge that	6 多少 duōshao how much, how many	7 钱 qián money

8 两 liǎng two	**9** 个 gè a measure word	**10** 买 mǎi buy	**11** 面包 miànbāo bread	**12** 还 hái still	**13** 别的 bié de other
14 再 zài again	**15** 瓶 píng bottle, a measure word	**16** 水 shuǐ water	**17** 一共 yígòng altogether	**18** 给 gěi give	**19** 铅笔 qiānbǐ pencil
20 支 zhī a measure word	**21** 了 le a modal particle	**22** 谢谢 xièxie thanks	**23** 零钱 língqián change		**24** 苹果 píngguǒ apple
25 斤 jīn jin, a unit of weight	**26** 摊主 tānzhǔ seller		**27** 太 tài too	**28** 贵 guì expensive	**29** 行 xíng OK
30 香蕉 xiāngjiāo banana	**31** 找 zhǎo look for, find		专有名词 Proper noun	**32** 春香 Chūnxiāng Chun Hyang	

□ 选择合适的词语进行搭配。Choose the proper words to match the words below.

买
mǎi

一共
yígòng

还要
hái yào

> **A tip for students**
>
> You should find as many words as you can to match the words mentioned above.

句子 Sentences

□ 朗读句子。Read the sentences aloud.

1 您要什么？
Nín yào shénme?
May I help you?

2 那个多少钱？
Nàge duōshao qián?
How much is that one?

3 我买一个面包。
Wǒ mǎi yí ge miànbāo.
I will get a loaf of bread.

4 还要别的吗？
Hái yào bié de ma?
what else do you want?

5 再买一瓶水。
Zài mǎi yì píng shuǐ.
And a bottle of water.

6 一共多少钱？
Yígòng duōshao qián?
How much is it altogether?

7 有没有铅笔？
Yǒu méiyǒu qiānbǐ?
Do you have pencils?

8 有零钱吗？
Yǒu língqián ma?
Do you have any changes?

9 太贵了，三块行吗？
Tài guì le, sān kuài xíng ma?
It's too expensive. will 3 yuan do?

10 你要多少？
Nǐ yào duōshao?
How much do you want?

❑ 听录音，填词语。 Listen to the recording and fill in the blanks. 🔘 03-02

A tip for students

If you can't write Chinese, you can also write in *Pinyin*.

1️⃣ 再买一瓶_____。
   Zài mǎi yì píng_____.

2️⃣ 还要_____吗？
   Hái yào_____ma?

3️⃣ 有_____吗？
   Yǒu_____ma?

4️⃣ 那个_____钱？
   Nàge_____qián?

5️⃣ 太_____了，三块行吗？
   Tài_____le, sān kuài xíng ma?

6️⃣ 你要_____？
   Nǐ yào_____?

7️⃣ 我买一个_____。
   Wǒ mǎi yí ge_____.

8️⃣ _____多少钱？
   _____duōshao qián?

9️⃣ 您要_____？
   Nín yào_____?

🔟 有没有_____？
   Yǒu méiyǒu_____?

情景 Situations

一

❑ 看着图片听两遍录音，然后和同伴根据图片内容对话。 Look at the pictures and listen to the recording twice. Then make a dialogue with your partner according to the pictures. 🔘 03-03

① ②

❑ 朗读对话一，注意发音和语气。 Read Dialogue 1 aloud, pay attention to the pronunciation and the tone.

售货员： 您要¹什么？
Shòuhuòyuán： Nín yào shénme?

欧文： 我要这²个。
Ōuwén： Wǒ yào zhège.

售货员： 一块五。
Shòuhuòyuán： Yí kuài wǔ.

欧文： 那²个多少³钱？
Ōuwén： Nàge duōshao qián?

Shop assistant:	May I help you?
Irving:	I will take this one.
Shop assistant:	It's 1.5 yuan.
Irving:	How much is that one?
Shop assistant:	It's 3 yuan.
Irving:	I'd like to take two.

售货员: 三块。
Shòuhuòyuán: Sān kuài.

欧文: 我要两[4]个。
Ōuwén: Wǒ yào liǎng ge.

Tips:

1. 要 means 买 (buy) here.

2. In spoken Chinese, 这 and 那 can be pronounced "zhèi" and "nèi".

3. In Chinese, 多少 and 几 are both used to ask about quantity. 几 is usually used for a number below 10. 多少 is used for a number over 10. E.g. 你们班有多少人？(Nǐmen bān yǒu duōshao rén? How many people are there in your class?) 你有多少钱？(Nǐ yǒu duōshao qián? How much money do you have?) etc.

4. If the figure 2 is before a measure word or used to express time, it should be pronounced "liǎng" instead of "èr". E.g. 两个 (liǎng ge two), 两天 (liǎng tiān two days)。

❏ 根据对话一，选择合适的句子跟同伴对话。Choose the proper sentences in Dialogue 1 and talk with your partner.

Ask	Answer
	我要这个。 Wǒ yào zhège.
那个多少钱？ Nǎge duōshao qián?	

❏ 看图片，和同伴商量他们可能在说什么。Look at the pictures, and discuss with your partner what they are probably talking about.

| ① | ② | ③ |

❑ **朗读对话二，注意发音和语气。** Read Dialogue 2 aloud, pay attention to the pronunciation and the tone.

售货员：　你买什么[1]?
Shòuhuòyuán:　Nǐ mǎi shénme?

春香：　我买一个面包。
Chūnxiāng:　Wǒ mǎi yí ge miànbāo.

售货员：　三块五。还[2]要别的吗?
Shòuhuòyuán:　Sān kuài wǔ. Hái yào bié de ma?

春香：　再[3]买一瓶水。一共多少钱?
Chūnxiāng:　Zài mǎi yì píng shuǐ. Yígòng duōshao qián?

售货员：　一共六块五。
Shòuhuòyuán:　Yígòng liù kuài wǔ.

春香：　给你钱。
Chūnxiāng:　Gěi nǐ qián.

Shop assistant:	May I help you?
Chun Hyang:	I will get this loaf of bread.
Shop assistant:	It's 3.5 yuan. What else do you want?
Chun Hyang:	And a bottle of water. How much is it altogether?
Shop assistant:	It's 6.5 yuan altogether.
Chun Hyang:	Here you are.

Tips:

1. The word order in Chinese is different from that in English. You can't say 什么你买?

2. The character 还 indicates addition to the original range. E.g. 还要什么(hái yào shénme what else do you want) and 还有什么(yái yǒu shénme what else do you have).

3. The character 再 is used before verbs, denoting the repetition or continuation of an action. E.g. 再吃一个 (zài chī yí ge eat another) 再说一遍(zài shuō yí biàn say it again).

❑ **根据对话二判断下列说法是否正确。** Decide whether the following statements are true or false according to Dialogue 2.

① 春香要两个面包。　☐
Chūnxiāng yào liǎng ge miànbāo.

③ 水一瓶一块钱。　☐
Shuǐ yì píng yí kuài qián.

② 面包一块五一个。　☐
Miànbāo yí kuài wǔ yí ge.

④ 一共五块钱。　☐
Yígòng wǔ kuài qián.

❑ **根据对话二，选择合适的句子跟同伴对话。** Choose the proper sentences in Dialogue 2 and talk with your partner.

Ask	Answer
你买什么? Nǐ mǎi shénme?	
	再买一瓶水。 Zài mǎi yì píng shuǐ.
	一共六块五。 Yígòng liù kuài wǔ.

听两遍录音，回答问题。Listen to the recording twice and answer the following questions. 03-04

1 玛莎买什么？
Mǎshā mǎi shénme?

2 铅笔多少钱一支？
Qiānbǐ duōshao qián yì zhī?

3 玛莎要几支铅笔？
Mǎshā yào jǐ zhī qiānbǐ?

4 玛莎还买别的吗？
Mǎshā hái mǎi biế de ma?

5 一共多少钱？
Yígòng duōshao qián?

6 玛莎有零钱吗？
Mǎshā yǒu língqián rna?

朗读对话三，注意发音和语气。Read Dialogue 3 aloud, pay attention to the pronunciation and the tone.

玛莎： Mǎshā:	有没有¹铅笔？ Yǒu méiyǒu qiānbǐ?
售货员： Shōuhuōyuán:	有，一块五一支²。 Yǒu, yí kuài wǔ yì zhī.
玛莎： Mǎshā:	我要两支。 Wǒ yào liǎng zhī.
售货员： Shōuhuōyuán:	还要什么？ Hái yào shénme?
玛莎： Mǎshā:	不要了，谢谢。 Bū yào le, xièxie.
售货员： Shōuhuōyuán:	有零钱吗？ Yǒu língqián ma?
玛莎： Mǎshā:	没有。 Mếiyǒu.

Marsha: Do you have pencils?
Shop assistant: Yes, 1.5 yuan each.
Marsha: I will take two.
Shop assistant: What else?
Marsha: No, thanks.
Shop assistant: Do you have any changes?
Marsha: No.

Tips:

1. The negative form of 有 is 没有. In Chinese, the affirmative form and the negative form of a word can be juxtaposed to form a question. E.g. 有没有水？(Yǒu méiyǒu shuǐ? Is there water?) 你去不去教室？(Nǐ qù bu qù jiàoshì? Are you going to the classroom?) Answer this type of questions with one of the two forms. E.g. 有 or 没有, 去 or 不去.

2. It means 铅笔一块五一支 (qiānbǐ yí kuài wǔ yì zhī). Information which people already know is always omitted in spoken Chinese. You can also say 一支一块五 (yì zhī yí kuài wǔ).

根据对话三回答问题。Answer the following questions according to Dialogue 3.

A tip for students

You can try other ways of saying it.

1 玛莎要(want)买铅笔，她怎么(how)说(say)？
Mǎshā yào mǎi qiānbǐ, tā zěnme shuō?

② 售货员问玛莎还买什么，售货员怎么(how)说(say)?

Shòuhuòyuán wèn Mǎshā hái mǎi shénme, shòuhuòyuán zěnme shuō?

③ 售货员收钱(get payment)的时候怎么(how)说(say)?

Shòuhuòyuán shōu qián de shíhou zěnme shuō?

☐ 根据对话三填空，然后试着说说对话内容。Fill in the blanks according to Dialogue 3 and try to retell it.

> **A tip for students**
> ·····
> You can write them in *Pinyin*.

玛莎要(want)买_____。她(she)问(ask)售货员_____。售货员说(say)

Mǎshā yào mǎi...................... . Tā wèn shòuhuòyuán............. . Shòuhuòyuán shuō

铅笔一块五_____。玛莎买了_____铅笔，一共_____。玛莎

qiānbǐ yí kuài wǔ............. . Mǎshā mǎi le.............qiānbǐ, yígòng .... Mǎshā

没有_____。

méiyǒu................ .

☐ 先读一遍下面的句子，然后听录音，并按照你听到的顺序给句子标上序号。Read the following sentences, listen to the recording, and number the sentences according to what you hear. 🔴 03-05

☐ 香蕉呢?
Xiāngjiāo ne?

☐ 我要两斤苹果。
Wǒ yào liǎng jīn píngguǒ.

☐ 三块五。
Sān kuài wǔ.

☐ 太贵了，三块行吗?
Tài guì le, sān kuài xíng ma?

☐ 给你十块。
Gěi nǐ shí kuài.

☐ 我要一斤香蕉。
Wǒ yào yì jīn xiāngjiāo.

☐ 两块五。
Liǎng kuài wǔ.

☐ 苹果多少钱一斤?
Píngguǒ duōshao qián yì jīn?

☐ 行，你要多少?
Xíng, nǐ yào duōshao?

☐ 一共八块五。
Yígòng bā kuài wǔ.

☐ 找你一块五。
Zhǎo nǐ yí kuài wǔ.

❑　**朗读对话四，注意发音和语气。** Read Dialogue 4 aloud, pay attention to the pronunciation and the tone.

山本: Shānběn:	苹果多少钱一斤？ Píngguǒ duōshao qián yì jīn?
摊主: Tānzhǔ:	三块五。 Sān kuài wǔ.
山本: Shānběn:	太贵了[1]，三块行吗[2]？ Tài guì le, sān kuài xíng ma?
摊主: Tānzhǔ:	行，你要多少？ Xíng, nǐ yào duōshao?
山本: Shānběn:	我要两斤苹果。香蕉呢？ Wǒ yào liǎng jīn píngguǒ. Xiāngjiāo ne?
摊主: Tānzhǔ:	两块五。 Liǎng kuài wǔ.
山本: Shānběn:	我要一斤香蕉。 Wǒ yào yì jīn xiāngjiāo.
摊主: Tānzhǔ:	一共八块五。 Yígòng bā kuài wǔ.
山本: Shānběn:	给[3]你十块。 Gěi nǐ shí kuài.
摊主: Tānzhǔ:	找你一块五。 Zhǎo nǐ yí kuài wǔ.

Yamamoto:	How much is a jin of apples?
Seller:	3.5 yuan.
Yamamoto:	It's too expensive. will 3 yuan do?
Seller:	OK. how much do you want?
Yamamoto:	I want two jin. How about the banana?
Seller:	2.5 yuan.
Yamamoto:	I will get a jin of bananas.
Seller:	It's 8.5 yuan altogether.
Yamamoto:	Here is 10 yuan.
Seller:	Here is 1.5 yuan changes for you.

Tips:

1. 太…了 denotes degree. It is often used to describe unpleasant things. E.g. 太贵了(tài guì le too expensive), 太大了(tài dà le too big),太少了(tài shǎo le too few). But one can also say 太好了！(tài hǎo le! very good!).
2. 行吗 is often used in negotiation. E.g. 我休息一会儿，行吗？(Wǒ xiūxi yíhuìr, xíng ma? May I have a rest?) The answer is usually 行 or 不行.
3. The character 给 here is a verb which can be followed by two objects. One object refers to a person, while the other refers to an object.

❑　**根据对话四，选择合适的句子跟同伴对话。** Choose the proper sentences in Dialogue 4 and talk with your partners.

Ask	Answer
	三块五。 Sān kuài wǔ.
	行，你要多少? Xíng, nǐ yào duōshao?
香蕉呢? Xiāngjiāo ne?	

活 动 Activities

一、看图学词语 Look at the pictures and learn words

画线将小词库中的词语与相应的图片连接起来，然后朗读词语。Match the words in the word bank with the corresponding pictures, and read these words aloud.

Word bank						
可口可乐 kěkǒu kělè coke	饼干 bǐnggān biscuit	方便面 fāngbiànmiàn instant noodles	橘子 júzi orange	葡萄 pútao grape	汉堡包 hànbǎobāo hamburger	啤酒 píjiǔ beer

二、双人活动 Pair work

你和同伴分别是两个商店的老板，先给自己的商品定价，然后互相询问对方定的价钱。You and your partner are bosses of two stores respectively. Make prices to your commodities, and ask each other about the prices.

Commodities		Prices
	kěkǒu kělè	
	píjiǔ	
	miànbāo	
	hànbǎobāo	
	fāngbiànmiàn	
	xiāngjiāo	
	júzi	

q-why   kwi

三、小组活动 Group wrok

3-4人一组，利用活动二的价格表进行购物练习。 Work in groups of 3 or 4, and practice shopping according to the price list in Activity II.

∧ Sa

Patterns

你买什么？ Nǐ mǎi shénme?	我买……。 Wǒ mǎi ...
……多少钱？ ... duōshao qián?	我要……。 Wǒ yào ...
还要别的吗？ Hái yào bié de ma?	一共多少钱？ Yígòng duōshao qián?

A tip for students

The buyers should buy three kinds of commodities: fruit, food and drinks.

给教师的提示

您可以先处理一下参考句型，然后再开始这个活动。分组时轮换一下同伴。活动进行完，您可以问一问每个人买了什么东西，花了多少钱。

四、全班活动：超市大赢家 Class work: supermarket winner

3-4人一组，为自己的超市购买商品。每个小组只有部分商品，所以要为自己的商品定价并出售，还要去其他的小组购买别的商品。最后哪个小组买到商品清单中的8种商品，哪个小组获胜。 Work in groups of 3 or 4. Buy commodities for your own supermarket. Your group only has some kinds of commodities, so you have to price and sell them in order to purchase commodities of other kinds from other groups. The group which manages to own all 8 kinds of commodities on the list wins the game.

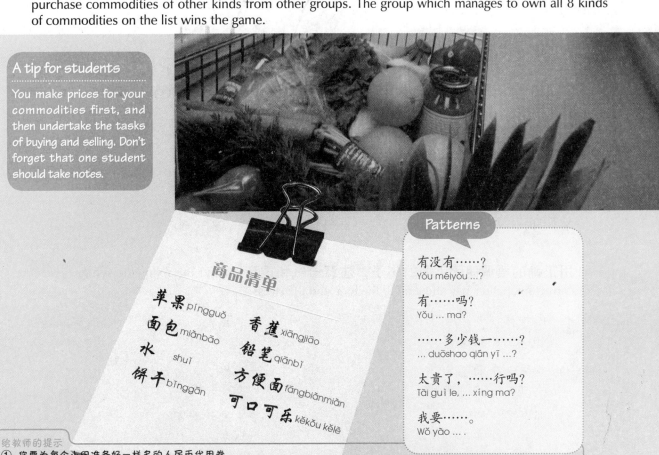

A tip for students

You make prices for your commodities first, and then undertake the tasks of buying and selling. Don't forget that one student should take notes.

商品清单

苹果 píngguǒ	香蕉 xiāngjiāo
面包 miànbāo	铅笔 qiānbǐ
水 shuǐ	方便面 fāngbiànmiàn
饼干 bǐnggān	可口可乐 kěkǒu kělè

Patterns

有没有……?
Yǒu méiyǒu ...?

有……吗？
Yǒu ... ma?

……多少钱一……?
... duōshao qián yī ...?

太贵了，……行吗？
Tài guì le, ... xíng ma?

我要……。
Wǒ yào ... .

给教师的提示
① 您要为每个小组准备好一样多的人民币代用券。
② 您要为每个小组写一张商品清单，规定好他们现在的商品和数量。每个组的商品应该大部分不一样，但也有个别商品一样。
③ 您应该注意公平对待每个小组，商品数量最多的小组，种类应该少，商品数量少的小组，种类可以多。

wok mei

语言练习 Language Focus

一、语音和语调 Pronunciation and intonation

1. 辨音练习。Sound discrimination.

i-in	ian-iang	in-ing	ai-uai	a-ai	e-ei
ni-nin	qian-liang	jin- ping	hai-kuai	na-mai	le-gei

2. 声调练习。Tone exercises.

yào   kuài   nà   liǎng   hái   gěi   zhī   guì   zhǎo

3. 朗读下列词语。Read the following words aloud.

   1 前重后轻。Stressing the former part.

别的	谢谢	多少
bié de	xièxie	duōshao

   2 前中后重。Stressing the latter part.

面包	咖啡	一共	正好	铅笔	苹果	香蕉	摊主	零钱
miànbāo	kāfēi	yígòng	zhènghǎo	qiānbǐ	píngguǒ	xiāngjiāo	tānzhǔ	língqián

4. 快速读出下列数字。Read the following numbers aloud quickly.

¥0.10	¥0.35	¥0.50	¥0.70	¥63.70
¥47.80	¥2.20	¥3.60	¥100	¥9.00
¥10.40	¥29.80	¥11.05	¥32.00	¥89.60

5. 用正确的语调朗读下面的句子，注意语气和重音。Read the following sentences aloud with correct intonation, pay attention to the tone and the stress.

   1 您要什么？
   Nín yào shénme?

   2 我买一个面包。
   Wǒ mǎi yí ge miànbāo.

   3 那个多少钱？
   Nàge duōshao qián?

   4 还要别的吗？
   Hái yào bié de ma?

   5 再买一瓶水。
   Zài mǎi yì píng shuǐ.

   6 太贵了，三块行吗？
   Tài guì le, sān kuài xíng ma?

二、替换练习 Substitution exercises

从小词库中选择词语替换画线部分，并说出完整的句子。Choose the words in the word bank to substitute the underlined words, and speak out the whole sentences.

Word bank

汉堡包 hànbǎobāo	方便面 fāngbiànmiàn	苹果 píngguǒ
香蕉 xiāngjiāo	可口可乐 kěkǒu kělě	啤酒 píjiǔ
水 shuǐ	铅笔 qiānbǐ	瓶 píng
斤 jīn	支 zhī	个 gè

1. 我要<u>一个 面包</u>。
   Wǒ yào yí ge miànbāo.

2. <u>那个</u>多少钱?
   Nàge duōshao qián?

3. 再买<u>一瓶水</u>。
   Zài mǎi yì píng shuǐ.

4. 有没有<u>铅笔</u>?
   Yǒu méiyǒu qiānbǐ?

三、选择合适的量词填空 Choose the right measure words to fill in the blanks

（个 gè）　（瓶 píng）　（斤 jīn）　（支 zhī）

两（　）水　　　　一（　）面包　　　　五（　）苹果
liǎng　shuǐ　　　　yī　miànbāo　　　　wǔ　píngguǒ

一（　）葡萄　　　　四（　）汉堡包　　　　八（　）铅笔
yī　pútao　　　　sì　hànbǎobāo　　　　bā　qiānbǐ

四、完成对话 Complete the dialogues

1. 用"太……了!"完成下面的对话。
   Complete the dialogue with 太……了!

   A: 苹果多少钱一斤?
   　Píngguǒ duōshao qián yì jīn?

   B: 五块一斤。
   　Wǔ kuài yì jīn.

   A: _____, 我不要。
   　…… , wǒ bú yào.

2. 用"……行吗?"模仿对话。Imitate the example to make dialogues with ……行吗?

   A: 三块行吗?　　　B: 行。
   　Sān kuài xíng ma?　　Xíng.

   (1) A: 苹果多少钱一斤?
   　　Píngguǒ duōshao qián yì jīn?

   　B: 两块五。
   　　Liǎng kuài wǔ.

   　A: _____?

   　B: 行。
   　　Xíng.

   (2) A: 香蕉呢?
   　　Xiāngjiāo ne?

   　B: 一块八。
   　　Yí kuài bā.

   　A: _____?

   　B: 不行。
   　　Bù xíng.

51

五、利用下面的词语，用"有没有"提问 Use the following words to ask questions with 有没有

1. 啤酒(beer)
   píjiǔ
2. 咖啡(coffee)
   kāfēi
3. 苹果
   píngguǒ

六、连词成句 Combine the words into sentences

1. 的   要   吗   还   别
   de   yào   ma   hái   bié

2. 一   我   买   面包   个
   yī   wǒ   mǎi   miànbāo gè

3. 钱   找   块   你   五
   qián   zhǎo   kuài   nǐ   wǔ

4. 三   块   斤   五   一   苹果
   sān   kuài   jīn   wǔ   yī   píngguǒ

扩展活动 Extended Activities

一、小组活动 Group work

周末组织一次班级郊游，午餐自己准备。5—6人组成一个小组聚餐。看哪一组买的东西好，但花的钱少。Organize for the class a picnic this weekend. Each student should prepare your own lunch. Have lunch in groups of 5 or 6. See which group buy the better things with less money.

A tip for students

You should discuss together what to buy and how much to spend.

Goods	Quantity	Price
Fruit		
Drink		
Food		
Others		

二、游戏：拍卖会 Game: auction

每人要拿出一样小东西（本子、笔、橡皮、卡子、耳机等等）交给老师作为拍品，拍得一样东西后，想办法把拍到的东西卖掉，再买回你自己的东西，最后看看谁剩的钱最多。Each student offers the teacher a small object for auction, such as a notebook, pen, eraser, clip, earphone, etc. After one succeeds to buy an object, one should try to sell the object and purchase the originally offered object back. The person with owning the most amount of money wins the game.

给教师的提示
为每位同学准备5元人民币代用券，把学生交来的拍品编上号且不告知学生。然后按照序号顺序从5毛钱起开始拍卖，最高不超过3元，拍定后公布所拍东西。

总结与评价 Summary and Evaluation

一、购物语句整理。A summary of expressions of shopping.

生活中你经常买的东西，你都知道怎么说了吗？看看右边这个超市广告上都有什么东西，有没有你不会说的。Are you able to name those objects you often buy in Chinese? Look at these objects on the supermarket advertisement on the right and see what you don't know how to say in Chinese.

买东西的时候你知道怎么说了吗？利用下面的表格，准备一下，然后去试着买一样东西。Do you know how to say when you shop? Use the following form, make preparations and try to buy one object.

Ask	Answer

二、完成任务的自我表现评价。Self-evaluation.

A	B	C	D	Are you satisfied with your own performance?
A	B	C	D	Do you often express your own ideas actively?
A	B	C	D	Do you often ask your classmates questions actively?

第4课

我们点菜 (Wǒmen diǎn cài)

We'd Like to Order

目标 | Objectives

1. 复习表达一般需要的常用语句。Review the commonly used expressions of common needs.
2. 学习点菜的常用语句。Learn the commonly used expressions of ordering dishes.
3. 学习点主食的常用语句。Learn the commonly used expressions of ordering staple food.
4. 学习点酒水、饮料的常用语句。Learn the commonly used expressions of ordering drinks.
5. 学习吃饭时提出简单的要求。Learn to make simple requests when having a meal.

准备 Preparation

1. 模拟表演。Imitation.

   两人一组，进行购物练习，买水果或其他食物。Work in pairs. Practice shopping and buy some fruits or other food.

   > 给教师的提示
   > 您可以准备若干水果和食物的图片贴在黑板上，方便同学们做购物练习。活动结束后，您可以将重点句子写在黑板或纸板上让学生一起来读。

2. 你觉得图片中的两个人可能会说什么。What do you think the two people in the picture may talk about.

Patterns

有没有……?
Yǒu méiyǒu ...?

有……吗?
Yǒu ... ma?

我要……。
Wǒ yào....

54

3. 看看下面的图片，你喜欢吃什么？ Look at the following pictures. What do you like to eat?

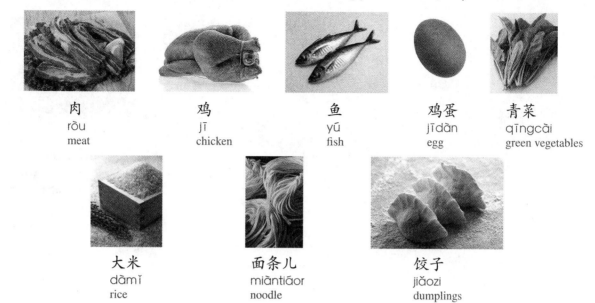

肉
ròu
meat

鸡
jī
chicken

鱼
yú
fish

鸡蛋
jīdàn
egg

青菜
qīngcài
green vegetables

大米
dàmǐ
rice

面条儿
miàntiáor
noodle

饺子
jiǎozi
dumplings

词语 Words and Expressions

☐ 朗读下列词语，注意发音和词语的意思。 Read the following words aloud, pay attention to the pronunciation and the meanings.

1 服务员 fúwùyuán waiter/waitress	2 你们 nǐmen you, a plural form of 你	3 来 lái want	4 主食 zhǔshí staple food	5 碗 wǎn bowl	6 米饭 mǐfàn rice	7 (一)点儿 (yì) diǎnr a little
8 面条儿 miàntiáor noodle	9 饺子 jiǎozi dumpling	10 喝 hē drink	11 啤酒 píjiǔ beer	12 茶 chá tea	13 勺子 sháozi spoon	14 请 qǐng please
15 饭 fàn rice	16 很 hěn very	17 张 zhāng piece, a measure word	18 餐巾纸 cānjīnzhǐ napkin		19 结账 jié zhàng pay a bill	20 百 bǎi hundred
21 四 sì four	22 菜 cài dish	23 打包 dǎ bāo get a doggie bag	菜名 **Names of dishes**	24 红烧鱼 hóngshāo yú braised fish in soy sauce		25 炒青菜 chǎo qīngcài sautéed vegetables
26 红烧牛肉 hóngshāo niú ròu braised beef in soy sauce		27 鸡蛋炒饭 jīdàn chǎo fàn fried rice with eggs	28 酸辣汤 suān là tāng hot and sour soup			

☐ 选择合适的词语进行搭配。Choose the proper words to match the words below.

| 喝 hē | 很 hěn | 打包 dǎ bāo |

A tip for students

You should find as many words as you can to match the words mentioned above.

☐ 画线连接。Draw lines and match.

| 三瓶 sān píng | 一个 yí ge | 两张 liǎng zhāng | 两碗 liǎng wǎn |

给教师的提示

连接后您需要带领学生画线朗读，并提醒学生注意量词的用法。

| 米饭 mǐfàn | 面条儿 miàntiáor | 啤酒 píjiǔ | 勺子 sháozi | 餐巾纸 cānjīnzhǐ |

☐ 词语搭积木。Word building.

Example:

| 米饭 mǐfàn | 主食 zhǔshí | 勺子 sháozi | 打包 dǎ bāo |

一碗米饭 yìwǎn mǐfàn　　□□主食　　□□勺子　　□打包

要一碗米饭 yào yìwǎn mǐfàn　　□□□主食　　□□□□勺子　　□□打包

给教师的提示

这个练习，您可以按照从上到下的顺序带领学生依次朗读，也可以分给不同的小组先做练习，然后全班交流。

句子 Sentences

☐ 朗读句子。Read the sentences aloud.

① 你们吃什么？
Nǐmen chī shénme?
What would you like to have?

② 来一个红烧鱼。
Lái yí ge hóngshāo yú.
We want a braised fish in soy sauce.

③ 有什么主食？
Yǒu shénme zhǔshí?
What staple food do you have?

④ 我要一个鸡蛋炒饭。
Wǒ yào yí ge jīdàn chǎo fàn.
I'd like to have fried rice with eggs.

⑤ 喝点儿什么？
Hē diǎnr shénme?
What do you like to drink?

⑥ 请给我一个勺子。
Qǐng gěi wǒ yí ge sháozi.
Please give me a spoon.

⑦ 我要一张餐巾纸。
Wǒ yào yì zhāng cānjīnzhǐ.
A piece of napkin, please.

⑧ 服务员，结账。
Fúwùyuán, jié zhàng.
Waitress, bill, please.

⑨ 这个菜请打包。
Zhège cài qǐng dǎ bāo.
Give us a doggie bag for this dish, please.

❑ **听录音，填词语。** Listen to the recording and fill in the blanks. 04-01

① _____一个红烧鱼。
　　　　yí ge hóngshāo yú.

③ _____点儿什么？
　　　　diǎnr shénme?

⑤ 这个菜请_____。
　　Zhège cài qǐng_____.

② 请给我一个_____。
　　Qǐng gěi wǒ yí ge_____.

④ 你们吃_____什么？
　　Nǐmen chī_____ shénme?

⑥ 我要一张_____。
　　Wǒ yào yì zhāng_____.

⑦ 有什么_____？
　　Yǒu shénme_____?

情景 Situations

一

❑ **看着图片听两遍录音，然后和同伴根据图片内容对话。** Look at the picture and listen to the recording twice. Then make a dialogue with your partner according to the picture. 04-02

Chī shénme zhǔshí?

❑ **朗读对话一，注意发音和语气。** Read Dialogue 1 aloud, pay attention to the pronunciation and the tone.

服务员： 你们吃什么？
Fúwùyuán： Nǐmen chī shénme?

欧文： 来一个红烧鱼。
Ōuwén： Lái yí ge hóngshāo yú.

服务员： 还要什么？
Fúwùyuán： Hái yào shénme?

娜拉： 再要一个炒青菜。
Nàlā： Zài yào yí ge chǎo qīngcài.

服务员： 吃什么主食？
Fúwùyuán： Chī shénme zhǔshí?

Waitress:	What would you like to have?
Irving:	We want a braised fish in soy sauce.
Waitress:	Anything else?
Nara:	Sautéed vegetables, too.
Waitress:	How about the staple food?
Irving:	Two bowls of rice.
Waitress:	Anything else?
Nara:	No, thank you.

欧文： 两碗²米饭。
Ōuwén: Liǎng wǎn mǐfàn.

服务员： 还要别的吗?
Fúwùyuán: Hái yào bié de ma?

娜拉： 不要了，谢谢!
Nàlā: Bú yào le, xièxie!

Tips:

1. Here 来 means 要(want), often used in shopping and ordering dishes.
2. 碗 is originally a noun meaning *bowl*, but here it is used as a measure word. So are 杯 (bēi cup)，瓶 (píng bottle)，盘(pán plate), etc.

☐ **根据对话一，选择合适的句子跟同伴对话。** Choose the proper sentences in Dialogue 1 and talk with your partner.

Ask	Answer
你们吃什么? Nǐmen chī shénme?	
	再要一个炒青菜。 Zài yào yí ge chǎo qīngcài.
吃什么主食? Chī shénme zhǔshí?	
	不要了，谢谢。 Bú yào le, xièxie.

二

☐ **看着图片听两遍录音，然后和同伴商量他们可能在说什么。** Look at the pictures and listen to the recording twice. Then discuss with your partner what they are probably talking about. 04-03

□ **朗读对话二，注意发音和语气。** Read Dialogue 2 aloud, pay attention to the pronunciation and the tone.

服务员：	你们吃点儿什么？
Fúwùyuán:	Nǐmen chī diǎnr shénme?
欧文：	一个红烧牛肉，一个炒青菜。
Ōuwén:	Yí ge hóngshāo niú ròu, yí ge chǎo qīngcài.
春香：	有什么主食？
Chūnxiāng:	Yǒu shénme zhǔshí?
服务员：	米饭、面条儿、饺子。
Fúwùyuán:	Mǐfàn, miàntiáor, jiǎozi.
春香：	我要一个鸡蛋炒饭。
Chūnxiāng:	Wǒ yào yí ge jīdàn chǎo fàn.
欧文：	我要面条儿。
Ōuwén:	Wǒ yào miàntiáor.
服务员：	喝点儿什么？
Fúwùyuán:	Hē diǎnr shénme?
欧文：	我要一瓶啤酒。
Ōuwén:	Wǒ yào yì píng píjiǔ.
春香：	我喝茶。
Chūnxiāng:	Wǒ hē chá.

Waitress:	What would you like to have?
Irving:	Braised beef in soy sauce and sauté vegetables, please.
Chun Hyang:	What staple food do you serve?
Waitress:	Rice, noodles, and dumplings.
Chun Hyang:	I'd like to have fried rice with eggs.
Irving:	Noodles for me.
Waitress:	What would you like to drink?
Irving:	A bottle of beer for me.
Chun Hyang:	I'll have some tea.

Tip:

（一）点儿 used after a verb indicates an uncertain and less amount. It plays a role in easing mood and makes the specch more polite. E.g. 你喝点儿什么？

□ **根据对话二，判断下列说法是否正确。** Decide whether the following statements are true or false according to Dialogue 2.

1 欧文、春香要一个红烧鱼，一个炒青菜。 □
Ōuwén, Chūnxiāng yào yí ge hóngshāo yú, yí ge chǎo qīngcài.

2 主食有米饭、面条儿。 □
Zhǔshí yǒu mǐfàn, miàntiáor.

3 春香要面条儿，欧文要鸡蛋炒饭。 □
Chūnxiāng yào miàntiáor, Ōuwén yào jīdàn chǎo fàn.

4 欧文喝啤酒。 □
Ōuwén hē píjiǔ.

5 春香也喝啤酒。 □
Chūnxiāng yě hē píjiǔ.

三

☐ **听两遍录音，然后回答问题。** Listen to the recording twice and answer the following questions.
💿 04-04

① 服务员给了欧文什么？
Fúwùyuán gěi le Ōuwén shénme?

③ 春香的饭好吃吗？
Chūnxiāng de fàn hǎo chī ma?

② 欧文又 (also) 要了什么？
Ōuwén yòu yào le shénme?

④ 春香要什么？
Chūnxiāng yào shénme?

☐ **朗读对话三，注意发音和语气。** Read Dialogue 3 aloud, pay attention to the pronunciation and the tone.

欧文: Ōuwén:	服务员，有勺子吗？ Fúwùyuán, yǒu sháozi ma?
服务员: Fúwùyuán:	有。 Yǒu.
欧文: Ōuwén:	请给我一个勺子。 Qǐng gěi wǒ yí ge sháozi.
服务员: Fúwùyuán:	给您。 Gěi nín.
欧文: Ōuwén:	谢谢！再来一个酸辣汤。 Xièxie! Zài lái yí ge suān là tāng.
服务员: Fúwùyuán:	好。 Hǎo.
欧文: Ōuwén:	春香，你的饭好[1]吃吗？ Chūnxiāng, nǐ de fàn hǎo chī ma?
春香: Chūnxiāng:	很好吃。你的面条儿呢？ Hěn hǎo chī. Nǐ de miàntiáor ne?
欧文: Ōuwén:	也很好吃。 Yě hěn hǎo chī.
春香: Chūnxiāng:	服务员，我要一张餐巾纸。 Fúwùyuán, wǒ yào yì zhāng cānjīnzhǐ.

Irving: Waiter, have you got spoons?
Waitress: Yes.
Irving: Please give me a spoon.
Waitress: Here you are.
Irving: Thank you! We want hot and sour soup, too.
Waitress: OK.
Irving: Chun Hyang, does your rice taste good?
Chun Hyang: Yes. How about your noodles?
Irving: They're very good too.
Chun Hyang: Waitress, a piece of napkin, please.

Tip:
1. 好 can also be used before a verb to refer to a satisfying quality.

☐ **根据对话三填空，然后试着说说对话内容。** Fill in the blanks according to Dialogue 3 and try to retell it.

欧文要一个_____，服务员给了他。他还要一碗_____。春香的_____，
Ōuwén yào yí ge_____, fúwùyuán gěi le tā. Tā hái yào yì wǎn_____. Chūnxiāng de_____,

欧文的面条儿也_____。
Ōuwén de miàntiáor yě_____.

❏ 如果在饭馆吃饭时你需要什么东西的话，怎么说？If you need something when eating at a restaurant, what would you say?

❏ 先读一遍句子，然后听录音，并按照你听到的顺序给句子标上序号。Read the following sentences first, listen to the recording and then number the sentences according to what you hear. 🔘 04-05

☐ 这个菜请打包。
Zhège cài qǐng dǎ bāo.

☐ 多少钱？
Duōshao qián?

☐ 服务员，结账。
Fúwùyuán, jié zhàng.

☐ 还有哪个？
Hái yǒu nǎge?

☐ 有两块吗？
Yǒu liǎng kuài ma?

☐ 一百四十二。
Yìbǎi sìshí'èr.

☐ 饺子也打包。
Jiǎozi yě dǎ bāo.

☐ 给你一百六。
Gěi nǐ yìbǎi liù.

☐ 我有。
Wǒ yǒu.

❏ 朗读对话四，注意发音和语气。Read Dialogue 4 aloud, pay attention to the pronunciation and the tone.

山本： 服务员，结账。
Shānběn: Fúwùyuán, jié zhàng.

王军： 多少钱？
Wáng Jūn: Duōshao qián?

服务员： 一百四十二。
Fúwùyuán: Yìbǎi sìshí'èr.

王军： 给你一百六。
Wáng Jūn: Gěi nǐ yìbǎi liù.

服务员： 有两块吗？
Fúwùyuán: Yǒu liǎng kuài ma?

春香： 我有。
Chūnxiāng: Wǒ yǒu.

Yamamoto: Waitress, bill, please.
Wang Jun: How much is it?
Waitress: One hundred and forty two yuan.
Wang Jun: Here is one hundred and sixty yuan.
Waitress: Do you have two yuan of change?
Chun Hyang: Yes, I do.
Yamamoto: Give us a doggie bag for this dish, please.
Waitress: What else?
Chun Hyang: Dumplings.

山本:	这个菜请打包。
Shānběn:	Zhège cài qǐng dǎ bāo.
服务员:	还有哪个?
Fúwùyuán:	Hái yǒu nǎge?
春香:	饺子也打包。
Chūnxiāng:	Jiǎozi yě dǎ bāo.

☐ **根据对话四回答问题。** Answer the following questions according to Dialogue 4.

① 一共多少钱?
　　Yígòng duōshao qián?

② 王军给服务员多少钱?
　　Wáng Jūn gěi fúwùyuán duōshao qián?

③ 春香有零钱吗?
　　Chūnxiāng yǒu língqián ma?

④ 什么打包了?
　　Shénme dǎ bāo le?

活动 Activities

一、看图学词语 Look at the pictures and learn words

画线将小词库中的词语与相应的图片连接起来，然后朗读词语。 Match the words in the word bank with the corresponding pictures, and read these words aloud.

> **Word bank**
>
> | 糖醋里脊 | 宫保鸡丁 | 炒青菜 | 西红柿炒鸡蛋 | 红烧茄子 |
> |---|---|---|---|---|
> | tāng cù lǐji | gōng bǎo jī dīng | chǎo qīngcài | xīhóngshì chǎo jīdàn | hóngshāo qiézi |
> | sweet and sour pork | Kung Pao chicken | sautéed vegetables | scrambled eggs with tomato | braised eggplant |

二、双人活动 Pair work

先问一问你的同伴中午想吃什么，然后再问另外两个同学，看看他们想吃什么。Ask your partner what he/she would like to have for lunch. Then ask two other classmates for their plans.

Patterns

你吃/喝什么？
Nǐ chī / hē shénme?

我吃/喝……
Wǒ chī / hē ...

	Dish	Staple food	Drinks
Yourself			
Partner 1			
Partner 2			
Partner 3			

三、模拟表演 Imitation

3–4人一组。先按照进饭店、点菜、表达需求和结账几个部分准备一下，然后给大家表演。Work in groups of 3 or 4. Act out the procedure of going into a restaurant, ordering dishes, expressing needs and paying the bill.

A tip for students

The guests evaluate the waiters/waitresses. The better their service is, the higher the score. The total score is 10.

给教师的提示
您要提前准备几张菜单。表演结束后全班评选出点菜最好的"客人"和服务最好的"服务员"。

语言练习 Language Focus

一、语音和语调 Pronunciation and intonation

1. **辨音练习。** Sound discrimination.

p-q	ian-iang	uan-ang	en-eng
ping-qing	xian-xiang	wan-zhang	hen-deng

2. **声调练习。** Tone exercises.

chī   lái   chá   hē   gěi   fàn   hěn   zhāng

3. 朗读下列词语。Read the following words aloud.

① 前重后轻。Stressing the former part.

先生　　　勺子　　　饺子
xiānsheng　shāozi　　jiǎozi

② 前中后重。Stressing the latter part.

主食　　　米饭　　　面条儿　　啤酒　　　结账　　　打包
zhǔshí　　mǐfàn　　miàntiáor　píjiǔ　　jié zhàng　dǎ bāo

③ "一"的读音。Pronunciation of 一.

一点儿
yìdiǎnr

④ "三声＋三声"的读音。Pronunciation of "ˇ＋ˇ".

小姐　　　你好
xiǎojiě　　nǐ hǎo

4. 用正确的语调朗读下面的句子，注意语气和重音。Read the following sentences aloud with correct intonation, pay attention to the tone and the stress.

① 你们吃点儿什么？
Nǐmen chī diǎnr shénme?

② 来一个红烧鱼。
Lái yí ge hóngshāo yú.

③ 我要一个鸡蛋炒饭。
Wǒ yào yí ge jī dàn chǎo fàn.

④ 主食有米饭、面条儿、饺子。
Zhǔshí yǒu mǐfàn, miàntiáor, jiǎozi.

⑤ 再来一个酸辣汤。
Zài lái yí ge suān là tāng.

⑥ 请给我一个勺子。
Qǐng gěi wǒ yí ge shāozi.

⑦ 这个菜请打包。
Zhège cài qǐng dǎ bāo.

二、填量词 Fill in the blanks with measure words

个　　　　碗　　　　张　　　　瓶
gè　　　wǎn　　　zhāng　　píng

一（　）炒青菜　　　　一（　）勺子　　　　一（　）啤酒
yī　　chǎo qīngcài　　yī　　shāozi　　　　yī　　píjiǔ

一（　）红烧鱼　　　　两（　）米饭　　　　几（　）餐巾纸
yī　　hóngshāo yú　　liǎng　mǐfàn　　　　jǐ　　cānjīnzhǐ

三、替换练习 Substitution exercises

① 你们<u>吃</u>点儿什么?
Nǐmen chī diǎnr shénme?

喝
hē

买
mǎi

② 吃什么<u>主食</u>?
Chī shénme zhǔshí?

喝　　酒 (wine)
hē　　jiǔ

买　　水果 (fruit)
mǎi　　shuǐguǒ

③ 请给我　　一个勺子。
Qǐng gěi wǒ　　yí ge shāozi.

他　　一个面包
tā　　yí ge miànbāo

老师 (teacher)　　一瓶水
lǎoshī　　yì píng shuǐ

欧文　　两张餐巾纸
Ōuwén　　liǎng zhāng cānjīnzhǐ

④ 来一个红烧鱼。
Lái yí ge hóngshāo yú.

鸡蛋炒饭
jīdàn chǎo fàn

炒青菜
chǎo qīngcài

酸辣汤
suān là tāng

四、用"(一)点儿"完成对话 Complete the dialogues with (一) 点儿

① A: _____?

B: 我要一瓶水。
Wǒ yào yì píng shuǐ.

② A: _____?

B: 我要一个红烧牛肉,一碗米饭。
Wǒ yào yí ge hóngshāo niú ròu, yì wǎn mǐfàn.

③ A: _____?

B: 我喝可乐(coke),他喝茶。
Wǒ hē kělè, tā hē chá.

扩展活动　Extended Activities

一、挑战赛:开饭馆儿 Challenge: run a restaurant

三人一组,商量一下你们开的饭馆儿卖什么吃的。 Work in groups of 3 and discuss what food your restaurant is going to serve.
要求:每组列出自己饭馆儿的菜单。 Requirement: each group works out a menu.

二、看图编故事并表演 Make up a story according to the pictures and act

① ② ③ ④

三、游戏：提要求 Game: making requests

从老师的词语卡片中抽一个词，用 "×××，请给我……" 向旁边的同学提要求，旁边的同学回答后再向另一个同学提问。如，签上写的是 "苹果"，你应该说 "玛丽，请给我一个苹果"。Each student draws a card prepared by the teacher. Start with a student by asking a question with ×××，请给我…… to the next student. He/She should answer it and then ask a question to the next. For example, if 苹果 on a card, you should say: 玛丽，请给我一个苹果。

给教师的提示

您在课前需要做词语卡片，把学生学过的物品、食品的名称全部写出来。

总结与评价 Summary and Evaluation

一、你在饭馆儿经常吃的菜和饭，你都知道怎么说了吗？你知道哪些菜名？看看下面菜单，有没有不会说的。Are you able to name those dishes you often ordered in Chinese in the restaurant? How many dishes' names do you know? Look at the following menu and see what you still don't know how to say.

二、利用下面的表格整理一下你学过的句子，然后和同学们一起去饭店点菜吃饭。
Review the sentences you have learned according to the following form. Then go to a restaurant with your classmates and order some dishes.

Ordering food	Making requests

三、完成任务的自我表现评价。Self-evaluation.

A	B	C	D	Are you satisfied with your performance?
A	B	C	D	Do you often express your own ideas actively?
A	B	C	D	Do you often ask your classmates questions actively?

第5课

我家就在学校附近 (Wǒ jiā jiù zài xuéxiào fùjìn)
My Home Is Near the School

目标 | Objectives

1. 复习提出请求。Review how to make requests.
2. 学习询问和说明基本方位。Learn to ask and describe the basic directions.
3. 学习问路并能听懂所指方向。Learn to ask the way and understand the directions told.
4. 会给问路者指明方向。Learn to tell sb. the way.

准备 Preparation

1. 看图片，你觉得图片中的人可能在说什么。Look at the pictures and think what the people are probably talking about.

① ② ③

68

2. 看着图片跟同伴说一说留学生楼在哪儿。Look at the picture and tell your partner where the Overseas Students' Building is.

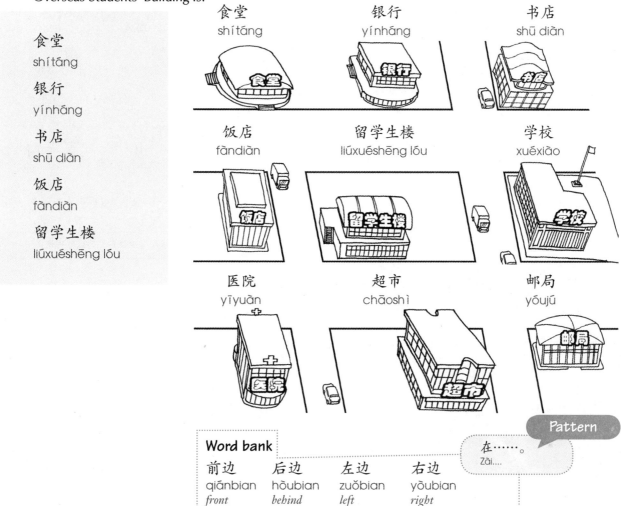

食堂
shítáng

银行
yínháng

书店
shū diàn

饭店
fàndiàn

留学生楼
liúxuéshēng lóu

食堂　shítáng
银行　yínháng
书店　shū diàn
饭店　fàndiàn
留学生楼　liúxuéshēng lóu
学校　xuéxiào
医院　yīyuàn
超市　chāoshì
邮局　yóujú

Word bank

前边	后边	左边	右边
qiānbian	hòubian	zuǒbian	yòubian
front	*behind*	*left*	*right*

Pattern

在……。
Zài...

3. 看看你的前后左右都有谁，给大家介绍一下。Introduce the people around you.

词语 Words and Expressions

❑ 朗读下列词语，注意发音和词语的意思。Read the following words aloud, pay attention to the pronunciation and the meanings.

1 请问 qǐngwèn excuse me	2 邮局 yóujú post office	3 在 zài at, in, on	4 学生 xuésheng student	5 就 jiù exactly	6 前（边） qián (bian) front	7 远 yuǎn far
8 食堂 shítáng cafeteria	9 旁边 pángbiān next to	10 带 dài take	11 去 qù go	12 吧 ba a modal particle	13 医院 yīyuàn hospital	14 怎么 zěnme how

15 走 zǒu walk, go	16 从 cóng from	17 这儿 zhèr here	18 一直 yìzhí straight	19 往 wǎng toward	20 银行 yínháng bank	21 左（边） zuǒ(bian) left (side)
22 还是 háishi or	23 右（边） yòu(bian) right (side)	24 学校 xuéxiào school	25 附近 fùjìn near	26 书店 shū diàn bookstore	27 然后 ránhòu then	28 米 mǐ meter
29 拐 guǎi turn	30 家 jiā home	31 离 lí from	32 到 dào to	33 分钟 fēnzhōng minute	34 出 chū go out	35 大门 dàmén gate

给教师的提示

您别忘了提醒学生课前预习这些词语。

1. 听录音，边听边画。画好后按图说位置。Listen to the recording and draw a picture. Describe the locations after finishing the picture. 🔊 05-01

句子 Sentences

☐ 朗读句子。Read the sentences aloud.

1 请问，邮局在哪儿？

Qǐngwèn, yóujú zài nǎr?

Excuse me, could you tell me where the post office is?

2 邮局在食堂的旁边。

Yóujú zài shítáng de pángbiān.

The post office is next to the cafeteria.

3 我带你去吧。

Wǒ dài nǐ qù ba.

I will take you there.

4 请问去医院怎么走？

Qǐngwèn qù yīyuàn zěnme zǒu?

Could you tell me how I can get to the hospital?

5 从这儿一直往前走。

Cóng zhèr yìzhí wǎng qián zǒu.

Go right ahead from here.

70

6 在银行左边还是右边？

Zài yínháng zuǒbian háishi yòubian?

Is it to the left or the right of the bank?

7 学校附近有书店吗？

Xuéxiào fùjìn yǒu shū diàn ma?

Is there a bookstore near the school?

8 从我家到学校十五分钟。

Cóng wǒ jiā dào xuéxiào shí wǔ fēnzhōng.

It's a fifteen-minute walk from my home to school.

9 出学校大门往右拐。

Chū xuéxiào dàmén wǎng yòu guǎi.

Go out of the school gate and then turn right.

听录音，填词语。Listen to the recording and fill in the blanks. 05-02

1 从这儿＿＿＿往前走。

Cóng zhèr ＿＿＿ wǎng qián zǒu.

2 请问，＿＿＿在哪儿？

Qǐngwèn, ＿＿＿ zài nǎr?

3 ＿＿＿我家＿＿＿学校十五分钟。

＿＿＿ wǒ jiā ＿＿＿ xuéxiào shí wǔ fēnzhōng.

4 请问去＿＿＿怎么走？

Qǐngwèn qù ＿＿＿ zěnme zǒu?

5 在银行的左边＿＿＿右边？

Zài yínháng de zuǒbian ＿＿＿ yòubian?

6 出学校大门往右＿＿＿。

Chū xuéxiào dàmén wǎng yòu ＿＿＿.

7 学校＿＿＿有书店吗？

Xuéxiào ＿＿＿ yǒu shū diàn ma?

给教师的提示

您可以采用各种方式来操练句子，同时纠正学生的发音。

A tip for students

If you can't write Chinese, Pinyin is also acceptable.

情景 Situations

一

听录音，判断正误。Listen to the recording and decide whether the following sentences are true or false. 05-03

1 邮局就在后边。 ☐
Yóujú jiù zài hòubian.

2 邮局很远。 ☐
Yóujú hěn yuǎn.

3 邮局在食堂的旁边。 ☐
Yóujú zài shítáng de pángbiān.

4 中国学生带玛莎去食堂。 ☐
Zhōngguó xuésheng dài Mǎshā qù shítáng.

朗读对话一，注意发音和语气。Read Dialogue 1 aloud, pay attention to the pronunciation and the tone.

玛莎： 请问，邮局在哪儿？

Mǎshā: Qǐngwèn, yóujú zài nǎr?

71

中国学生: 就²在前边。
Zhōngguó xuésheng: Jiù zài qiánbian.

玛莎: 远吗?
Mǎshā: Yuǎn ma?

中国学生: 不远,在食堂的旁边。
Zhōngguó xuésheng: Bù yuǎn, zài shítáng de pángbiān.

玛莎: 食堂在哪儿?
Mǎshā: Shítáng zài nǎr?

中国学生: 我带³你去吧。
Zhōngguó xuésheng: Wǒ dài nǐ qù ba.

Masha: Excuse me, could you tell me where the post office is?
A Chinese student: It is right ahead.
Masha: Is it far?
A Chinese student: Not very far. It is next to the cafeteria.
Masha: Where is the cafeteria?
A Chinese student: I will take you there.

Tips:

1. Here 在 is a verb, referring to the location of people and things. E.g. 我的铅笔在桌子上。(Wǒ de qiānbǐ zài zhuōzi shang. My pencil is on the desk.)

2. Here 就 indicates an affirmative tone.

3. Here 带 means *lead*.

❑ **根据对话一,选择合适的句子跟同伴对话。** Choose the proper sentences in Dialogue 1 and talk with your partner.

Ask	Answer
	就在前边。 Jiù zài qiānbian.
远吗? Yuǎn ma?	
食堂在哪儿? Shítáng zài nǎr?	

❑ **看着图片听录音,然后和同伴商量录音和图片的内容有什么不同。** Look at the picture and listen to the recording. Then discuss with your partner the differences between the pictures and what you hear. 05-04

☐ **朗读对话二，注意发音和语气。** Read Dialogue 2 aloud, pay attention to the pronunciation and the tone.

娜拉: 小姐，请问去医院怎么走？
Nàlā: Xiǎojiě, qǐngwèn qù yīyuàn zěnme zǒu?

小姐: 从这儿一直往前走。
Xiǎojiě: Cóng zhèr yìzhí wǎng qián zǒu.

娜拉: 远不远？
Nàlā: Yuǎn bu yuǎn?

小姐: 不远。银行的旁边就是。
Xiǎojiě: Bù yuǎn. Yínháng de pángbiān jiùshì.

娜拉: 在银行左边还是¹右边？
Nàlā: Zài yínháng zuǒbian háishi yòubian?

小姐: 右边。
Xiǎojiě: Yòubian.

Nara: Miss, could you tell me how I can get to the hospital?
Miss: Go right ahead from here.
Nara: Is it far?
Miss: No. It's next to the bank.
Nara: Is it to the left or the right of the bank?
Miss: The right.

Tip:

1. This is an alternative question which requires the person to choose between the two given options.

☐ **根据对话二回答问题。** Answer the following questions according to Dialogue 2.

① 去医院怎么走？
Qù yīyuàn zěnme zǒu?

② 医院远不远？
Yīyuàn yuǎn bu yuǎn?

③ 医院在银行的左边还是右边？
Yīyuàn zài yínháng de zuǒbian háishi yòubian?

三 ⊶⸻⸻⸻⸻⸻⸻⸻⸻⸻o

☐ **听录音，判断正误。** Listen to the recording and decide whether the following sentences are true or false. 🔘 05-05

① 娜拉、欧文要 (want) 去银行。 ☐
Nàlā hé Ōuwén yào qù yínháng.

② 学校附近没有书店。 ☐
Xuéxiào fùjìn méiyǒu shū diàn.

③ 书店很远。 ☐
Shū diàn hěn yuǎn.

④ 从学校一直往前走就是书店。 ☐
Cóng xuéxiào yìzhí wǎng qián zǒu jiùshì shū diàn.

⑤ 从学校到书店100米。 ☐
Cóng xuéxiào dào shū diàn yìbǎi mǐ.

□ **朗读对话三，注意发音和语气。**Read Dialogue 3 aloud, pay attention to the pronunciation and the tone.

欧文： 山本，学校附近有书店吗？
Ōuwén: Shānběn, xuéxiào fùjìn yǒu shū diàn ma?

山本： 有。
Shānběn: Yǒu.

娜拉： 怎么¹走？
Nàlā: Zěnme zǒu?

山本： 从学校一直往前走。
Shānběn: Cóng xuéxiào yìzhí wǎng qián zǒu.

娜拉： 然后呢？
Nàlā: Ránhòu ne?

山本： 走100米，再往左拐。
Shānběn: Zǒu yìbǎi mǐ, zài wǎng zuǒ guǎi.

欧文： 远吗？
Ōuwén: Yuǎn ma?

山本： 不远。
Shānběn: Bù yuǎn.

Irving: Yamamoto, is there a bookstore near the school?
Yamamoto: Yes.
Nara: How do I get there?
Yamamoto: Go right ahead from the school.
Nara: And then?
Yamamoto: Go one hundred meters up and then turn left.
Irving: Is it far?
Yamamoto: No.

Tip:

1. 怎么 followed by a verb is used to describe how an action is performed. E.g. 怎么买 (zěnme mǎi how to buy), 怎么去 (zěnme qù how to go) 怎么看 (zěnme kàn how to see).

□ **根据对话三填空，然后试着说说对话内容。**Fill in the blanks according to Dialogue 3 and try to retell it.

欧文、娜拉要 (want) 去_____，山本告诉 (tell) 他们_____有书店。娜拉
Ōuwén, Nàlā yào qù_____, Shānběn gàosu tāmen_____yǒu shū diàn. Nàlā

不知道 (know) _____，山本告诉 (tell) 他们_____，然后_____。这个书
bù zhīdào, _____, Shānběn gàosu tāmen_____, ránhòu_____. Zhège shū

店_____。
diàn_____.

□ **听录音，回答问题。**Listen to the recording and answer the following questions. 🔘 05-06

① 王军家住在哪儿？
Wáng Jūn jiā zhù zài nǎr?

② 王军家离学校远吗？
Wáng Jūn jiā lí xuéxiào yuǎn ma?

3 王军从家到学校多长时间？
Wáng Jūn cóng jiā dào xuéxiào duō cháng shíjiān?

4 从王军家到学校怎么走？
Cóng Wáng Jūn jiā dào xuéxiào zěnme zǒu?

❑ **朗读对话四，注意发音和语气。** Read Dialogue 4 aloud, pay attention to the pronunciation and the tone.

欧文： 王军，你家离学校远吗？
Ōuwén: Wáng Jūn, nǐ jiā lí xuéxiào yuǎn ma?

王军： 不远，从我家到学校
Wáng Jūn: Bù yuǎn, cóng wǒ jiā dào xuéxiào

十五分钟。
shíwǔ fēnzhōng.

山本： 怎么走？
Shānběn: Zěnme zǒu?

王军： 出学校大门往右拐。
Wáng Jūn: Chū xuéxiào dàmén wǎng yòu guǎi.

娜拉： 一直走吗？
Nàlā: Yìzhí zǒu ma?

王军： 对。
Wáng Jūn: Duì.

Irving:	Wang Jun, is it far from your home to the school?
Wang Jun:	It's not far, a fifteen-minute walk from my home to school.
Yamamoto:	How do you go there?
Wang Jun:	Go out of the school gate and then turn right.
Nara:	Go straight?
Wang Jun:	Yes.

Tip:

1. 从……到…… refers to from the start to the end in length of time or distance. E.g. 从昨天到今天 (cóng zuótiān dào jīntiān from yesterday to today).

❑ **画线连接。** Draw lines and match.

1 王军，你家离学校远吗？
Wáng Jūn, nǐ jiā lí xuéxiào yuǎn ma?

2 怎么走？
Zěnme zǒu?

3 一直走吗？
Yìzhí zǒu ma?

A 对。
Duì.

B 出学校大门往右拐。
Chū xuéxiào dàmén wǎng yòu guǎi.

C 不远，从我家到学校十五分钟。
Bù yuǎn, cóng wǒ jiā dào xuéxiào shíwǔ fēnzhōng.

活动 Activities

一、看图学词语 Look at the pictures and learn words

画线将小词库中的词语与相应的图片连接起来，然后朗读词语。 Match the words in the word bank with the corresponding pictures, and read these words aloud.

Word bank								
东（边） dōng(bian) east	南（边） nán(bian) south	西（边） xī(bian) west	北（边） běi(bian) north	上（边） shàng(bian) above	下（边） xià(bian) under	中间 zhōngjiān between	对面 duìmiàn opposite	旁边 pángbiān next to

二、双人活动 Pair work

利用活动一的图片进行对话练习。 Make a dialogue with the picture in Activcty I.

Patterns

……的家在哪儿？ …… 的家在…… 的……边
... de jiā zài nǎr? ...de jiā zài ... de ... biān

三、小组活动 Group work

3人一组。今天是周末，你们要去李红家，还要去书店、银行、超市，最后去吃饭。商量一下怎么走。 Work in groups of 3. Today is the weekend and you are going to Li Hong's home as well as the bookstore, bank, supermarket, and finally the restaurant. Discuss how to arrange the route.

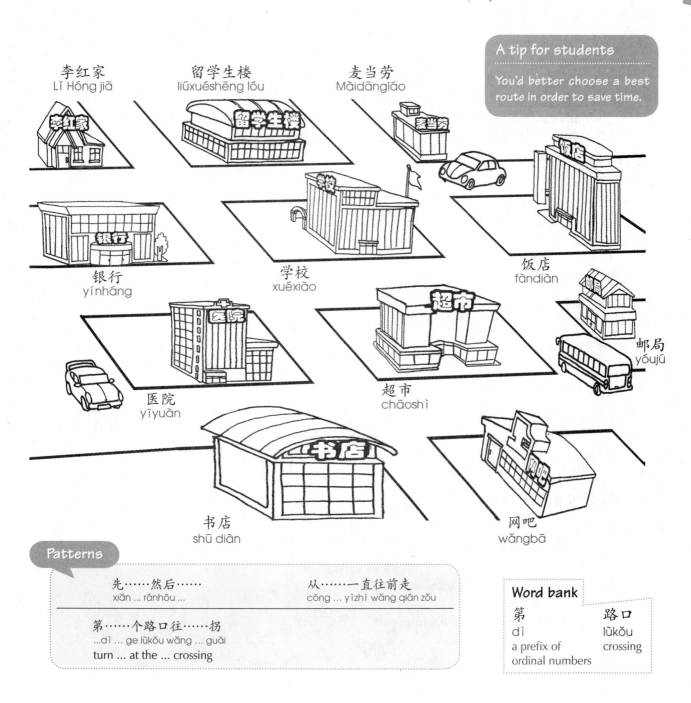

李红家
Lǐ Hóng jiā

留学生楼
liúxuéshēng lóu

麦当劳
Màidāngláo

A tip for students

You'd better choose a best route in order to save time.

银行
yínháng

学校
xuéxiào

饭店
fàndiàn

医院
yīyuàn

超市
chāoshì

邮局
yóujú

书店
shū diàn

网吧
wǎngbā

Patterns

先……然后……
xiān … ránhòu …

从……一直往前走
cóng … yìzhí wǎng qián zǒu

第……个路口往……拐
…dì … ge lùkǒu wǎng … guǎi
turn … at the … crossing

Word bank

第	路口
dì	lùkǒu
a prefix of ordinal numbers	crossing

四、双人活动 Pair work

每个学生会从老师那里得到一张小卡片，上面写着校园内的某个地点。向校园内的人问路并亲自到达那个地方。 Every student will get a note from the teacher, on which a place on campus is written. Ask other students on campus how to get there and try to find it by yourself.

给教师的提示

您可以给学生规定一个时间，返回教室向老师汇报。

A tip for students

You can only use Chinese to ask the way. If possible, you can take photo of that place with your cell phone.

五、双人活动 Pair work

两人一组，分别为主人和机器人。主人向机器人发出指令，让机器人去拿放在教室不同位置上的东西。机器人拿完东西要说出自己是怎么走的。Work in pairs. One is "master" and other is "robot". The "master" gives an order to the "robot" to get objects in different places of the classroom. After getting it, the "robot" should tell his/her route.

Patterns

从……一直往前走
cóng ... yìzhí wǎng qián zǒu

往……拐
wǎng ... guǎi

语言练习 Language Focus

一、语音和语调 Pronunciation and intonation

1. **辨音练习**。Sound discrimination.

u-ü	ai-uai	ia-ian	üan-üe	ang-ong	yi-zhi
fu-qu	dai-guai	jia-bian	yuan-xue	pang-cong	li-shi

2. **声调练习**。Tone exercises.

jiù   dài   qù   zǒu   wǎng   dà   mén   guǎi   mǐ

3. **朗读下列词语**。Read the following words aloud.

① **前重后轻**。Stressing the former part.

前（边）	左（边）	怎么	还是	右（边）	后（边）
qián (bian)	zuǒ (bian)	zěnme	háishi	yòu (bian)	hòu (bian)

② **前中后重**。Stressing the latter part.

邮局	旁边	然后	分钟	食堂	医院	一直	书店	学校
yóujú	pángbiān	ránhòu	fēnzhōng	shítáng	yīyuàn	yìzhí	shū diàn	xuéxiào

4. 用正确的语调朗读下面的句子，注意语气和重音。Read the following sentences aloud with correct intonation, pay attention to the tone and the stress.

① 请问，邮局在哪儿？
Qǐngwèn, yóujú zài nǎr?

② 邮局在食堂的旁边。
Yóujú zài shítáng de pángbiān.

③ 从这儿一直往前走。
Cóng zhèr yìzhí wǎng qián zǒu.

④ 学校附近有书店吗？
Xuéxiào fùjìn yǒu shūdiàn ma?

⑤ 从我家到学校十五分钟。
Cóng wǒ jiā dào xuéxiào shíwǔ fēnzhōng.

⑥ 出学校大门往右拐。
Chū xuéxiào dàmén wǎng yòu guǎi.

二、替换练习 Substitution exercises

① 请问，邮局在哪儿？
Qǐngwèn, yóujú zài nǎr?

食堂 shítáng
银行 yínháng
书店 shūdiàn

② 邮局 在 食堂的 旁边。
Yóujú zài shítáng de pángbiān.

银行 yínháng	医院 yīyuàn	前边 qiánbian
学校 xuéxiào	书店 shūdiàn	左边 zuǒbian
山本 Shānběn	欧文 Ōuwén	右边 yòubian

③ 从我家到 学校十五分钟。
Cóng wǒ jiā dào xuéxiào shíwǔ fēnzhōng.

银行 yínháng	超市 (supermarket) chāoshì
邮局 yóujú	书店 shūdiàn
食堂 shítáng	医院 yīyuàn

三、用指定的词语完成对话 Complete the dialogues with the given words

① A: 医院在哪儿？
Yīyuàn zài nǎr?
B: _____。（就在）
(jiù zài)

② A: 学校离超市(supermarket)远吗？
Xuéxiào lí chāoshì yuǎn ma?
B: _____。（从……到）
(cóng ... dào)

③ A: 从邮局到医院怎么走？
Cóng yóujú dào yīyuàn zěnme zǒu?
B: _____。（从……一直往……）
(cóng ... yìzhí wǎng ...)

④ A: 从留学生楼到食堂怎么走？
Cóng liúxuéshēng lóu dào shítáng zěnme zǒu?
B: _____。（往……拐）
(wǎng ... guǎi)

扩展活动 Extended Activities

一、看地图 Read the map

3人一组。用两分钟时间一起看看学校附近的商业街地图。每人选择三个自己常去的地方和一个没去过的地方。Work in groups of 3. Read the map of the business streets near school together for two minutes. Then each of you chooses three places you often visit and one place that you haven't been to.

给教师的提示

您最好能画一张你们学校附近商业街的简单示意图。

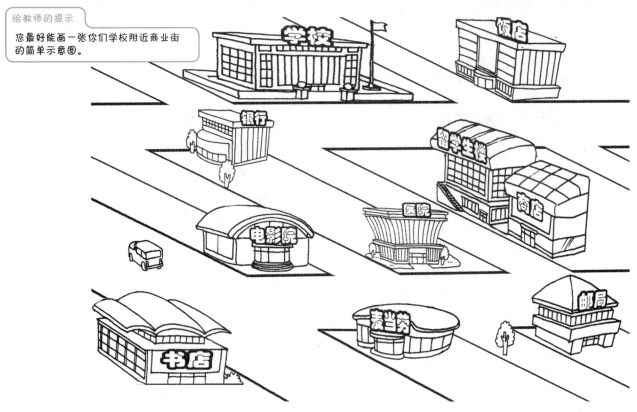

1.　说出自己常去的地方和没去过的地方的位置。Tell the locations of the places you often visit and you have never been to.

2.　全班一起再看地图，看自己说得对不对。All students read the map again and see whether your descriptions are right or not.

二、找东西 Look for objects

全班分为两组。第一组先将另一组的一个东西藏起来，另一组用提问的方式来找，只能用"是" 或"不是"回答。然后轮换过来。哪组用的时间少，哪组获胜。Divide the class into two groups. One group hides an object and the other group should find out the hidden object by asking questions. The answer can only be "yes" or "no". Then exchange the roles of two groups. The group that spends less time finding the object is the winner.

Patterns

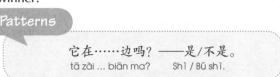

它在……边吗？ ——是/不是。
tā zài … biān ma? Shì / Bú shì.

三、游戏：画鼻子 Game: draw a nose

两人一组。其中一位同学闭着眼睛，走到黑板前，根据同伴的指令来画鼻子。在最短的时间内画对鼻子的组获胜。Work in pairs. One student closes his/her eyes, walks to the blackboard, and draws a nose according to the partner's directions. The pair that uses the shortest time wins.

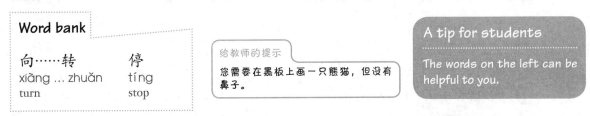

Word bank

向……转　　　停
xiǎng ... zhuǎn　　tíng
turn　　　　　stop

给教师的提示
您需要在黑板上画一只熊猫，但没有鼻子。

A tip for students

The words on the left can be helpful to you.

总结与评价 Summary and Evaluation

一、在这一课你学会了什么？请你试着写出你记住的词语。What have you learned in this lesson? Please write down the words you have remembered.

A tip for students

You can also write in *pinyin*.

二、问路的常用语句你学会了吗？先复习一下，然后从下面几个地方选择一个你没去过的，出去问问应该怎么走。Have you mastered the common expressions of asking for directions? Review the lesson, and then choose a place you haven't been to and ask others the way.

yóujú　　　　yínháng　　　yīyuàn　　　shū diàn
邮局　　　　银行　　　　医院　　　　书店
post office　　bank　　　　hospital　　bookstore

三、完成任务的自我表现评价 Self-evaluation

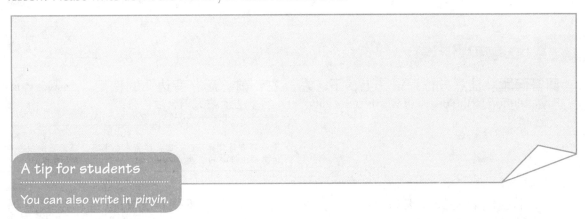

A	B	C	D	Are you satisfied with your own performance?
A	B	C	D	Do you often express your own ideas actively?
A	B	C	D	Do you often ask your classmates questions actively?

我们在下站换车 (Wǒmen zài xià zhàn huàn chē)
We'll Transfer at the Next Stop

目标 | Objectives

1 复习表示方向的常用词语。Review the common words of directions.
2 学习打车时的常用语。Learn some common expressions of taking a taxi.
3 学习乘坐公共汽车时的常用语。Learn the common expressions of taking a bus.
4 学习询问和说明如何换车。Learn to ask and tell how to transfer buses.

准备 Preparation

1. 回答问题。注意方位词语"上、下、左、右、前、后、旁边"的使用。Answer questions. Pay attention to the usage of words of locality：上，下，左，右，前，后，旁边.

给教师的提示

您需要准备几样东西，如：矿泉水、书等，课前分别放在不同的地方，上课时问学生"×××在哪儿？"，让学生去找。

2. 利用下面的表格简单准备后，询问3个同学。问两个不同地方的位置和从教室到那儿应该怎么走。Make preparations according to the following form. Then ask three students about the locality of two different places and how to get there from the classroom.

A tip for students

You should take notes and compare them with your partner's.

Places	Position	How to get there
食堂 shí táng		
留学生楼 liúxuéshēng lóu		
邮局 yóujú		
超市 (supermarket) chāoshì		

Patterns

……在哪儿？   ……怎么走？
... zài nǎr?   ... zěnme zǒu?

词语 Words and Expressions

☐ 朗读下列词语，注意发音和词语的意思。Read the following words aloud, pay attention to the pronunciation and the meanings.

1 司机 sījī driver	**2** 饭店 fàndiàn restaurant	**3** 停 tíng stop	**4** 门口 ménkǒu gate
5 票 piào ticket	**6** 大使馆 dàshǐguǎn embassy		
7 坐 zuò take, sit	**8** 路 lù road	**9** 车 chē vehicle	**10** 和 hé and
11 都 dōu all	**12** 上 shàng (get) on	**13** 公交卡 gōngjiāo kǎ public transport card	
14 真 zhēn really	**15** 方便 fāngbiàn convenient	**16** 图书馆 túshūguǎn library	**17** 售票员 shòupiàoyuán conductor
18 得 děi have to	**19** 换 huàn change, transfer		
20 站 zhàn station	**21**	地铁 dìtiě subway	**22** 能 néng can, be able to
23 机场 jīchǎng airport	**24** 可以 kěyǐ can, may		
25 线 xiàn line	专有名词 **Proper noun**	**26** 中国饭店 Zhōngguó Fàndiàn the China Hotel	

☐ 选择合适的词语进行搭配。Choose the proper words to match the words below.

坐 zuò	方便 fāngbiàn	换 huàn

句子 Sentences

☐ 朗读句子。Read the sentences aloud.

1 我去中国饭店，远吗？
Wǒ qù Zhōngguó Fàndiàn, yuǎn ma?
I am going to the China Hotel. Is it far?

2 中国饭店到了吗？
Zhōngguó Fàndiàn dào le ma?
Have we arrived at the China Hotel?

3 请您停在门口。
Qǐng nín tíng zài ménkǒu.
Please stop at the entrance.

4 去大使馆坐几路车？
Qù dàshǐguǎn zuò jǐ lù chē?
Which bus should we take to the embassy?

5 车票多少钱一张?

Chē piào duōshao qián yì zhāng?

How much is a ticket?

6 这路车到图书馆吗?

Zhè lù chē dào túshūguǎn ma?

Does this bus go to the library?

7 我们在哪儿换车?

Wǒmen zài nǎr huàn chē?

Where should we transfer?

8 再坐两站。

Zài zuò liǎng zhàn.

After two more stops.

9 然后换几路?

Ránhòu huàn jǐ lù?

Which bus should we transfer?

10 还有几站?

Hái yǒu jǐ zhàn?

How many stops left?

给教师的提示

您可以采用各种方式来操练句子,同时纠正学生的发音。

□ **听录音,填词语。** Listen to the recording and fill in the blanks. 🔘 06-01

1 请问,我们在哪儿_____车?

Qǐngwèn, wǒmen zài nǎr_____chē?

2 这路车到_____吗?

Zhè lù chē dào_____ma?

3 再_____两站。

Zài_____liǎng zhàn.

4 我去中国_____。

Wǒ qù Zhōngguó_____.

5 请您停在_____。

Qǐng nín tíng zài_____.

6 车_____多少钱一张?

Chē_____duōshao qián yì zhāng?

7 然后换几_____?

Ránhòu huàn jǐ_____?

8 去_____坐几路车?

Qù_____zuò jǐ lù chē?

情 景 Situations

一

□ **先读一遍句子,然后听录音,并按照你听到的顺序给句子标上序号。** Read the following sentences first, then listen to the recording and number the sentences according to what you hear. 🔘 06-02

□ 请您停在门口。

Qǐng nín tíng zài ménkǒu.

□ 一共35块,给您票。

Yígòng sānshíwǔ kuài, gěi nín piào.

□ 您好,您去哪儿?

Nín hǎo, nín qù nǎr?

□ 我去中国饭店,远吗?

Wǒ qù Zhōngguó Fàndiàn, yuǎn ma?

□ 中国饭店到了吗?

Zhōngguó Fàndiàn dào le ma?

□ 前边就是。

Qiánbian jiù shì.

❑ **朗读对话一，注意发音和语气。** Read Dialogue 1 aloud, pay attention to the pronunciation and the tone.

司机: 您好，您去哪儿？
Sījī: Nín hǎo, nín qù nǎr?

玛莎: 我去中国饭店，远吗？
Mǎshā: Wǒ qù Zhōngguó Fàndiàn, yuǎn ma?

司机: 不太远。
Sījī: Bú tài yuǎn.

（15分钟后）
(shíwǔ fēnzhōng hòu)

玛莎: 中国饭店到了吗？
Mǎshā: Zhōngguó Fàndiàn dào le ma?

司机: 前边就是。
Sījī: Qiánbian jiù shì.

玛莎: 请您停在门口。
Mǎshā: Qǐng nín tíng zài ménkǒu.

司机: 好。
Sījī: Hǎo.

玛莎: 多少钱？
Mǎshā: Duōshao qián?

司机: 一共35块，给您票。
Sījī: Yígòng sānshíwǔ kuài, gěi nín piào.

Driver:	Hello, where are you going?
Masha:	I am going to the China Hotel. Is it far?
Driver:	It's not very far.
15 minutes later.	
Masha:	Have we arrived at China Hotel?
Driver:	It's right ahead.
Masha:	Please stop at the entrance.
Driver:	Okay. Here is the receipt.
Masha:	How much is it?
Driver:	35 yuan altogether.

❑ **根据对话一，选择合适的句子跟同伴对话。** Choose the proper sentences in Dialogue 1 and talk with your partner.

Ask	Answer
您好，您去哪儿？ Nín hǎo, nín qù nǎr?	
	不太远。 Bú tài yuǎn.
	前边就是。 Qiánbian jiù shì.

二

看图片，和同伴商量他们可能在说什么。Look at the pictures, and discuss with your partner what they are probably talking about.

① ② ③

朗读对话二，注意发音和语气。Read Dialogue 2 aloud, pay attention to the pronunciation and the tone.

娜拉:	去大使馆坐几路车？
Nàlā:	Qù dàshǐguǎn zuò jǐ lù chē?
王军:	坐113路和128路都行。
Wáng Jūn:	Zuò yāoyāosān lù hé yāo'èrbā lù dōu xíng.
娜拉:	128路车来¹了。
Nàlā:	Yāo'èrbā lù chē lái le.
王军:	我们上车吧²。
Wáng Jūn:	Wǒmen shàng chē ba.
娜拉:	车票多少钱一张？
Nàlā:	Chē piào duōshao qián yì zhāng?
王军:	一块。
Wáng Jūn:	Yí kuài.
娜拉:	我有零钱，两块。
Nàlā:	Wǒ yǒu língqián, liǎng kuài.
王军:	谢谢，我有公交卡。
Wáng Jūn:	Xièxie, wǒ yǒu gōngjiāo kǎ.
娜拉:	公交卡真方便。
Nàlā:	Gōngjiāo kǎ zhēn fāngbiàn.

Nara:	Which bus should we take to the embassy?
Wang Jun:	You can take 113 or 128.
Nara:	Here comes the bus 128.
Wang Jun:	Let's get on the bus.
Nara:	How much is a ticket?
Wang Jun:	One yuan.
Nara:	I have changes, two yuan.
Wang Jun:	Thanks, I have the public transport card.
Nara:	It's really convenient.

Tips:

1. 来 is a verb, indicating the direction from the other place to where the speaker is.

2. Here 吧 indicates a mood of request, it is usually put at the end of a sentence in order to express a gentle consulting tone. E.g. 我们走吧。(Wǒmen zǒu ba. Let's go.)

☐ **根据对话二回答问题。** Answer the following questions according to Dialogue 2.

1 去大使馆坐几路车？
Qù dàshǐguǎn zuò jǐ lù chē?

2 车票多少钱一张？
Chē piào duōshao qián yì zhāng?

3 娜拉和王军上了几路车？
Nàlā hé Wáng Jūn shàng le jǐ lù chē?

4 王军用(need)买票吗？为什么(why)？
Wáng Jūn yòng mǎi piào ma? wèi shénme?

三 ○──────────────○

☐ **看着图片听两遍录音，然后和同伴根据图片内容对话。** Look at the picture and listen to the recording twice. Then make a dialogue with your partner according to the picture. 06-03

☐ **朗读对话三，注意发音和语气。** Read Dialogue 3 aloud, pay attention to the pronunciation and the tone.

山本： 请问，这路车到图书馆吗？
Shānběn: Qǐngwèn, zhè lù chē dào túshūguǎn ma?

售票员： 得¹换车。
Shòupiàoyuán: Děi huàn chē.

山本： 欧文，我们上吧？
Shānběn: Ōuwén, wǒmen shàng ba?

欧文： 好的。
Ōuwén: Hǎo de.

山本： 买两张票。
Shānběn: Mǎi liǎng zhāng piào.

售票员： 两块。
Shòupiàoyuán: Liǎng kuài.

欧文： 请问，我们在哪儿换车？
Ōuwén: Qǐngwèn, wǒmen zài nǎr huàn chē?

售票员： 再坐两站。
Shòupiàoyuán: Zài zuò liǎng zhàn.

山本： 然后换几路？
Shānběn: Ránhòu huàn jǐ lù?

售票员： 换57路。
Shòupiàoyuán: Huàn wǔshíqī lù.

Yamamoto:	Excuse me, does this bus go to the library.
Conductor:	You have to transfer.
Yamamoto:	Irving, shall we get on?
Irving:	Yes.
Yamamoto:	Two tickets, please.
Conductor:	Two yuan.
Irving:	Could you tell us where we should transfer?
Conductor:	After two more stops.
Yamamoto:	Which bus should we transfer?
Conductor:	Bus 57.

Tip:
1. 得 is pronounced as "děi" here, meaning *have to*.

❑ **根据对话三填空，然后试着说说对话内容。** Fill in the blanks according to Dialogue 3 and try to retell it.

山本和欧文去＿＿＿＿＿，他们问(ask)售票员＿＿＿＿＿。那路车不到图书馆，
Shānběn hé Ōuwén qù＿＿＿＿, tāmen wèn shōupiàoyuán＿＿＿＿. Nà lù chē bú dào túshūguǎn,

售票员告诉(tell)他们得＿＿＿＿＿。他们买了＿＿＿＿＿，一张一块钱。……
shōupiàoyuán gàosu tāmen děi＿＿＿＿. Tāmen mǎi le＿＿＿＿, yì zhāng yí kuài qián.......

❑ **根据对话三判断下列说法是否正确。** Decide whether the following statements are true or false according to Dialogue 3.

1 这路车不到图书馆。　　　☐
　Zhè lù chē bú dào túshūguǎn.

2 欧文和山本得换车。　　　☐
　Ōuwén hé Shānběn děi huàn chē.

3 一张票两块钱。　　　☐
　Yì zhāng piào liǎng kuài qián.

4 欧文和山本再坐三站换车。　☐
　Ōuwén hé Shānběn zài zuò sān zhàn huàn chē.

5 他们要换7路车。　　　☐
　Tāmen yào huàn qī lù chē.

（四）

❑ **听录音，回答问题。** Listen to the recording and answer the following questions. 💿 06-04

1 玛莎在哪儿？
　Mǎshā zài nǎr?

2 玛莎要(want)干什么(do what)？
　Mǎshā yào gàn shénme?

3 玛莎要(want)去哪儿？
　Mǎshā yào qù nǎr?

4 还有几站？
　Hái yǒu jǐ zhàn?

5 坐地铁能到机场吗？
　Zuò dìtiě néng dào jīchǎng ma?

❑ **朗读对话四，注意发音和语气。** Read Dialogue 4 aloud, pay attention to the pronunciation and the tone.

玛莎： Mǎshā:	我买一张票。 Wǒ mǎi yì zhāng piào.
售票员： Shōupiàoyuán:	你去哪儿？ Nǐ qù nǎr?
玛莎： Mǎshā:	地铁站。 Dìtiě zhàn.
售票员： Shōupiàoyuán:	一块。 Yí kuài.

Masha: A ticket for me, please.
Conductor: Where are you going?
Masha: The subway station.
Conductor: One yuan.
Masha: How many stops left?
Conductor: Four stops.
Masha: Does the subway go to at the airport?
Conductor: Yes. You should take Line 6.

玛莎：　　　还有几站？
Mǎshā:　　Hái yǒu jǐ zhàn?

售票员：　　四站。
Shòupiàoyuán:　Sì zhàn.

玛莎：　　　地铁能¹到机场吗？
Mǎshā:　　Dìtiě néng dào jīchǎng ma?

售票员：　　可以，坐6号线。
Shòupiàoyuán:　Kěyǐ, zuò liù hào xiàn.

> **Tip:**
> 1. Here 能 denotes that an objective condition exists or an objective condition allows a certain result. The answer can be 能 or 可以.

☐　　**画线连接。** Draw lines and match.

① 你去哪儿？
Nǐ qù nǎr?

② 还有几站？
Hái yǒu jǐ zhàn?

③ 地铁能到机场吗？
Dìtiě néng dào jīchǎng ma?

Ⓐ 四站。
Sì zhàn.

Ⓑ 可以，坐6号线。
Kěyǐ, zuò liù hào xiàn.

Ⓒ 地铁站。
Dìtiě zhàn.

活动 Activities

一、看图学词语 Look at the pictures and Learn words

画线将小词库中的词语与相应的图片连接起来，然后朗读词语。 Match the words in the word bank with the corresponding pictures, then read these words aloud.

> **Word bank**
>
> | 打车 | 开车 | 走路 | 坐公共汽车 | 坐大巴 | 坐飞机 |
> |---|---|---|---|---|---|
> | dǎ chē | kāi chē | zǒu lù | zuò gōnggòng qìchē | zuò dàbā | zuò fēijī |
> | take a taxi | drive a car | walk | take a bus | take a shuttle bus | take a plane |

二、全班活动 Class work

每人从老师事先准备的卡片中抽一张，由一个人开始向旁边的同学发问，旁边的同学回答后再向另一个同学发问。Each student draws a card prepared by the teacher. Start with a student by asking a question to the next student. He/She should answer it and then ask a question to the next.

Patterns

A: 你去哪儿？（the whole class）
nǐ qù nǎr?

B: 去邮局。（a single person）
qù yóujú.

A: 怎么去？（the whole class）
zěnme qù?

B: 走路去。（a single person）
zǒu lù qù.

给教师的提示

您需要准备一些词语卡片，可以是学过的词语，也可以是城市内有名的景点，每人拿一张。

三、双人活动 Pair work

看看图片，然后和同伴讨论一下他们要去哪儿，应该怎么去。Look at the pictures, then discuss with your partner where the people in the pictures are going and how they should go.

Word bank

鸟巢(Bird's Nest, the national stadium)
niǎo cháo

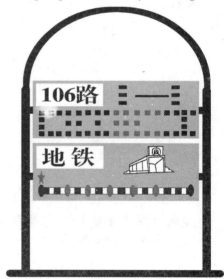

四、小组活动 Group work

3人一组。两个外国客人同时和一个中国司机聊天。提的问题越多越好。准备一下，然后给大家表演打车的情景。Work in groups of 3. Two foreign guests talk to a Chinese driver at the same time. The more questions asked, the better. Make preparations and act taking a taxi.

A tip for students

Think about your situation first, such as where you want to go now, and then think what you want to know from the Chinese driver.

给教师的提示

您可以帮助"中国司机"准备一下。

语言练习 Language Focus

一、语音和语调 Pronunciation and intonation

1. 辨音练习。Sound discrimination.

   u-uo   ing-eng   ong-iong   an-uan   ian-iao
   lu-zuo   ting-neng   gong-yong   fan-huan   dian-piao

2. 声调练习。Tone exercises.

   zuò tíng piào lù chē zhàn xiān

3. 朗读下列词语。Read the following words aloud.

   ① 前中后重。Stressing the latter part.

司机	饭店	门口	这里	方便	地铁	机场	可以
sījī	fàndiàn	ménkǒu	zhèlǐ	fāngbiàn	dìtiě	jīchǎng	kěyǐ

   ② "不" 的读法。Pronunciation of 不.

不去	不来	不走	不坐	不停
bú qù	bù lái	bù zǒu	bú zuò	bù tíng

4. 用正确的语调朗读下面的句子，注意语气和重音。Read the following sentences aloud with correct intonation, and pay attention to the tone and the stress.

   ① 我去中国饭店。
   Wǒ qù Zhōngguó Fàndiàn.

   ② 中国饭店到了吗?
   Zhōngguó Fàndiàn dào le ma?

   ③ 请您停在门口。
   Qǐng nín tíng zài ménkǒu.

   ④ 去大使馆坐几路车?
   Qù dàshǐguǎn zuò jǐ lù chē?

   ⑤ 车票多少钱一张?
   Chē piào duōshao qián yì zhāng?

   ⑥ 请问，这路车到图书馆吗?
   Qǐngwèn, zhè lù chē dào túshūguǎn ma?

二、替换练习 Substitution exercises

1 请您停在门口。
Qǐng nín tíng zài ménkǒu.

      路边 (road side)
      lù biān

      这里 (here)
      zhèlǐ

      前边
      qiánbian

2 请问，这路车到图书馆吗？
Qǐngwèn, zhè lù chē dào túshūguǎn ma?

      北京饭店
      Běijīng Fàndiàn

      地铁站
      dìtiě zhàn

      机场
      jīchǎng

3 换57路。
Huàn wǔshíqī lù.

      21
      èrshíyī

      115
      yāoyāowǔ

      3
      sān

三、用上所给的词语，用"能……吗"提问 Use 能……吗 to ask questions with the given words.

1 我 去 你 家
  wǒ qù nǐ jiā

2 坐 公共汽车(bus) 到 机场
  zuò gōnggòng qìchē dào jīchǎng

3 山本 看(watch) 电视(television)
  Shānběn kàn diànshì

4 他 休息
  tā xiūxi

四、用"得"回答问题 Answer the following questions with 得

1 A: 这路车到医院吗？
    Zhè lù chē dào yīyuàn ma?

    B: ＿＿＿＿＿＿＿＿。

2 A: 八点上课，你几点吃早饭？
    Bā diǎn shàng kè, nǐ jǐ diǎn chī zǎofàn?

    B: ＿＿＿＿＿＿＿＿。

3 A: 从学校到机场走路(walk)去行吗？
    Cóng xuéxiào dào jīchǎng zǒulù qù xíng ma?

    B: ＿＿＿＿＿＿＿＿。

扩展活动 Extended Activities

一、看图编故事并表演 Make up a story according to the pictures and act

Xiān zuò liù'èrbā lù, zuò shí'èr zhàn, ránhòu huàn yāobāyāo lù.

Zuò shí'èr zhàn, huàn yāoyāobā lù.

二、游戏：开火车 Game: drive a "train" of words

4–5人一组，每人选择中国的一个城市名（北京、上海、西安、广州），大家都要记住自己选择城市的名字。选择北京的人开始说："北京的火车就要开。"大家一起问："往哪儿开？"他从其他人所选城市中挑一个，说"往上海开。"这时候，选择上海的人就要马上接着说："上海的火车就要开。"，要求听到火车开往自己所选的城市时，立刻做出反应，谁慢了谁受罚。Work in groups of 4 or 5. Each one should choose a city in China and remember its name (such as Beijing, Shanghai, Xi'an and Guangzhou). The student who chooses Beijing starts to say: "北京的火车就要开。(Běijīng de huǒchē jiù yào kāi. The train is leaving from Beijing.)" All other students ask in unison: "往哪儿开？(Wǎng nǎr kāi? Where is it bound for?)" He/she should select one from the cities chosen by others, saying; "往上海开。(Wǎng Shànghǎi kāi. To Shanghai.)" Hearing this, the student who chooses "Shanghai" should continue the game by saying "上海的火车就要开。(Shànghǎi de huǒchē jiù yào kāi. The train is leaving from Shanghai.)" So the game goes on like this. Everyone should respond as soon as possible when hearing your city called. Students who are slow to react will be punished.

给教师的提示

进行一轮后为了增加难度，活跃气氛，您也可以示范让学生说一个地方，用手指另一个地方的人。

> **Patterns**
>
> 同学1： 北京的火车就要开。
> Tóngxué 1： Běijīng de huǒchē jiù yào kāi.
> Student 1： The train is leaving from Beijing.
>
> 大家： 往哪儿开？
> Dàjiā： Wǎng nǎr kāi?
> All： Where is it bound for?
>
> 同学1： 往上海开。
> Tóngxué 1： Wǎng Shànghǎi kāi.
> Student 1： to Shanghai.
>
> 同学2： 上海的火车就要开。
> Tóngxué 2： Shànghǎi de huǒchē jiù yào kāi.
> Student 2： The train is leaving from Shanghai.
>
> ......
> ......

总结与评价 Summary and Evaluation

一、在这一课你学会了什么？请你试着写出你记住的词语。What have you learned in this lesson? Please write down the words you have remembered.

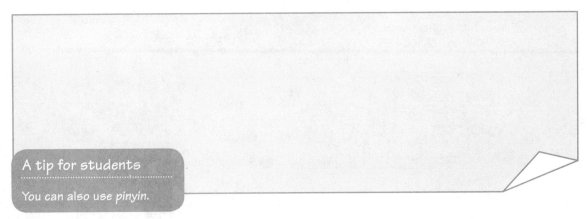

A tip for students

You can also use *pinyin*.

二、利用下面的表格复习你在本课学会的句子，然后乘车出门时试着用汉语跟售票员和司机说话。Review the sentences according to the following form, then try to use Chinese to talk with the driver and conductor when you take a taxi or bus.

Sentences for taking a bus	
What should you say after getting on a bus?	What will the conductor say?
Sentences for taking a taxi	
What should you say after getting on a taxi?	What will the driver say?

三、完成任务的自我表现评价。Self-evaluation.

A	B	C	D	Are you satisfied with your performance?
A	B	C	D	Do you often express your own ideas actively?
A	B	C	D	Do you often ask your classmates questions actively?

复习 1
Review 1

一、语言练习 Language exercises

1. 请读出下面钟表上的时间。Please read aloud the time on the following clocks.

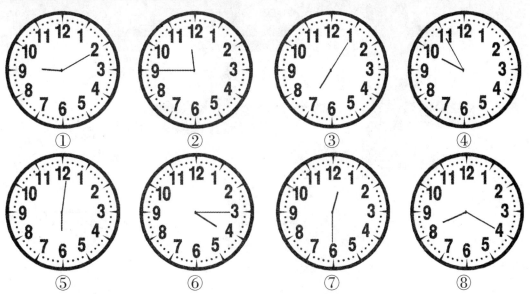

①   ②   ③   ④

⑤   ⑥   ⑦   ⑧

2. 请用合适的量词填空。Fill in the blanks with the proper measure words.

一（　）面包	两（　）房间	三（　）铅笔	四（　）苹果
yī　　miànbāo	liǎng　　fángjiān	sān　　qiānbǐ	sì　　píngguǒ

五（　）啤酒	六（　）米饭	七（　）餐巾纸	八（　）勺子
wǔ　　píjiǔ	liù　　mǐfàn	qī　　cānjīnzhǐ	bā　　sháozi

3. 请选择合适的动词填空。Fill in the blanks with the proper verbs.

是	有	在	住	叫	去	走	买	吃	要	能
shì	yǒu	zài	zhù	jiào	qù	zǒu	mǎi	chī	yào	néng

(1) 你（　）哪儿？
Nǐ＿＿＿＿nǎr?

(2) 邮局的旁边（　）医院。
Yóujú de pángbiān＿＿＿yīyuàn.

(3) 我（　）一个红烧牛肉。
Wǒ＿＿＿yí ge hóngshāo niú ròu.

(4) 欧文（　）哪儿？
Ōuwén＿＿＿nǎr?

(5) 你们想（　）点儿什么？
Nǐmen xiǎng＿＿＿diǎnr shénme?

(6) 我（　）三斤苹果。
Wǒ＿＿＿sān jīn píngguǒ.

(7) 一直往前（　　），然后往右拐。
Yìzhí wǎng qián___, ránhòu wǎng yòu guǎi.

(8) 112路（　　）到机场吗？
Yāoyāo'èr lù___dào jīchǎng ma?

(9) 明天不（　　）星期六。
Míngtiān bù___xīngqīliù.

4. 请根据下面的方位图回答问题。注意正确使用方位词语。Answer the following questions according to the map. Pay attention to the proper usage of the words of directions.

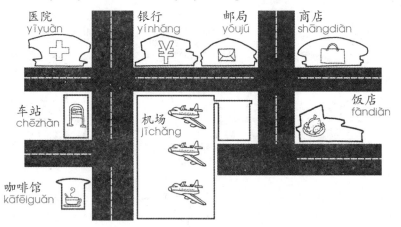

· 银行在哪儿？　_____
Yínháng zài nǎr?

· 邮局在哪儿？　_____
Yóujú zài nǎr?

· 商店在哪儿？　_____
Shāngdiàn zài nǎr?

· 饭店在哪儿？　_____
Fàndiàn zài nǎr?

· 机场在哪儿？　_____
Jīchǎng zài nǎr?

· 车站在哪儿？　_____
Chēzhàn zài nǎr?

· 医院在哪儿？　_____
Yīyuàn zài nǎr?

5. 有问有答。Questions and answers.

Ask	Answer
	我是日本人。 Wǒ shì Rìběnrén.
	我叫欧文。 Wǒ jiào Ōuwén.
	我要一碗米饭。 Wǒ yào yì wǎn mǐfàn.

Ask	Answer
	一共28块。 Yígòng èrshíbā kuài.
	现在七点。 Xiànzài qī diǎn.
	我要买一瓶水。 Wǒ yào mǎi yì píng shuǐ.
	我八点上课。 Wǒ bā diǎn shàng kè.
	今天星期六。 Jīntiān xīngqīliù.
	明天九月五号。 Míngtiān jiǔ yuè wǔ hào.
	我住留学生楼。 Wǒ zhù liúxuéshēng lóu.
	来一个红烧鱼。 Lái yí ge hóngshāo yú.
	再要一个炒青菜。 Zài yào yí ge chǎo qīngcài.
	从这儿一直往前走。 Cóng zhèr yìzhí wǎng qián zǒu.
	邮局就在前边。 Yóujú jiù zài qiánbian.
	中国饭店不太远。 Zhōngguó Fàndiàn bú tài yuǎn.
	车票一块钱一张。 Chē piào yí kuài qián yì zhāng.

二、活动 Activities

1. 每人带一张全家福照片，给大家介绍自己的家人。Every student brings a photo of your family and introduces your family members to your classmates.

Word bank

爸爸 bàba father	妈妈 māma mother	姐姐 jiějie elder sister	哥哥 gēge elder brother	弟弟 dìdi younger brother	妹妹 mèimei younger sister	爷爷 yéye grandfather	奶奶 nǎinai grandmother

A tip for students

If you don't have a photo, you can draw one.

Pattern

……前边（后边、左边、右边、旁边、中间）的是……
…… qiánbian (hòubian, zuǒbian, yòubian, pángbiān, zhōngjiān) de shì……

97

2. **看看下面的商品价钱，说说你觉得它们贵不贵，多少钱最合适。**Look at the prices of the following goods, then tell whether they are expensive or not and what prices are the most reasonable.

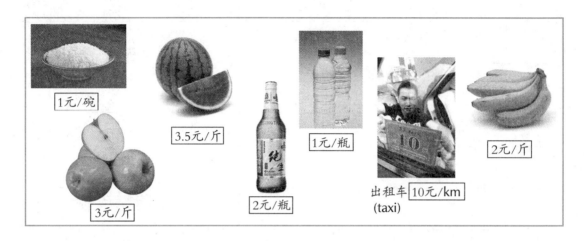

1元/碗

3.5元/斤

3元/斤

1元/瓶

2元/瓶

出租车 10元/km
(taxi)

2元/斤

3. **猜词语比赛。**Word-guess game.

两人一组。将1到6课中的一些可以表演的词语做成卡片，一个同学表演，一个同学猜。看哪一组猜出的词语最多。Work in pairs. Write down some words from lesson 1 to 6 on the cards. One student acts out the words' meanings and the other guesses. See which group guesses out the most words.

> **Word bank**
>
> | 朋友 | 楼 | 留学生 | 房间 | 上课 | 吃 | 爸爸 | 妈妈 | 睡觉 | 休息 | 我们 |
> |---|---|---|---|---|---|---|---|---|---|---|
> | péngyou | lóu | liúxuéshēng | fángjiān | shàng kè | chī | bàba | māma | shuì jiào | xiūxi | wǒmen |
> | 面包 | 水 | 铅笔 | 谢谢 | 苹果 | 香蕉 | 找 | 吃 | 面条儿 | 喝 | 勺子 |
> | miànbāo | shuǐ | qiānbǐ | xièxie | píngguǒ | xiāngjiāo | zhǎo | chī | miàntiáor | hē | sháozi |
> | 餐巾纸 | 结账 | 司机 | 坐 | 门口 | 拿 | 路 | 车 | 图书馆 | 机场 | |
> | cānjīnzhǐ | jié zhàng | sījī | zuò | ménkǒu | ná | lù | chē | túshūguǎn | jīchǎng | |

三、短剧表演 Mini-play

将全班分成小组，抽签选择短剧的内容。大家一起商量短剧怎么演，每个人应该说什么话，准备好以后给大家表演。最后利用下面的表格给自己的小组和自己的表现打分，也要给其他的小组打分。Divide the class into groups and draw lots to decide the content of the play. Discuss how to act and what to say, and then act the play out in front of the class. After the performance, evaluate the performance of yourself, your group and other groups.

短剧内容：Plays suggested:
1. **两人一组。两个人商量一个时间，一起去买书买水果，但是不知道怎么走，先问路，然后买东西。**Work in pairs. The two people make a time to buy books and fruit together. Neither of the two knows the way, so ask the way first, and then buy the objects.
2. **两人一组。认识了一个新朋友，两人想一起吃饭，商量一个时间，一起去饭馆，点菜吃饭。**Work in pairs. One person has made a new friend. They want to have meal together. Make a time, go to the restaurant together and then order the meal.
3. **4-5人一组。刚开学，大家不认识，所以全班要开晚会。大家先要自我介绍，认识后，商量什么时间开晚会，然后商量买什么东西，谁买什么，可以用多少钱。**Work

in groups of four or five. The students don't know each other as school has just started, so the whole class is going to throw a party. Everybody should introduce themselves to get acquainted with each other, and then discuss when the party will be held. And then discuss what to buy, who buys what and the mount of money to spend.

4. 3人一组。下雨天，两个人都要打车，但是只有来了一辆出租车，两人先抢车，然后商量好了一起坐，要分别告诉司机自己去哪儿。Work in groups of three. It's raining. Both two people want to get a taxi while there comes only one taxi. The two people fight for the taxi first, and then agree on sharing. Tell the driver your destinations respectively.

学生用的评价表 Self-evaluation form for students

自己小组的表现 Your group's performance	A B C D E
自己的表现 Your performance	A B C D E
表现最好的小组 The best-performed group	Group1 Group2 Group3
表现最好的同学 The best-performed student	1. 2. 3.

教师用的评价表 Evaluation form for the teacher

语言综合表现评价参考标准

等级	语音和语调	语法和词汇	流利性	合作性
优	非常准确	基本没有错误	语速适当，非常流利	能经常提示或帮助他人回答
良	正确	偶尔有失误	语速适当，但有停顿	偶尔能提醒对方
中	基本正确	语法词汇错误较多，但有控制	停顿较多，句子总量不够	基本没有主动参与的意识
差	不正确	缺乏语法控制能力，词汇错误较多	对语速没有控制，结结巴巴	完全不能参与到活动中

给教师的提示
您可以利用这个表格对学生的学习进行引导和评价。

第7课

这里能换钱吗？ (Zhèlǐ néng huàn qián ma?)
May I Exchange Some Money Here?

目标 | Objectives

1. 复习人民币的表达法。Review the expressions of RMB cash.
2. 学习在邮局说明自己的目的。Learn to explain your purpose in a post office.
3. 学习在银行开户时的常用语。Learn the common expressions when opening an account in a bank.
4. 学习兑换人民币时询问和说明主要汇率。Learn to enquire and explain the main exchange rates when exchanging money.

准备 Preparation

1. 和同伴一起看看这些东西的价钱。你们觉得贵不贵？ Look at the prices of these goods with your partner. Do you think they are expensive?

15.50	680.00	1588.00	3600.00	1,8000.00
①	②	③	④	⑤

2. 人们去邮局和银行一般做什么？ What do people usually do when they go to the post office and bank?

词 语 Words and Expressions

☐ 朗读下列词语，注意发音和词语的意思。Read the following words aloud, pay attention to the pronunciation and the meanings.

1 寄 jì mail	**2** 职员 zhíyuán clerk	**3** 哪里 nǎlǐ where	**4** 姐姐 jiějie elder sister	**5** 先 xiān first	**6** 填 tián fill in	**7** 单子 dānzi form
8 这里 zhèlǐ here	**9** 写 xiě write	**10** 地址 dìzhǐ address	**11** 元 yuán yuan	**12** 存 cún deposit	**13** 第 dì a prefix of ordinal numbers	**14** 次 cì time
15 万 wàn ten thousand	**16**	护照 hùzhào passport	**17** 号码 hàomǎ number	**18** 下边 xiàbian under, below	**19** 帮 bāng help	**20** 千 qiān thousand
21 美元 měiyuán US dollar	**22** 人民币 rénmínbì RMB	**23** 毛 máo mao	**24** 零 líng zero	**25** 九 jiǔ nine	**26** 数 shǔ count	**27** 正好 zhènghǎo right
专有名词 **Proper nouns**	**28** 泰国 Tàiguó Thailand	**29** 上海 Shànghǎi Shanghai				

☐ 选择合适的词语进行搭配。Choose the proper words to match the words below.

寄 jì   写 xiě   号码 hàomǎ

句 子 Sentences

☐ 朗读句子。Read the sentences aloud.

1 您好，我寄这个。
Nín hǎo, wǒ jì zhège.
Hello, I want to mail this.

2 请先填这张单子。
Qǐng xiān tián zhè zhāng dānzi.
Please fill in this form first.

3 这里写你姐姐的名字和地址。
Zhèlǐ xiě nǐ jiějie de míngzi hé dìzhǐ.
Write your elder sister's name and address here.

④ 是第一次存吗?
Shì dì yī cì cún ma?
Is this your first time to deposit?

⑤ 存多少?
Cún duōshao?
How much will you deposit?

⑥ 怎么填?
Zěnme tián?
How do I do it?

⑦ 我要寄钱。
Wǒ yào jì qián.
I want to mail some money.

⑧ 您能帮我吗?
Nín néng bāng wǒ ma?
Can you help me?

⑨ 请问,这里能换钱吗?
Qǐngwèn, zhèlǐ néng huàn qián ma?
Excuse me, can I exchange some money here?

⑩ 一美元换多少人民币?
Yì měiyuán huàn duōshao rénmínbì?
How much is one US dollar in RMB?

听录音,填词语。Listen to the recording and fill in the blanks. 🔘 07-01

给教师的提示
您可以采用各种方式来操练句子,同时纠正学生的发音。

① 您好,我＿＿＿这个。
Nín hǎo, wǒ＿＿＿ zhège.

② 请＿＿＿填这张单子。
Qǐng＿＿＿ tián zhè zhāng dānzi.

③ ＿＿＿多少?
＿＿＿ duōshao?

④ 您能＿＿＿我吗?
Nín néng＿＿＿ wǒ ma?

⑤ 一美元换多少＿＿＿?
Yì měiyuán huàn duōshao＿＿＿?

⑥ 这里写你姐姐的名字和＿＿＿。
Zhèlǐ xiě nǐ jiějie de míngzi hé＿＿＿.

⑦ 是第一＿＿＿存吗?
Shì dì yī＿＿＿ cún ma?

情景 Situations

一

看图片,和同伴商量她们可能在说什么。Look at the pictures, and discuss with your partner what they are probably talking about.

① ② ③ ④

□ **朗读对话一，注意发音和语气。** Read Dialogue 1 aloud, pay attention to the pronunciation and the tone.

娜拉：您好，我寄这个。
Nàlā: Nín hǎo, wǒ jì zhège.

职员：寄到哪里？
Zhíyuán: Jì dào nǎlǐ?

娜拉：到泰国，寄给我姐姐。
Nàlā: Dào Tàiguó, jì gěi wǒ jiějie.

职员：请先填这张单子。
Zhíyuán: Qǐng xiān tián zhè zhāng dānzi.

娜拉：这里写什么？
Nàlā: Zhèlǐ xiě shénme?

职员：写你姐姐的名字和地址。
Zhíyuán: Xiě nǐ jiějie de míngzi hé dìzhǐ.

娜拉：这里呢？
Nàlā: Zhèlǐ ne?

职员：写你的名字和地址。
Zhíyuán: Xiě nǐ de míngzi hé dìzhǐ.

娜拉：一共多少钱？
Nàlā: Yígòng duōshao qián?

职员：一百三十元。
Zhíyuán: Yìbǎi sānshí yuán.

Nara:	Hello, I want to mail this.
Clerk:	Where does it go to?
Nara:	To my sister in Thailand.
Clerk:	Please fill in this form first.
Nara:	What should I write here?
Clerk:	Your elder sister's name and address.
Nara:	How about here?
Clerk:	Your own name and address.
Nara:	How much is it?
Clerk:	One hundred and thirty yuan.

Tip:

1. 给 is a preposition used to usher in the object of a verb.

□ **根据对话一回答问题。** Answer the following questions according to Dialogue 1.

① 娜拉在哪儿？
Nàlā zài nǎr?

② 娜拉要(want)寄到哪儿，寄给谁(whom)?
Nàlā yào jì dào nǎr, jì gěi shuí?

③ 娜拉要先干什么(do what)?
Nàlā yào xiān gàn shénme?

④ 单子上要写什么？
Dānzi shang yào xiě shénme?

⑤ 一共多少钱？
Yígòng duōshao qián?

给教师的提示
您可以准备几张包裹单发给学生，两人一组进行模拟训练。

二

□ **听录音，判断正误。** Listen to the recording and decide whether the following sentences are true or false. 💿 07-02

① 玛莎不是第一次存钱。 □
Mǎshā bú shì dì yī cì cún qián.

② 玛莎要先填单子。 □
Mǎshā yào xiān tián dānzi.

③ 玛莎存一千块钱。　　□

Mǎshā cún yì qiān kuài qián.

④ 单子上填名字和房间号码。　　□

Dānzi shang tián míngzi hé fángjiān hàomǎ.

□　朗读对话二，注意发音和语气。Read Dialogue 2 aloud, pay attention to the pronunciation and the tone.

玛莎：	您好，我存钱。	
Mǎshā：	Nín hǎo, wǒ cún qián.	
职员：	是第一次存吗？	
Zhíyuán：	Shì dì yī cì cún ma?	
玛莎：	是。	
Mǎshā：	Shì.	
职员：	存多少？	
Zhíyuán：	Cún duōshao?	
玛莎：	存一万。	
Mǎshā：	Cún yíwàn.	
职员：	请填好这个。	
Zhíyuán：	Qǐng tián hǎo zhège.	
玛莎：	怎么填？	
Mǎshā：	Zěnme tián?	
职员：	在这里写你的名字。	
Zhíyuán：	Zài zhèlǐ xiě nǐ de míngzi.	
玛莎：	护照号码呢？	
Mǎshā：	Hùzhào hàomǎ ne?	
职员：	写在名字的下边。	
Zhíyuán：	Xiě zài míngzi de xiàbian.	

Masha: Hello, I would like to deposit some money.
Clerk: Is it your first time to deposit?
Masha: Yes.
Clerk: How much will you deposit?
Masha: Ten thousand.
Clerk: Please fill in this form.
Masha: How do I do it?
Clerk: Write down your name here.
Masha: How about the passport number?
Clerk: Below your name.

Tip:

1. Here 好 is used to complementarily explain the result of the verb 填. Such complement is called a resultative complement. E.g. 吃完 (chī wán finish eating)

□　根据对话二，选择合适的句子跟同伴对话。Choose the proper sentences in Dialogue 2 and talk with your partner.

给教师的提示

您可以准备几张存款单发给学生，两人一组进行模拟训练。

Ask	Answer
	是。 Shì.
	存一万。 Cún yíwàn.
怎么填？ Zěnme tián?	

□　想一想，说一说。Think and talk.

① 如果你去寄钱，你想想应该怎么做？

If you're going to mail money, what should you do?

② 如果你不会写，你怎么办？

If you can't write in Chinese, what should you do?

❑　朗读对话三，注意发音和语气。Read Dialogue 3 aloud, pay attention to the pronunciation and the tone.

山本：　我要寄钱。
Shānběn:　Wǒ yào jì qián.

职员：　请先填单子。
Zhíyuán:　Qǐng xiān tián dānzi.

山本：　您能帮我吗？
Shānběn:　Nín néng bāng wǒ ma?

职员：　可以。寄到哪儿？
Zhíyuán:　Kěyǐ. Jì dào nǎr?

山本：　上海。
Shānběn:　Shànghǎi.

职员：　寄多少钱？
Zhíyuán:　Jì duōshao qián?

山本：　五千。这是名字和地址。
Shānběn:　Wǔqiān. Zhè shì míngzi hé dìzhǐ.

Yamamoto:	I want to mail some money.
Clerk:	Please fill in this form first.
Yamamoto:	Can you help me?
Clerk:	Sure. Where does the money go?
Yamamoto:	Shanghai.
Clerk:	How much?
Yamamoto:	Five thousand. Here are the name and address.

Tip:

1. Here 要 is an auxiliary verb, indicating the intention of doing sth. E.g. 我要上网。(Wǒ yào shàng wǎng. I want to surf on the Internet.)

❑　根据对话三填空，然后试着说说对话内容。Fill in the blanks according to Dialogue 3 and try to retell it.

山本去邮局_____，他要寄到_____，寄_____元。职员请他先_____。
Shānběn qù yóujú_____, tā yào jì dào_____, jì_____yuán. Zhíyuán qǐng tā xiān_____.

山本请职员_____，他给了职员_____。
Shānběn qǐng zhíyuán_____, tā gěi le zhíyuán_____.

❑　看着图片听两遍录音，然后和同伴商量他们可能在说什么。Look at the picture and listen to the recording twice. Then discuss with your partner what they are probalby talking about. 🔘 07-03

❑ **朗读对话四，注意发音和语气。** Read Dialogue 4 aloud, pay attention to the pronunciation and the tone.

欧文： 请问，这里能换钱吗？
Ōuwén： Qǐngwèn, zhèlǐ néng huàn qián ma?

职员： 能。您换什么钱？
Zhíyuán： Néng. Nín huàn shénme qián?

欧文： 美元。一美元换多少人民币？
Ōuwén： Měiyuán. Yì měiyuán huàn duōshao rénmínbì?

职员： 六块八毛三。您换多少？
Zhíyuán： Liù kuài bā máo sān. Nín huàn duōshao?

欧文： 三百美元。
Ōuwén： Sān bǎi měiyuán.

职员： 这是两千零四十九元，您数一数。
Zhíyuán： Zhè shì liǎngqiān líng sìshíjiǔ yuán, nín shǔ yi shǔ.

欧文： 正好，谢谢。
Ōuwén： Zhènghǎo, xièxie.

Irving:	Excuse me, can I exchange some money here?
Clerk:	Yes. What currency do you want to exchange?
Irving:	US dollar. How much is one US dollar in RMB?
Clerk:	6.83 yuan. How much do you want to exchange?
Irving:	Three hundred dollars.
Clerk:	Here is 2049 yuan. Count it please.
Irving:	Right, thanks.

Tip:
1. In Chinese, if verb reduplication occurs, the character — can be put between the two verbs if they are monosyllabic.

❑ **根据对话四，选择合适的句子跟同伴对话。** Choose the proper sentences in Dialogue 4 and talk with your partner.

Ask	Answer
	能。 Néng.
	美元。 Měiyuán.
	六块八毛三。 Liù kuài bā máo sān.
您换多少？ Nín huàn duōshao?	

❑ **根据对话四判断下列说法是否正确。** Decide whether the following statements are true or false according to Dialogue 4.

1 这里不能换钱。　　❑
　 Zhèlǐ bù néng huàn qián.

2 欧文要换美元。　　❑
　 Ōuwén yào huàn měiyuán.

3 一元人民币换六块八毛三美元。　❑
　 Yì yuán rénmínbì huàn liù kuài bā máo sān měiyuán.

4 三百美元换两千四百九十元人民币。❑
　 Sānbǎi měiyuán huàn liǎngqiān sìbǎi jiǔshí yuán rénmínbì.

活动 Activities

一、看图学词语 Look at the pictures and learn words

画线将小词库中的词语与相应的图片连接起来，然后朗读词语。 Match the words in the word bank with the corresponding pictures, then read these words aloud.

Word bank

明信片	邮票	信封	包裹	信用卡	存折
míngxìnpiàn	yóupiào	xìnfēng	bāoguǒ	xìnyòng kǎ	cúnzhé
postcard	stamp	envelope	package	credit card	deposit book

二、双人活动 Pairs work

大卫在中国旅行，他想送给家人和朋友特别的礼物，你觉得什么礼物很特别？邮局里有吗？为什么？ David is traveling in China, he wants to buy some special gifts to his family members and friends .What gifts do you think are special? Can you find them in the post office?

Word bank

邮戳	特色	礼物
yóuchuō	tèsè	lǐwù
postmark	specialty	gift

A tip for students

You can use the following form to make preparations, and then discuss with your partners. The words mentioned above may help you.

What gifts will you choose?	Why?	How to do?

三、小组活动 Group work

4人一组，一人为实习生，三人为客户。实习生要帮助三位客户解决问题，并向领导（教师）汇报。客户根据实习生的服务情况给他们投票，决定是否录用。Work in groups of 4, one student acts as an intern and the other three clients. The intern should help the clients solve their problems and report his/her work to the leader (the teacher here).The clients may vote for the interns to decide whether to employ them according to their services.

客户1：第一次存钱，2万元。
Client 1: deposit 20000 yuan for the first time.
客户2：给在广州（Guǎngzhōu）的朋友寄2000元。
Client 2: send 2000 yuan to his/her friend in Guangzhou.
客户3：取500元钱。
Client 3: withdraw 500 yuan.

给教师的提示
您可以将不同的任务写在小卡片上发给扮演客户的学生。还得准备一些笑脸和哭脸牌，投票的时候用。还要准备一些画好的各种单子给学生。

语言练习 Language Focus

一、语音和语调 Pronunciation and intonation

1. **辨音练习。Sound discrimination.**

ji-bi   zhe-zhi   qi-ci   zi-mi   shu-chu-ru
cun-yuan   xie-xue   jie-jue   dui-dei

2. **声调练习。Tone exercises.**

jì tián xiě cún cì wàn bāng qiān líng jiǔ shǔ

3. **朗读下列词语。Read the following words aloud.**

① **前重后轻。Stressing the former part.**

这个   姐姐   单子
zhège   jiějie   dānzi

② **前中后重。Stressing the latter part.**

地址   护照   号码   美元   正好   人民币
dìzhǐ   hùzhào   hàomǎ   měiyuán   zhènghǎo   rénmíngbì

4. **用正确的语调朗读下面的句子，注意语气和重音。**Read the following sentences aloud with correct intonation, pay attention to the tone and the stress.

① 您好，我寄这个。
Nín hǎo, wǒ jì zhège.

② 请先填这张单子。
Qǐng xiān tián zhè zhāng dānzi.

③ 写你姐姐的名字和地址。
Xiě nǐ jiějie de míngzi hé dìzhǐ.

④ 您能帮我吗?
Nín néng bāng wǒ ma?

⑤ 是第一次存吗?
Shì dì yī cì cún ma?

二、替换练习 Substitution exercises

① 您好, 我寄这个。
Nín hǎo, wǒ jì zhège.

换钱
huàn qián

买面包
mǎi miànbāo

存钱
cún qián

② 请问, 这里能换钱吗?
Qǐng wèn, zhèlǐ néng huàn qián mā?

上网 (surf on the Internet)
shàng wǎng

喝咖啡 (drink coffee)
hē kāfēi

吃饭
chī fàn

③ 一美元换多少人民币?
Yī měiyuán huàn duōshao rénmínbì?

美元   日元 (yen)
měiyuán   rìyuán

人民币   韩元 (Korean won)
rénmínbì   hányuán

英镑 (pound) 人民币
yīngbàng   rénmíngbì

④ 您换多少?
Nín huàn duō shao?

寄
jì

买
mǎi

要
yào

三、用 "是……吗?" 提问 Ask questions with 是……吗?

① 我坐地铁去。
Wǒ zuò dìtiě qù.

② 星期五是我妈妈的生日。
Xīngqīwǔ shì wǒ māma de shēngrì.

③ 她第一次去美国。
Tā dì yī cì qù Měiguó.

服务台

Wǒ zhù yāo'èr'ērsān fángjiān.

A tip for students

This picture will be used in Extended Activity II.

Ⓑ

扩展活动 Extended Activities

一、大家一起去换钱 Exchange money together

1. 先看看下面的表格，熟悉一下各种钱与人民币的汇率。Look at the following form and get familiar with the exchange rate of RMB to other currencies.

其他币种 Other currencies	人民币 RMB
měiyuán 美元 dollar	
rìyuán 日元 yen	
ōuyuán 欧元 euro	
yīngbàng 英镑 pound	
lúbù 卢布 rouble	
hányuán 韩币 Korean won	
tàizhū 泰铢 Thai baht	
gǎngyuán 港元 Hongkong dollar	

2. 四个不同国家的人一组，商量在中国的旅游行程。Form a group of four students from different countries and discuss your itinerary in China.

3. 根据旅游行程，决定要换的钱数，模拟表演去银行兑换货币。Decide how much cash you need to exchange according to your itinerary. Then act out the procedure of exchanging money in the bank.

> 给教师的提示
> 您可以先填上汇率，或者让学生事先去银行调查汇率。

二、看图比较 Compare the pictures

两人分别看着图A和图B(见第109页)，向同伴描述自己的图片内容，听的人应该说出和自己的图片不一样的地方。One looks at the picture A and the other the picture B (on Page 109). Describe your picture in Chinese to your partner and the listener should point out the differences from the picture you see.

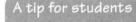

Wǒ yào huàn qián.

A

A tip for students

Do not look at your partner's picture until you have finished talking about the pictures. There are many differences between the two pictures.

总结与评价 Summary & Evaluation

一、在这一课你学会了什么？请你试着写出你记住的词语。What have you learned in this lesson? Try to write down the words you have remembered.

A tip for students

You can write in *pinyin*.

二、你学会在邮局或者银行用汉语办事了吗？常用的句子都记住了吗？利用下面的表格准备一下，然后去邮局和银行实践一下。Have you learned how to deal with your business in the post office or the bank? Have you remembered the commonly used sentences? Use the following form to make preparations, and then go to the bank or the post office to practice.

Sentences used in the post office	Sentences used in the bank

三、完成任务的自我表现评价。Self-evaluation.

A	B	C	D	Are you satisfied with your performance?
A	B	C	D	Do you often express your own ideas actively?
A	B	C	D	Do you often ask your classmates questions?

我的MP4坏了 (Wǒ de MP4 huāi le)

My MP4 Player Isn't Working

目标 | Objectives

1. 复习提出要求的常用语句。Review the common expressions of making requests.
2. 学习求助时的常用语句。Learn the common expressions of asking for help.
3. 学习简单说明情况。Learn to simply explain the situations.
4. 学习表示感谢的常用语句。Learn the common expressions of showing gratitude.

准备 Preparation

1. 和同伴一起看看下面的图片。如果是你，你会说什么？ Look at the following pictures with your partner. If it were you, what will you say?

Sān kuāi.

Liǎng kuāi wǔ.

Patterns

……行吗？	我要……
… xíng ma?	Wǒ yào …
请……	您能……吗？
Qǐng …	Nín néng … ma?

银行窗口 ④

① ② ③ ④

2. 朗读下面的句子。Read the following sentences aloud.

① 太贵了，三块行吗？
Tài guì le, sān kuāi xíng ma?

③ 我要一张餐巾纸。
Wǒ yào yì zhāng cānjīnzhǐ.

⑤ 请给我一个勺子。
Qǐng gěi wǒ yí ge sháozi.

② 请您停在前边。
Qǐng nín tíng zài qiánbian.

④ 您能帮我吗？
Nín néng bāng wǒ ma?

3. 利用上面的句子，向旁边的同学提出请求。Make a request to the student next to you with the sentences mentioned above.

词 语 Words and Expressions

❑ 朗读下列词语，注意发音和词语的意思。Read the following words aloud, pay attention to the pronunciation and the meanings.

1 事 shì matter	2 忘 wàng forget	3 钥匙 yàoshi key	4 开 kāi open	5 一下 yíxià once	6 门 mén door	7 床单 chuángdān sheet
8 脏 zāng dirty	9 客气 kèqi polite	10 电话 diànhuà telephone	11 坏 huài broken, bad		12 空调 kōngtiáo air conditioner	
13 问题 wèntí problem	14 时间 shíjiān time	15 修 xiū fix, repair	16 知道 zhīdào know	17 跟 gēn with	18 一起 yìqǐ together	19 灯 dēng lamp
20 亮 liàng light	21 看 kàn watch, look	22 见 jiàn see	23 电脑 diànnǎo computer		24 上网 shàng wǎng surf on the Internet	25 用 yòng use
26 多 duō much	27 长 cháng long	28 一会儿 yíhuìr a while	专有名词 Proper noun	29 李平 Lǐ Píng		

❑ 选择合适的词语进行搭配。Choose the proper words to match the words below.

带 dài	坏了 huài le	一起 yìqǐ

句 子 Sentences

❑ **朗读句子。** Read the sentences aloud.

1 我忘了带钥匙，帮我开一下门，好吗？

Wǒ wàng le dài yàoshi, bāng wǒ kāi yíxià mén, hǎo ma?

I forget to bring my keys. Can you open the door for me?

2 我的床单脏了，能换一下吗？

Wǒ de chuángdān zāng le, néng huàn yíxià ma?

My sheet is dirty. Can you change it for me?

3 我房间的电话坏了。

Wǒ fángjiān de diànhuà huài le.

The telephone in my room isn't working.

4 我的空调也坏了。

Wǒ de kōngtiáo yě huài le.

My air conditioner isn't working, either.

5 我的mp4坏了，在哪儿能修？

Wǒ de mp4 huài le, zài nǎr néng xiū?

There is something wrong with my mp4. Where can I get it fixed?

6 我的灯不亮了，你能帮我看看吗？

Wǒ de dēng bú liàng le, nǐ néng bāng wǒ kànkan ma?

My lamp isn't working. Can you fix it for me?

7 你的电脑怎么了？

Nǐ de diànnǎo zěnme le?

What's wrong with your computer?

8 要用多长时间？

Yào yòng duō cháng shíjiān?

How long will it take?

❑ **听录音，填词语。** Listen to the recording and fill in the blanks. 🔊 08-01

1 我的床单_____了，能换一下吗？

Wǒ de chuángdān___ le, néng huàn yíxià ma?

2 你的_____怎么了？

Nǐ de ___ zěnme le?

3 我房间的电话_____了。

Wǒ fángjiān de diànhuà___ le.

4 我的_____也坏了。

Wǒ de ___ yě huài le.

5 我的灯不亮了，你能帮我_____吗？

Wǒ de dēng bú liàng le, nǐ néng bāng wǒ___ ma?

6 要_____多长时间？

Yào___ duō cháng shíjiān?

7 我忘了带_____，帮我开一下门，好吗？

Wǒ wàng le dài___, bāng wǒ kāi yíxià mén, hǎo ma?

❑ **如果遇到下面的情况你怎么办？你会怎么说？** If you are in the following situations, what should you do? What will you say?

1 忘了带钥匙

wàng le dài yàoshi

2 床单脏了

chuángdān zāng le

3 灯不亮

dēng bú liàng

给教师的提示

您可以采用各种方式来操练句子，同时纠正学生的发音。

情景 Situations

看图片，和同伴商量她们可能在说什么。Look at the pictures, and discuss with your partner what they are probably talking about.

① ②

朗读对话一，注意发音和语气。Read Dialogue 1 aloud, pay attention to the pronunciation and the tone.

娜拉: 您好。
Nàlā: Nín hǎo.

服务员: 您好，有事吗？
Fúwùyuán: Nín hǎo, yǒu shì ma?

娜拉: 我忘了带钥匙，帮我
Nàlā: Wǒ wàng le dài yàoshi, bāng wǒ
开一下门，好吗？
kāi yíxià mén, hǎo ma?

服务员: 好的。
Fúwùyuán: Hǎo de.

娜拉: 我的床单脏了，
Nàlā: Wǒ de chuángdān zāng le,
能换一下吗？
Néng huàn yíxià ma?

服务员: 可以。
Fúwùyuán: Kěyǐ.

Nara: Hello.
Attendant: Hello. What's the matter?
Nara: I forget to bring my keys. Can you open the door for me?
Attendant: Okay.
Nara: My sheet is dirty. Can you change it for me?
Attendant: Yes.

115

娜拉:	谢谢您。
Nàlā:	Xièxie nín.
服务员:	不客气。
Fúwùyuán:	Bú kèqi.

Nara:	Thank you.
Attendant:	You are welcome.

Tip:

1. 一下 is used after the verb to mean a quick action of attempt. We can add the sound of "er" to its pronunciation.

□ 根据对话一，选择合适的句子跟同伴对话。Choose the proper sentences in Dialogue 1 and talk with your partner.

Ask	Answer
你好，有事吗？ Nǐ hǎo, yǒu shì ma?	
	可以。 Kěyǐ.

□ 先读一遍下面的句子，然后听录音，并按照你听到的顺序给句子标上序号。Read the following sentences first, then listen to the recording and number the sentences according to what you hear. 🔘 08-02

□ 1. 我房间的电话坏了。
Wǒ fángjiān de diànhuà huài le.

□ 2. 还有别的问题吗？
Hái yǒu bié de wèntí ma?

□ 3. 你住哪个房间？
Nǐ zhù nǎge fángjiān?

□ 4. 请问有事吗？
Qǐngwèn yǒu shì ma?

□ 5. 我的空调也坏了。
Wǒ de kōngtiáo yě huài le.

☐ **朗读对话二，注意发音和语气。** Read Dialogue 2 aloud, pay attention to the pronunciation and the tone.

欧文: Ōuwén:	你好。 Nǐ hǎo.
服务员: Fúwùyuán:	你好，请问有事吗？ Nǐ hǎo, qǐngwèn yǒu shì ma?
欧文: Ōuwén:	我房间的电话坏了。 Wǒ fángjiān de diànhuà huài le.
服务员: Fúwùyuán:	你住哪个房间？ Nǐ zhù nǎge fángjiān?
欧文: Ōuwén:	我住716，我的空调也坏了。 Wǒ zhù qīyāoliù, wǒ de kōngtiáo yě huài le.
服务员: Fúwùyuán:	还有别的问题吗？ Hái yǒu bié de wèntí ma?
欧文: Ōuwén:	没有了，谢谢。 Méiyǒu le, xièxie.

Irving:	Hello.
Attendant:	Hello. May I help you?
Irving:	The telephone in my room isn't working.
Attendant:	Which room do you live in?
Irving:	I live in Room 716. My air conditioner isn't working either.
Attendant:	Anything else?
Irving:	No, thanks.

☐ **根据对话二判断下列说法是否正确。** Decide whether the following statements are true or false according to Dialogue 2.

1 欧文住116。 ☐
Ōuwén zhù yāoyāoliù.

2 欧文的电话坏了。 ☐
Ōuwén de diànhuà huài le.

3 欧文的空调没有坏。 ☐
Ōuwén de kōngtiáo méiyǒu huài.

4 欧文的房间还有别的问题。 ☐
Ōuwén de fángjiān hái yǒu bié de wèntí.

三

☐ **看着图片听两遍录音，然后和同伴商量录音和图片的内容有什么不同。** Look at the pictures and listen to the recording twice. Then discuss with your partner the differences between the pictures and what you hear. 🔊 08-03

①   ②   ③

❑ **朗读对话三，注意发音和语气。** Read Dialogue 3 aloud, pay attention to the pronunciation and the tone.

娜拉: 王军，你晚上有时间吗？
Nàlā: Wáng Jūn, nǐ wǎnshang yǒu shíjiān ma?

王军: 有。
Wáng Jūn: Yǒu.

娜拉: 我的mp4坏了，在哪儿能修？
Nàlā: Wǒ de mp4 huài le, zài nǎr néng xiū?

王军: 我知道，晚上我跟你一起去。
Wáng Jūn: Wǒ zhīdào, wǎnshang wǒ gēn nǐ yìqǐ qù.

娜拉: 我的灯不亮了，你能帮我看看[1]吗？
Nàlā: Wǒ de dēng bú liàng le, nǐ néng bāng wǒ kànkan ma?

王军: 可以。
Wáng Jūn: Kěyǐ.

娜拉: 晚上见。
Nàlā: Wǎnshang jiàn.

王军: 晚上见。
Wáng Jūn: Wǎnshang jiàn.

Nara:	Wang Jun, Are you free this evening?
Wang Jun:	Yes.
Nara:	There is something wrong with my mp4. Where can I get it fixed?
Wang Jun:	I know. I'll take you there this evening.
Nara:	My lamp isn't working. Can you fix it for me?
Wang Jun:	Yes.
Nara:	See you this evening.
Wang Jun:	See you.

Tip:

1. 看看 is the reduplicative form of the verb 看, amongst which the second 看 should be a neutral tone. Reduplicative form of verbs usually denotes a short-time or few-times continuance of an action. Here, it is to mitigate the tone of words, thus to express the speaker's subjective desirability in a euphemistic way.

❑ **根据对话三回答问题。** Answer the following questions according to Dialogue 3.

1 王军晚上有时间吗？
Wáng Jūn wǎnshang yǒu shíjiān ma?

3 王军知道在哪儿能修mp4吗？
Wáng Jūn zhīdào zài nǎr néng xiū mp4 ma?

2 娜拉为什么(why)给王军打电话？
Nàlā wèi shénme gěi Wáng Jūn dǎ diànhuà?

4 娜拉还有什么坏了？王军能修吗？
Nàlā hái yǒu shénme huài le? Wáng Jūn néng xiū ma?

四

❑ **听录音，判断正误。** Listen to the recording and decide whether the following sentences are true or false. 🔘 08-04

1 李平是王军的日本朋友。 ☐
Lǐ Píng shì Wáng Jūn de Rìběn péngyou.

2 王军的电脑坏了。 ☐
Wáng Jūn de diànnǎo huài le.

③ 李平不会修电脑。　　　☐
　　Lǐ Píng bú huì xiū diànnǎo.

⑤ 修电脑要用很长时间。☐
　　Xiū diànnǎo yào yòng hěn cháng shíjiān.

④ 山本的电脑不能上网。　☐
　　Shānběn de diànnǎo bù néng shàng wǎng.

❑ **朗读对话四，注意发音和语气。**Read Dialogue 4 aloud, pay attention to the pronunciation and the tone.

王军: Wáng Jūn:	李平，这是我的日本朋友。 Lǐ Píng, zhè shì wǒ de Rìběn péngyou.
山本: Shānběn:	你好，我叫山本一郎。 Nǐ hǎo, wǒ jiào Shānběn Yīláng.
王军: Wáng Jūn:	他的电脑坏了。 Tā de diànnǎo huài le.
李平: Lǐ Píng:	你的电脑怎么了¹? Nǐ de diànnǎo zěnme le?
山本: Shānběn:	不能上网。 Bù néng shàng wǎng.
李平: Lǐ Píng:	我帮你看看。 Wǒ bāng nǐ kànkan.
山本: Shānběn:	要²用多长时间？ Yào yòng duō cháng shíjiān?
李平: Lǐ Píng:	一会儿³就好。 Yíhuìr jiù hǎo.

Wang Jun: Li Ping, this is my Japanese friend.
Yamamoto: How do you do? My name is Yamamoto Ichiro.
Wang Jun: His computer broke down.
Li Ping: What's wrong with your computer?
Yamamoto: It doesn't get online.
Li Ping: Let me take a look.
Yamamoto: How long will it take?
Li Ping: Only a while.

Tips:

1. 怎么了 is used to ask about the situation. E.g. 他怎么了? (Tā zěnme le? What's wrong with him?) 老师怎么了? (Lǎoshī zěnme le? What's wrong with the teacher?)
2. Here 要 is an auxiliary verb, meaning *need*.
3. 一会儿 is used to indicate that the time is very short. Here 好 means *finish*.

❑ **根据对话四填空，然后试着说说对话内容。**Fill in the blanks according to Dialogue 4 and try to retell it.

山本是王军的_____。山本的_____坏了，不能_____。李平帮他_____，
Shānběn shì Wáng Jūn de   . Shānběn de   huài le, bù néng   . Lǐ Píng bāng tā   ,

_____就好。
    jiù hǎo.

活 动 Activities

一、看图学词语 Look at the pictures and learn words

先朗读小词库中的词语，然后看看图片中的人遇到了什么问题。Read aloud the words in the word bank, then look at the pictures and see what difficulties the person meets.

Word bank

电视	马桶	洗衣机	台灯	电	漏水	关机	图像	堵
diànshì	mǎtǒng	xǐyījī	táidēng	diàn	lòu shuǐ	guān jī	túxiàng	dǔ
TV	toilet	washing macine	lamp	electricity	leak	power off	image	block up

二、双人活动 Pair work

一个开着车的人，看到路边有一个人蹲在自行车旁，于是下车询问，并帮助他解决问题。和同伴一起准备一下，然后给大家表演这个情景。One who is driving on the road sees the other squat beside a bicycle. So he/she gets off the car and offers help. Act out the situation.

Word bank

自行车	车带	气	骑
zìxíngchē	chē dài	qì	qí
bicycle	tail strop	gas	ride
推	修车铺	放	送
tuī	xiū chē pù	fàng	sòng
push	bicycle repair shop	put	send

A tip for students

You should watch other groups' performances carefully and try to describe the contents of performances to the class.

给教师的提示

您可以提醒学生注意其他组表演的故事，然后试着给大家讲一讲。

Patterns

怎么了？
Zěnme le?

你的……怎么了？
Nǐ de ... zěnme le?

你能修吗？
Nǐ néng xiū ma?

在哪儿能修？
Zài nǎr néng xiū?

你能帮我看看吗？
Nǐ néng bāng wǒ kànkan ma?

三、小组活动 Group work

三人一组。一起商量一下，如果你们的朋友刚到中国，还不会说汉语，遇到下面的问题时，他/她应该怎么说。Work in groups of 3. Suppose your friend has just arrived in China and knows no Chinese. Discuss with your partner what he/she should say when meeting the following problems.

Word bank

被罩	手机（电话）	打（电话）
bèizhào	shǒujī	dǎ
quilt cover	cell phone	make (a call)
接（电话）	声音	锁
jiē	shēngyīn	suǒ
pick up (a call)	voice	lock

- 他/她房间的被罩脏了。
  Tā / Tā fángjiān de bèizhào zāng le.

- 他/她刚买的手机坏了。
  Tā / Tā gāng mǎi de shǒujī huài le.

- 他/她房间的门锁坏了。
  Tā / Tā fángjiān de mén suǒ huài le.

语言练习 Language Focus

一、语音和语调 Pronunciation and intonation.

1. **辨音练习**。Sound discrimination.

   ian-ang   an-ian   ao-iao   ang-uang   ai-uai
   dian-chang   kan-jian   zhao-tiao   chang-chuang   kai-huai

2. **声调练习**。Tone exercises.

   wǎng   kāi   zāng   huài   xiū   gēn   dēng   liàng   jiàn

3. **朗读下列词语**。Read the following words aloud.

   1) 前重后轻。Stressing the former part.

   钥匙   客气
   yàoshi kèqi

   2) 前中后重。Stressing the latter part.

   床单   时间   空调   问题   电脑   上网
   chuángdān   shíjiān   kōngtiáo   wèntí   diànnǎo   shàng wǎng

4. **用正确的语调朗读下面的句子，注意语气和重音**。Read the following sentences aloud with correct intonation, pay attention to the tone and the stress.

   1) 我忘带钥匙了，帮我开一下门，好吗？
   Wǒ wàng dài yàoshi le, bāng wǒ kāi yíxià mén, hǎo ma?

   2) 我房间的电话坏了。
   Wǒ fángjiān de diànhuà huài le.

   3) 我的mp4坏了，在哪儿能修？
   Wǒ de mp4 huài le, zài nǎr néng xiū?

   4) 我的空调也坏了。
   Wǒ de kōngtiáo yě huài le.

   5) 你的电脑怎么了？
   Nǐ de diànnǎo zěnme le?

   6) 要用多长时间？
   Yào yòng duō cháng shíjiān?

二、替换练习 Substitution exercises

从小词库中选择词语替换画线部分，并说出完整的句子。 Choose the words in the word bank to substitute the underlined words, and speak out the whole sentences.

Word bank

修/换/看 xiū / huàn / kàn	马桶(toilet) mǎtǒng	空调 kōngtiáo
电视(TV) diànshì	灯 dēng	洗衣机(washing xǐyījī machine)
自行车(bicycle) zìxíngchē	床单 chuángdān	坏/脏 huài / zāng

1) 帮我<u>开</u>一下<u>门</u>，好吗？
Bāng wǒ kāi yíxià mén, hǎo ma?

2) 我房间的<u>电话</u>坏了。
Wǒ fángjiān de diànhuà huài le.

3) 你的<u>电脑</u>怎么了？
Nǐ de diànnǎo zěnme le?

4) 我的<u>灯</u>不亮了。你能帮我<u>修</u>一下吗？
Wǒ de dēng bū liàng le. Nǐ néng bāng wǒ xiū yíxià ma?

三、用"一下"完成句子 Complete the following sentences with 一下

1) 我的钥匙丢(lose)了，请帮我_____。（开）
Wǒ de yàoshi diū le, qǐng bāng wǒ........................ . (kāi)

2) 我的床单脏了，请帮我_____。（换）
Wǒ de chuángdān zāng le, qǐng bāng wǒ........................ . (huàn)

3) 我的手机坏了，请帮我_____。（修）
Wǒ de shǒujī huài le, qǐng bāng wǒ........................ . (xiū)

4) 我们房间的灯坏了，请帮我们_____。（看）
Wǒmen fángjiān de dēng huài le, qǐng bāng wǒmen........................ . (kàn)

四、连词成句 Combine the words into sentences

1) 去超市(go to a supermarket)　　面包　　我　　买
qù chāoshì　　　　　　　　　　miànbāo　wǒ　　mǎi

2) 手机(cell phone)　　帮　　修　　请　　我　　一下
shǒujī　　　　　　　bāng　xiū　qǐng　wǒ　yíxià

3) 去　　换钱　　他　　银行
qù　　huàn qián　tā　　yínháng

扩展活动 Extended Activities

一、看图编故事并表演 Make up a story according to the pictures and act

倒霉的一天   An unlucky day
Dǎoméi de yì tiān

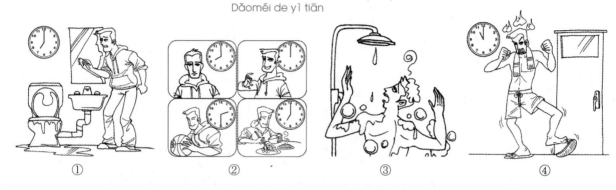

① ② ③ ④

二、课堂游戏：猜词语 Game: guess the words

用身体动作表现词语的意义，让其他学生猜。The students should act out the words for other students to guess.

给教师的提示

您可以将本课学过的表示物品的词语都写在小卡片上，由学生来选择。

总结与评价 Summary and Evaluation

一、在这一课你学会了什么？请你试着写出你记住的词语。What have you learned in this lesson? Try to write down the words you have remembered.

A tip for students

You can also write in *pinyin*.

二、生活中遇到困难的时候，你知道怎么求助了吗？用下面的几个句型各说一句求
　　助的话。If you meet some difficulties in your daily life, do you know how to ask for help in Chinese?
　　Make a sentence of asking for help with each sentence pattern below.

1 ……好吗？
　　… hǎo ma?

3 你知道……吗？
　　Nǐ zhīdào … ma?

2 能帮我……吗？
　　Néng bāng wǒ … ma?

4 请您帮我……
　　Qǐng nín bāng wǒ …

三、完成任务的自我表现评价。Self-evaluation.

A	B	C	D	Are you satisfied with your performance?
A	B	C	D	Do you often express your own ideas actively?
A	B	C	D	Do you often ask your classmates questions?

第 9 课

你找哪位？ (Nǐ zhǎo nǎ wèi?)

Who Would You Like to Speak to?

目标 | Objectives

1. 复习询问姓名、住址等个人信息。Review how to enquire personal information of names, addresses, etc.
2. 学习打电话时的常用语。Learn the common expressions of making phone calls.
3. 学会简单询问情况。Learn to simply enquire situations.

准备 Preparation

1. 和同伴一起完成下面的表格。Fill in the following form with your partner.

Ask	Answer
	我叫欧文。 Wǒ jiào Ōuwén.
	我是美国人。 Wǒ shì Měiguórén.
	我住留学生楼。 Wǒ zhù liúxuéshēng lóu.
	他是我的朋友。 Tā shì wǒ de péngyou.
	我住308。 Wǒ zhù sānlíngbā.

2. 在你们国家，开始打电话的时候怎么说？接电话的时候先说什么？ How do you start conversations on the phone in your country? What do you say first when you pick up a phone call?

词语 Words and Expressions

❑ **朗读下列词语，注意发音和词语的意思。** Read the following words aloud, pay attention to the pronunciation and the meanings.

1 喂 wèi hello	2 宿舍 sùshè dorm	3 对 duì right	4 位 wèi a measure word	5 打 dǎ dial, call	6 错 cuò wrong	7 想 xiǎng want
8 介绍 jièshào introduce	9 晚饭 wǎnfàn dinner	10 以后 yǐhòu after	11 教室 jiàoshì classroom		12 她 tā she, her	13 回来 huílai return
14 可能 kěnéng probably	15 告诉 gàosu tell	16 再见 zàijiàn goodbye	17 飞机 fēijī plane	18 票务员 piào wù yuán ticket officer	19 天 tiān day	20 更 gèng more
21 便宜 piányi cheap	22 那 nà then	23 办公室 bàngōngshì office		24 老师 lǎoshī teacher	25 开会 kāihuì attend a meeting	
26 签证 qiānzhèng visa	27 快 kuài hurry	28 期 qī a period of time	29 延长 yáncháng prolong	30 办 bàn do	专有名词 Proper nouns	31 李红 Lǐ Hóng Li Hong
32 金大成 Jīn Dàchéng Kim Tae-song	33 张老师 Zhāng lǎoshī Ms Zhang	34 李老师 Lǐ lǎoshī Mr Li	35 广州 Guǎngzhōu Guangzhou			

❑ **选择合适的词语进行搭配。** Choose the proper words to match the words below.

告诉 gàosu　　　错了 cuò le　　　找 zhǎo

句子 Sentences

❑ **朗读句子。** Read the sentences aloud.

1 请问是留学生宿舍吗？
Qǐngwèn shì liúxuéshēng sùshè ma?
Is this the Overseas Students' Dorm?

2 你找哪位？
Nǐ zhǎo nǎ wèi?
Who would you like to speak to?

3 你打错了，山本住一楼。
Nǐ dǎ cuò le, Shānběn zhù yī lóu.
You dialed the wrong number. Yamamoto lives on the first floor.

4 你知道他的电话号码吗？
Nǐ zhīdào tā de diànhuà hàomǎ ma?
Can you tell me his phone number?

5 你找我有什么事？
Nǐ zhǎo wǒ yǒu shénme shì?
What's up?

6 请问娜拉在吗？
Qǐngwèn Nàlā zài ma?
May I speak to Nara?

7 喂，是春香吧？我是欧文。
Wèi, shì Chūnxiāng ba? Wǒ shì Ōuwén.
Hello, is that Chun Hyang? This is Irving.

8 她回来我告诉她。
Tā huílai wǒ gàosu tā.
I'll tell her about it when she's back.

9 还有更便宜的吗？
Hái yǒu gèng piányi de ma?
Are there cheaper ones?

10 多长时间能办好？
Duō cháng shíjiān néng bàn hǎo?
How long will it take to renew?

❑ **听录音，填词语。** Listen to the recording and fill in the blanks. 🔊 09-01

1 你打_____了，山本住一楼。
Nǐ dǎ_____ le, Shānběn zhù yī lóu.

2 你找哪_____？
Nǐ zhǎo nǎ_____?

3 请问娜拉_____吗？
Qǐngwèn Nàlā_____ ma?

4 你_____我有什么事？
Nǐ_____ wǒ yǒu shénme shì?

5 还有更_____的吗？
Hái yǒu gèng_____ de ma?

6 她回来我_____她。
Tā huílai wǒ_____ tā.

> **给教师的提示**
> 您可以采用各种方式来操练句子，同时纠正学生的发音。

情 景 Situations

一

□ 看图片，和同伴商量他们可能在说什么。Look at the picture, and discuss with your partner what they are probably talking about.

Wǒ zhǎo Shānběn.

Duì, nǐ zhǎo nǎ wèi?

Ō, tā de diànhuà shì 89641226.

□ 朗读对话一，注意发音和语气。Read Dialogue 1 aloud, pay attention to the pronunciation and the tone.

李红：　喂[1]，你好，请问是留学生
Lǐ Hóng：　Wèi, nǐ hǎo, qǐngwèn shì liúxuéshēng

　　　　宿舍吗？
　　　　sùshè ma?

欧文：　对，你找哪位[2]？
Ōuwén：　Duì, nǐ zhǎo nǎ wèi?

李红：　我找山本。
Lǐ Hóng：　Wǒ zhǎo Shānběn.

欧文：　你打[3]错了，山本住一楼。
Ōuwén：　Nǐ dǎ cuò le, Shānběn zhù yī lóu.

李红：　你知道他的电话号码吗？
Lǐ Hóng：　Nǐ zhīdào tā de diànhuà hàomǎ ma?

欧文：　你是……？
Ōuwén：　Nǐ shì ...?

李红：　我叫李红，是山本的朋友。
Lǐ Hóng：　Wǒ jiào Lǐ Hóng, shì Shānběn de péngyou.

欧文：　他的电话是89641226。
Ōuwén：　Tā de diànhuà shì bājiǔliùsìyāo'èr'èrliù.

Li Hong:	Hello, is this the Overseas Students' Dorm?
Irving:	Yes. Who would you like to speak to?
Li Hong:	I'd like to speak to Yamamoto.
Irving:	You dialed the wrong number. Yamamoto lives on the first floor.
Li Hong:	Can you tell me his phone number?
Irving:	Who is that?
Li Hong:	This is Li Hong, a friend of Yamamoto's.
Irving:	His number is 89641226.

Tips:

1. 喂 is a common expression when making phone calls, used at the beginning of making or picking up a phone call.

2. Here 找 is a verb, meaning *look for*. 哪位 is a common expression when making phone calls, meaning 哪一位.

3. Here 打 means 打电话 (make a phone call)

❑ 根据对话一，选择合适的句子跟同伴对话。Choose the proper sentences in Dialogue 1 and talk with your partner.

Ask	Answer
	对。 Duì.
	我找山本。 Wǒ zhǎo Shānběn.
	他的电话是89641226。 Tā de diànhuà shì bājiǔliùsìyāo'èr'èrliù.

二

❑ 听录音，判断正误。Listen to the recording and decide whether the following sentences are true or false. 🔊 09-02

① 李红打电话找山本。 ☐
Lǐ Hóng dǎ diànhuà zhǎo Shānběn.

② 山本不在房间。 ☐
Shānběn bú zài fángjiān.

③ 李红想给山本介绍朋友。 ☐
Lǐ Hóng xiǎng gěi Shānběn jièshào péngyou.

④ 李红和山本下午见面(meet)。 ☐
Lǐ Hóng hé Shānběn xiàwǔ jiàn miàn.

❑ 朗读对话二，注意发音和语气。Read Dialogue 2 aloud, pay attention to the pronunciation and the tone.

金大成： 喂，你好。
Jīn Dàchéng: Wèi, nǐ hǎo.

李红： 你好，我找山本，他在吗？
Lǐ Hóng: Nǐ hǎo, wǒ zhǎo Shānběn, tā zài ma?

金大成： 在。山本，你的电话。
Jīn Dàchéng: Zài. Shānběn, nǐ de diànhuà.

山本： 谢谢！喂，我是山本。
Shānběn: Xièxie! Wèi, wǒ shì Shānběn.

李红： 山本，我是李红。
Lǐ Hóng: Shānběn, wǒ shì Lǐ hóng.

山本： 你好，李红！你找我有什么事？
Shānběn: Nǐ hǎo, Lǐ Hóng! Nǐ zhǎo wǒ yǒu shénme shì?

李红： 我想给你介绍几个朋友。
Lǐ Hóng: Wǒ xiǎng gěi nǐ jièshào jǐ ge péngyou.

山本： 太好了。什么时候？
Shānběn: Tài hǎo le. shénme shíhou?

Kim Tae-song: Hello.
Li Hong: Hello. I want to speak to Yamamoto. Is he in?
Kim Tae-song: Yes. Yamamoto, it's for you.
Yamamoto: Thanks. Hello, this is Yamamoto.
Li Hong: Yamamoto, this is Li Hong.
Yamamoto: Hello, Li Hong! What's up?
Li Hong: I want to introduce some friends to you.
Yamamoto: Great. When?
Li Hong: How about after dinner?
Yamamoto: Good. See you this evening.

李红: Lǐ Hóng:	晚饭以后可以吗? Wǎnfàn yǐhòu kěyǐ ma?
山本: Shānběn:	可以。晚上见。 Kěyǐ. wǎnshang jiàn.

> **Tip:**
>
> 1. Here 在 is a verb, meaning 在房间.

□ **画线连接。Draw lines and match.**

1 我找山本,他在吗?
Wǒ zhǎo Shānběn, tā zài ma?

2 你找我有什么事?
Nǐ zhǎo wǒ yǒu shénme shì?

3 晚饭以后可以吗?
Wǎnfàn yǐhòu kěyǐ ma?

A 可以。
Kěyǐ.

B 在。
Zài.

C 我想给你介绍几个朋友。
Wǒ xiǎng gěi nǐ jièshào jǐ ge péngyou.

□ **看着图片听两遍录音,然后和同伴根据图片内容对话。** Look at the pictures and listen to the recording twice. Then make a dialogue with your partner according to the pictures. 💿 09-03

①

②

□ **朗读对话三,注意发音和语气。** Read Dialogue 3 aloud, pay attention to the pronunciation and the tone.

欧文: Ōuwén:	喂,是春香吧?我是欧文。 Wéi, shì Chūnxiāng ba? Wǒ shì Ōuwén.
春香: Chūnxiāng:	欧文,你好。 Ōuwén, nǐ hǎo.
欧文: Ōuwén:	请问娜拉在吗? Qǐngwèn Nàlā zài ma?
春香: Chūnxiāng:	娜拉去教室了。 Nàlā qù jiàoshì le.

欧文: 她什么时候回来？
Ōuwén: Tā shénme shíhou huílai?

春香: 可能得10点。
Chūnxiāng: Kěnéng děi shí diǎn.

欧文: 我明天再找她吧。
Ōuwén: Wǒ míngtiān zài zhǎo tā ba.

春香: 好的，她回来我告诉她。
Chūnxiāng: Hǎo de, tā huílai wǒ gàosu tā.

欧文: 再见。
Ōuwén: Zàijiàn.

春香: 再见！
Chūnxiāng: Zàijiàn!

Irving:	Hello, is that Chun Hyang? This is Irving.
Chun Hyang:	Hello, Irving.
Irving:	May I speak to Nara?
Chun Hyang:	Nara has gone to the classroom.
Irving:	When will she be back?
Chun Hyang:	At probably 10 o'clock.
Irving:	Then I will call her tomorrow.
Chun Hyang:	Okay. I'll tell her about it when she's back.
Irving:	Goodbye.
Chun Hyang:	Bye.

Tip:

1. The word 吧 is often put at the end of a statement to indicate that the speaker has known something about a fact or a situation but is not certain yet. E.g. 您是张老师吧？
(Nín shì Zhāng lǎoshī ba? Are you Ms Zhang?)

❏ 根据对话三回答问题。Answer the following questions according to Dialogue 3.

① 欧文打电话找谁 (who, whom)？
Ōuwén dǎ diànhuà zhǎo shuí?

② 娜拉去哪儿了？
Nàlā qù nǎr le?

③ 娜拉什么时候回来？
Nàlā shénme shíhou huílai?

④ 欧文什么时候再找她？
Ōuwén shénme shíhou zài zhǎo tā?

四

❏ 先读一遍句子，然后听录音，并按照你听到的顺序给句子标上序号。Read the following sentences first, then listen to the recording and number the sentences according to what you hear. 🔵09-04

☐ 晚上的票便宜，850元。
Wǎnshang de piào piányi, bābǎi wǔshí yuán.

☐ 广州。
Guǎngzhōu.

☐ 那我要晚上的。
Nà wǒ yào wǎnshang de.

☐ 1250元一张。
Yìqiān èrbǎi wǔshí yuán yì zhāng.

☐ 12号的。
Shí'èr hào de.

☐ 下午的。
Xiàwǔ de.

☐ 您去哪儿？
Nín qù nǎr?

☐ 还有更便宜的吗？
Hái yǒu gèng piányi de ma?

131

□ 您买哪天的?
Nín mǎi nǎ tiān de?

□ 您要什么时间的?
Nín yào shénme shíjiān de?

□ 喂,您好!我要买飞机票。
Wèi, nín hǎo! Wǒ yào mǎi fēijī piào.

□ 朗读对话四,注意发音和语气。Read Dialogue 4 aloud, pay attention to the pronunciation and the tone.

金大成:　喂,您好!我要买飞机票。
Jīn Dàchéng:　Wèi, nín hǎo! Wǒ yào mǎi fēijī piào.

票务员:　您去哪儿?
Piào wù yuán:　Nín qù nǎr?

金大成:　广州。
Jīn Dàchéng:　Guǎngzhōu.

票务员:　您买哪天的¹?
Piào wù yuán:　Nín mǎi nǎ tiān de?

金大成:　12号的。
Jīn Dàchéng:　Shí'èr hào de.

票务员:　您要什么时间的?
Piào wù yuán:　Nín yào shénme shíjiān de?

金大成:　下午的。
Jīn Dàchéng:　Xiàwǔ de.

票务员:　1250元一张。
Piào wù yuán:　Yìqiān èrbǎi wǔshí yuán yì zhāng.

金大成:　还有更²便宜的吗?
Jīn Dàchéng:　Hái yǒu gèng piányi de ma?

票务员:　晚上的票便宜,850元。
Piào wù yuán:　Wǎnshang de piào piányi, bābǎi wǔshí yuán.

金大成:　那我要晚上的。
Jīn Dàchéng:　Nà wǒ yào wǎnshang de.

Kim Tae-song:	Hello. I want to buy an air ticket.
Ticket officer:	What's the destination?
Kim Tae-song:	Guangzhou.
Ticket officer:	What's the date?
Kim Tae-song:	The 12th.
Ticket officer:	How about the flight time?
Kim Tae-song:	In the afternoon.
Ticket officer:	1250 yuan each.
Kim Tae-song:	Are there cheaper ones?
Ticket officer:	Night flights are cheaper, 850 yuan.
Kim Tae-song:	I'll buy a night ticket then.

Tips:

1. 哪天的 is a 的 phrase, meaning 哪天的票. In Chinese, a 的 phrase can substitute the previous or obvious information in order to avoid repetition.

2. 更 is used in comparison to denote a higher degree, usually followed by a verb or an adjective.

☐ 根据对话四填空，然后试着说说对话内容。Fill in the blanks according to Dialogue 4 and try to retell it.

金大成要买_____，他想去_____。他想_____号走，买_____的
Jīn Dàchéng yào mǎi____, tā xiǎng qù____. Tā xiǎng____ hào zǒu, mǎi____ de

票，一张_____。他想买更_____。票务员告诉他_____，金大成买了一
piào, yì zhāng____. Tā xiǎng mǎi gèng____. Piào wù yuán gàosu tā____, Jīn Dàchéng mǎi le yì

张_____的票，_____元。
zhāng____ de piào,____ yuán.

五

☐ 听录音，回答问题。Listen to the recording and answer the following questions. 💿 09-05

① 张老师去哪儿了？
Zhāng lǎoshī qù nǎr le?

② 山本有什么事？
Shānběn yǒu shénme shì?

③ 办好签证延期(prolong)要多长时间？
Bàn hǎo qiānzhèng yánqī yào duō cháng shíjiān?

④ 山本什么时候去办公室？
Shānběn shénme shíhou qù bàngōngshì?

☐ 朗读对话五，注意发音和语气。Read Dialogue 5 aloud, pay attention to the pronunciation and the tone.

李老师： 您好，留学生办公室。
Lǐ lǎoshī: Nín hǎo, liúxuéshēng bàngōngshì.

山本： 请问，张老师在吗？
Shānběn: Qǐngwèn, Zhāng lǎoshī zài ma?

李老师： 她不在，开会去[1]了。
Lǐ lǎoshī: Tā bú zài, kāi huì qù le.

山本： 您是李老师吧？我是山本。
Shānběn: Nín shì Lǐ lǎoshī ba? Wǒ shì Shānběn.

李老师： 山本，你好，有事吗？
Lǐ lǎoshī: Shānběn, nǐ hǎo, yǒu shì ma?

山本： 李老师，我的签证快到期了[2]。
Shānběn: Lǐ lǎoshī, wǒ de qiānzhèng kuài dào qī le.

李老师： 没问题，可以延长。
Lǐ lǎoshī: Méi wèntí, kěyǐ yáncháng.

山本： 多长时间[3]能办好？
Shānběn: Duō cháng shíjiān néng bàn hǎo?

李老师： 两个星期。
Lǐ lǎoshī: Liǎng ge xīngqī.

Mr Li:	Hello, Overseas Students' Office.
Yamamoto:	Hello, is Ms Zhang in?
Mr Li:	Sorry, she has gone to a meeting.
Yamamoto:	Is that Mr Li speaking? This is Yamamoto.
Mr Li:	Hello, Yamamoto, what's up?
Yamamoto:	Mr Li, my visa is due.
Mr Li:	No problem, you can have an extension.
Yamamoto:	How long will it take to renew?
Mr Li:	Two weeks.
Yamamoto:	May I go to the office tomorrow morning?
Mr Li:	OK.

山本： 我明天上午去办公室行吗？
Shānběn: Wǒ míngtiān shàngwǔ qù bàngōngshì xíng ma?

李老师： 可以。
Lǐ lǎoshī: Kěyǐ.

Tips:

1. Here 去 is a complement indicating directions, which additionally explain the direction of 开会.

2. 快……了 is used to describe something about to happen.

3. 多长时间 is to ask how long it will take. We can't say 多少时间.

❑ **画线连接**。Draw lines and match.

① 请问，张老师在吗？
Qǐngwèn, Zhāng lǎoshī zài ma?

② 您是李老师吧？我是山本。
Nín shì Lǐ lǎoshī ba? Wǒ shì Shānběn.

③ 李老师，我的签证快到期了。
Lǐ lǎoshī, wǒ de qiānzhèng kuài dào qī le.

④ 多长时间能办好？
Duō cháng shíjiān néng bàn hǎo?

⑤ 我明天上午去办公室行吗？
Wǒ míngtiān shàngwǔ qù bàngōngshì xíng ma?

Ⓐ 没问题，可以延长。
Méi wèntí, kěyǐ yáncháng.

Ⓑ 两个星期。
Liǎng ge xīngqī.

Ⓒ 山本，你好，有事吗？
Shānběn, nǐ hǎo, yǒu shì ma?

Ⓓ 可以。
Kěyǐ.

Ⓔ 她不在，开会去了。
Tā bú zài, kāi huì qù le.

活动 Activities

一、全班活动 Class work

请用接力打电话的方式告诉同学们下午三点在办公室开会。Please inform every classmate of the meeting at the office at 3 p.m. by making relaying calls.

给教师的提示

请您将学生的名字做成小卡片，每个人抽取一张。您先指定一个人开始打电话。然后由他给卡片上的人打电话。

二、小组活动 Group work

四人一组。周末是欧文的生日，你打电话邀请他的三个朋友去饭店一起给他庆祝。按照要求准备一下，然后给大家表演。Work in groups of 4. Irving is celebrating his birthday at this weekend. You phone three friends of his to invite them to his celebration at a restaurant. Prepare according to the requirements, and then act in front of the others.

Pattern

请你告诉……
Qǐng nǐ gàosu ...

给教师的提示
您也可以让学生自己确定要找的人。

要求： 1. 打电话时至少有一个人不在，是他的同屋或家人接的。

2. 找到了其中的一人，请他转告其他两个人。

Requirements: 1. At least one friend of his/her is not in, his/her roommate or family answers.

2. Find one of the three, let him/her deliver the message to the other two.

三、全班活动 Class work

快放假了，你准备回国，要提前订机票。打电话询问几个公司，找到最便宜的票。
The vacation is coming. You have to book an air ticket in advance because you plan to come back home. Call some companies to inquire the ticket's price and find out the cheapest one.

A tip for students

You may dial 114118 or 96168 for information.

给教师的提示
您可以规定买放假前一周最便宜的票。这个活动要在课堂上由学生亲自打电话完成。

语言练习 Language Focus

一、语音和语调 Pronunciation and intonation

1. **辨音练习。** Sound discrimination.

z-c   uan-üan   ai-uai   an-ang
zuo-cuo   wan-yuan   kai-kuai   ban-bang

2. **声调练习。** Tone exercises.

dǎ cuò gèng bàn huí shě

3. **朗读下列词语。** Read the following words aloud.

① **前重后轻。** Stressing the former part.

告诉   便宜
gàosu   piányi

② **前中后重。** Stressing the latter part.

晚饭   以后   签证   延长   可能   介绍   教室
wǎnfàn   yǐhòu   qiānzhèng   yáncháng   kěnéng   jièshào   jiàoshì

4. 用正确的语调朗读下面的句子，注意语气和重音。Read the following sentences aloud with correct intonation, pay attention to the tone and the stress.

1 喂，你好，请问是留学生宿舍吗？
Wèi, nǐ hǎo, qǐngwèn shì liúxuéshēng sùshè ma?

2 你打错了，山本住一楼。
Nǐ dǎ cuò le, Shānběn zhù yī lóu.

3 你知道他的电话号码吗？
Nǐ zhīdào tā de diànhuà hàomǎ ma?

4 山本，你的电话。
Shānběn, nǐ de diànhuà.

5 她回来我告诉她。
Tā huílai wǒ gàosu tā.

6 还有更便宜的吗？
Hái yǒu gèng piányi de ma?

二、替换练习 Substitution exercises

1 喂，你好，请问是留学生宿舍吗？
Wèi, nǐ hǎo, qǐngwèn shì liúxuéshēng sùshè ma?

邮局
yóujú

李红家 (home)
Lǐ Hóng jiā

办公室
bàngōngshì

2 你好，我找山本，他在吗？
Nǐ hǎo, wǒ zhǎo Shānběn, tā zài ma?

娜拉　她
Nàlā　tā

王军　他
Wáng Jūn　tā

张老师　她
Zhāng lǎoshī　tā

3 喂，您好！我要买机票。
Wèi, nín hǎo! Wǒ yào mǎi jī piào.

订房间 (book a room)
dìng fángjiān

买书
mǎi shū

找王军
zhǎo Wáng Jūn

三、用"名词/代词＋的"回答问题 Answer the following questions with noun/pronoun＋的

1 A: 这是谁的(whose)书？
Zhè shì shuí de shū?

B: ＿＿＿＿＿＿＿＿＿＿。

2 A: 他要哪天的票？
Tā yào nǎ tiān de piào?

B: ＿＿＿＿＿＿＿＿＿＿。

3 A: 明天是谁的(whose)生日？
Míngtiān shì shuí de shēngrì?

B: ＿＿＿＿＿＿＿＿＿＿。

4 A: 那是谁的(whose)水？
Nà shì shuí de shuǐ?

B: ＿＿＿＿＿＿＿＿＿＿。

扩展活动 Extended Activities

一、模拟表演 Imitation

外面下雨，你不想出去吃饭，你要打电话叫外卖。按要求准备一下，然后和同伴表演打电话订餐的情景。It's raining outside and you don't want to go out to eat and have to call for the take-away service. Get yourselves prepared, and then act out the situation of making a phone call and booking a take-away with your partner.

要求： 1. 第一次电话打错了。

2. 要订主食、菜和饮料。

Requirements: 1. You dial a wrong number for the first time.

2. You should order staple food, dishes and drinks.

A tip for students

If you act as a waiter/waitress, bear in mind what dishes, staple food and drinks you have.

Patterns

请问，是……吗？
Qǐngwèn, shì... ma?

你想吃点儿什么？
Nǐ xiǎng chī diǎnr shénme?

我要一个……。
Wǒ yào yí ge ....

我想……。
Wǒ xiǎng ....

你们有什么……？
Nǐmen yǒu shénme ...?

二、看图说话，并模拟表演打电话 Look at the pictures, talk and act making a phone call

Word bank

病	救护车	小偷	偷	着火	救火
bìng	jiùhùchē	xiǎotōu	tōu	zháo huǒ	jiù huǒ
disease	ambulance	thief	steal	catch fire	fire fighting

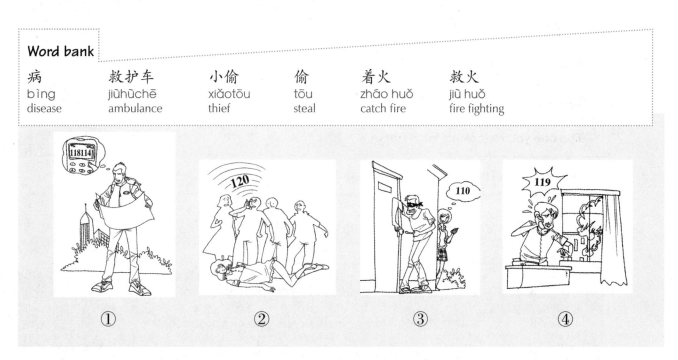

① ② ③ ④

总结与评价 Summary and Evaluation

一、在这一课你学会了什么？请你试着写出你记住的词语。What have you learned in this lesson? Try to write down the words you have remembered.

A tip for students

You can also write in *Pinyin*.

二、生活中我们每天都要用电话，你知道怎么打电话了吗？利用下面的表格复习打电话的常用句，然后用汉语打个电话办一件事。We need to make phone calls in everyday life. Do you know how to make a phone call in Chinese? Use the following form to review the common expressions of making phone calls, and then call someone in Chinese.

Situations	Sentences
You begin to make a phone call	
You answer a phone call	
You want to look for someone	
The one you're looking for is not in	
You want to end the phone call conversation	

三、完成任务的自我表现评价。Self-evaluation.

A	B	C	D	Are you satisfied with your performance?
A	B	C	D	Do you often express your own ideas actively?
A	B	C	D	Do you often ask your classmates questions?

第 10 课

你哪儿不舒服？ (Nǐ nǎr bù shūfu?)
What's Wrong with You?

目标 | Objectives

1. 复习求助的常用语句。 Review the commonly used expressions of asking for help.
2. 学习简单说明病症。 Learn to simply explain illnesses.
3. 学习请假时的常用语句。 Learn the commonly used expressions of asking for leave.

准备 Preparation

1. **根据图片，模仿下面的句子，用"能……吗"提问。** According to the pictures, imitate the following sentence and ask questions with 能……吗.

   Example: 能帮我换一下床单吗？

   　　　　　Néng bāng wǒ huàn yí xià chuángdān ma?

①

②

③

2. 看图片，说说他/她怎么了。Look at the pictures and tell what is wrong with him/her.

词语 Words and Expressions

❑ 朗读下列词语，注意发音和词语的意思。Read the following words aloud, pay attention to the pronunciation and the meanings.

1 头疼 tóu téng headache	2 嗓子 sǎngzi throat	3 发烧 fā shāo have a fever	4 有点儿 yǒudiǎnr slightly, a little	5 感冒 gǎnmào catch a cold	6 药 yào medicine
7 拿 ná take	8 请假 qǐng jià ask for leave	9 回 huí return	10 对不起 duìbuqǐ sorry	11 没关系 méi guānxi it's all right	12 回去 huí qu return / 13 医生 yīshēng doctor
14 舒服 shūfu comfortable	15 早晨 zǎochen morning	16 吐 tù vomit	17 拉肚子 lā dùzi have loose bowels	18 昨天 zuótiān yesterday	19 肉 ròu meat / 20 片 piàn tablet
21 病 bìng illness, disease	22 咳嗽 késou cough	23 试 shì try	24 体温 tǐwēn temperature	25 度 dù degree	26 打针 dǎ zhēn injection

❑ 选择合适的词语进行搭配。Choose the proper words to match the words below.

疼 téng　　　有点儿 yǒudiǎnr　　　药 yào

A tip for students

You should find as many words as you can to match the words mentioned above.

句子 Sentences

☐ **朗读句子。** Read the sentences aloud.

1 你怎么了？
Nǐ zěnme le?
What's wrong with you?

2 我头疼，嗓子疼。
Wǒ tóu téng, sǎngzi téng.
I have a headache and a sore throat.

3 是不是感冒了？
Shì bu shì gǎnmào le?
Have you caught a cold?

4 老师，我要请假。
Lǎoshī, wǒ yào qǐng jià.
Teacher, I want to ask for leave.

5 你哪儿不舒服？
Nǐ nǎr bù shūfu?
What's the matter with you?

6 早晨我吐了两次。
Zǎochen wǒ tù le liǎng cì.
I vomited twice this morning.

7 一天三次，一次一片。
Yì tiān sān cì, yí cì yí piàn.
One tablet at a time, three times a day.

8 试一下体温。
Shì yíxià tǐwēn.
Take your temperature.

9 用打针吗？
Yòng dǎ zhēn ma?
Does he need an injection?

10 得打一针，我再给他开点儿药。
Děi dǎ yì zhēn, wǒ zài gěi tā kāi diǎnr yào.
He needs an injection. I will also prescribe some medicines for him.

☐ **听录音，填词语。** Listen to the recording and fill in the blanks. 🔊 10-01

1 是不是_____了？
Shì bu shì_____le?

2 你哪儿不_____？
Nǐ nǎr bù_____?

3 试一下_____？
Shì yíxià_____?

4 老师，我要_____。
Lǎoshī, wǒ yào_____.

5 我_____，_____疼。
Wǒ_____,_____téng.

6 用_____吗？
Yòng_____ma?

7 _____我吐了两次。
_____wǒ tù le liǎng cì.

给教师的提示
您可以采用各种方式来操练句子，同时纠正学生的发音。

141

情景 Situations

―

□ **看图片，和同伴商量她们可能在说什么。** Look at the pictures, and discuss with your partner what they are probably talking about.

①   ②   ③

□ **朗读对话一，注意发音和语气。** Read Dialogue 1 aloud, pay attention to the pronunciation and the tone.

玛莎:	你怎么了？
Mǎshā:	Nǐ zěnme le?
春香:	我头疼，嗓子疼。
Chūnxiāng:	Wǒ tóu téng, sǎngzi téng.
玛莎:	发烧吗？
Mǎshā:	Fā shāo ma?
春香:	有点儿发烧。
Chūnxiāng:	Yǒudiǎnr fā shāo.
玛莎:	是不是感冒了？
Mǎshā:	Shì bu shì gǎnmào le?
春香:	可能吧。
Chūnxiāng:	Kěnéng ba.
玛莎:	你吃药了吗？
Mǎshā:	Nǐ chī yào le ma?
春香:	没有。
Chūnxiāng:	Méiyǒu.
玛莎:	我房间有，我去拿。
Mǎshā:	Wǒ fángjiān yǒu, wǒ qù ná.

Masha: What's wrong with you?
Chun Hyang: I have a headache and a sore throat.
Masha: Do you have a fever?
Chun Hyang: A little bit.
Masha: Have you caught a cold?
Chun Hyang: Maybe.
Masha: Did you take any medicine?
Chun Hyang: No.
Masha: I have some in my room. I will get it for you.

Tip:

1. 有点儿 means *slightly* and indicates a low degree. It's usually used to describe some unpleasant things. E.g. 有点儿贵 (yǒu diǎnr guì a little expensive) 有点儿忙 (yǒu diǎnr máng a little busy).

❑ **根据对话一，选择合适的句子跟同伴对话。** Choose the proper sentences in Dialogue 1 and talk with your partner.

Ask	Answer
你怎么了? Nǐ zěnme le?	
	有点儿发烧。 Yǒudiǎnr fā shāo.
是不是感冒了? Shì bu shì gǎnmào le?	
	没有。 Méiyǒu.

❑ **看着图片听两遍录音，然后和同伴根据图片内容对话。** Look at the picture and listen to the recording twice. Then make a dialogue with your partner according to the picture. 🔘 10-02

❑ **朗读对话二，注意发音和语气。** Read Dialogue 2 aloud, pay attention to the pronunciation and the tone.

娜拉: Nàlā:	老师，我要请假。 Lǎoshī, wǒ yào qǐng jià.
老师: Lǎoshī:	你怎么了? Nǐ zěnme le?
娜拉: Nàlā:	我头疼。 Wǒ tóu téng.
老师: Lǎoshī:	感冒了吗? Gǎnmào le ma?

Nara: Teacher, I want to ask for leave?
Teacher: What's wrong with you?
Nara: I have a headache.
Teacher: Did you catch a cold?
Nara: A little.
Teacher: Go back to the dorm and take some rest.
Nara: I am sorry that I can't attend the class.
Teacher: It's all right. Go back, take some pills, and drink more water.

娜拉:　有点儿。
Nàlā:　Yǒudiǎnr.

老师:　快回宿舍休息吧[1]。
Lǎoshī:　Kuài huí sùshè xiūxi ba.

> **Tip:**
>
> 1. In this sentence the two verbs share the same subject. This kind of sentence is called serial-verb sentence. The second verb 休息 states the purpose of 回宿舍.

娜拉:　我不能上课了，对不起。
Nàlā:　Wǒ bù néng shàng kè le, duìbuqǐ.

老师:　没关系，回去吃点儿药，多喝水。
Lǎoshī:　Méi guānxi, huíqu chī diǎnr yào, duō hē shuǐ.

❏ **画线连接**。Draw lines and match.

1 你怎么了？
Nǐ zěnme le?

2 发烧吗？
Fā shāo ma?

3 我不能上课了，对不起。
Wǒ bù néng shàng kè le, duìbuqǐ.

A 有点儿。
Yǒudiǎnr.

B 我头疼。
Wǒ tóu téng.

C 没关系，回去吃点儿药，多喝水。
Méi guānxi, huíqu chī diǎnr yào, duō hē shuǐ.

三

❏ **先读一遍句子，然后听录音，并按照你听到的顺序给句子标上序号**。Read the following sentences first, then listen to the recording and number the sentences according to what you hear. 🔘 10-03

☐ 拉肚子吗？
Lā dùzi ma?

☐ 吃了很多肉，还喝了啤酒。
Chī le hěn duō ròu, hái hē le píjiǔ.

☐ 你哪儿不舒服？
Nǐ nǎr bù shūfu?

☐ 我给你开点儿药。
Wǒ gěi nǐ kāi diǎnr yào.

☐ 早晨我吐了两次。
Zǎochen wǒ tù le liǎng cì.

☐ 一天三次，一次一片。
Yì tiān sān cì, yí cì yí piàn.

☐ 你昨天吃了什么？
Nǐ zuótiān chī le shénme?

❏ **朗读对话三，注意发音和语气**。Read Dialogue 3 aloud, pay attention to the pronunciation and the tone.

医生:　你哪儿不舒服？
Yīshēng:　Nǐ nǎr bù shūfu?

欧文:　早晨我吐了两次。
Ōuwén:　Zǎochen wǒ tù le liǎng cì.

医生：　拉肚子吗？
Yīshēng:　Lā dùzi ma?

欧文：　有点儿。
Ōuwén:　Yǒudiǎnr.

医生：　你昨天吃了什么？
Yīshēng:　Nǐ zuótiān chī le shénme?

欧文：　吃了很多肉，还喝了啤酒。
Ōuwén:　Chī le hěn duō ròu, hái hē le píjiǔ.

医生：　我给你开²点儿药。
Yīshēng:　Wǒ gěi nǐ kāi diǎnr yào.

欧文：　怎么吃？
Ōuwén:　Zěnme chī?

医生：　一天三次，一次一片。
Yīshēng:　Yì tiān sān cì, yí cì yí piàn.

Doctor:	What's the matter with you?
Irving:	I vomited twice this morning.
Doctor:	Do you have loose bowels?
Irving:	Yes, a little bit.
Doctor:	What did you eat yesterday?
Irving:	A lot of meat and some beer.
Doctor:	I'll prescribe you some medicines.
Irving:	How should I take them?
Doctor:	One tablet at a time, three times a day.

Tips:

1. 两次 is a quantitative complement, used to additionally explain the times of the action of 吐. E.g. 看了两遍 (kàn le liǎng biàn have seen it twice) 去了几次 (qù le jǐ cì have gone there several times) etc.

2. Here 开 means *prescribe*.

❑ 根据对话三回答问题。Answer the following questions according to Dialogue 3.

① 欧文哪儿不舒服？
Ōuwén nǎr bù shūfu?

② 欧文拉肚子吗？
Ōuwén lā dùzi ma?

③ 欧文昨天吃了什么？
Ōuwén zuótiān chī le shénme?

④ 医生怎么做的？
Yīshēng zěnme zuò de?

⑤ 药怎么吃？
Yào zěnme chī?

四

❑ 听录音，判断正误。Listen to the recording and decide whether the following sentences are true or false. 🔘 10-04

① 欧文和山本都病了。☐
Ōuwén hé Shānběn dōu bìng le.

② 山本头疼、咳嗽。☐
Shānběn tóu téng, késou.

③ 山本不发烧。☐
Shānběn bù fā shāo.

④ 山本不用打针。☐
Shānběn bú yòng dǎ zhēn.

⑤ 山本要休息一个星期。☐
Shānběn yào xiūxi yí ge xīngqī.

□ 朗读对话四，注意发音和语气。Read Dialogue 4 aloud, pay attention to the pronunciation and the tone.

欧文： 医生，我的朋友病了。
Ōuwén: Yīshēng, wǒ de péngyou bìng le.

医生： 怎么了？
Yīshēng: Zěnme le?

山本： 我头疼，咳嗽。
Shānběn: Wǒ tóu téng, késou.

医生： 试一下体温。
Yīshēng: Shì yíxià tǐwēn.

山本： 好。
Shānběn: Hǎo.

医生： 三十八度八。你发烧了。
Yīshēng: Sānshíbā dù bā. Nǐ fā shāo le.

欧文： 用打针吗？
Ōuwén: Yòng dǎ zhēn ma?

医生： 得打一针，我再给他开点儿药。
Yīshēng: Děi dǎ yì zhēn, wǒ zài gěi tā kāi diǎnr yào.

山本： 很快能好吗？
Shānběn: Hěn kuài néng hǎo ma?

医生： 没问题，回去多休息。
Yīshēng: Méi wèntí, huíqu duō xiūxi.

Irving:	Doctor, my friend is ill.
Doctor:	What's wrong?
Yamamoto:	I have a headache and a bad cough.
Doctor:	Take your temperature.
Yamamoto:	Okay.
Doctor:	38.8 degrees. You have a fever.
Irving:	Does he need an injection?
Doctor:	Yes. I will also prescribe some medicines for him.
Yamamoto:	Can I recover soon?
Doctor:	No problem. Go back and take some rest.

□ 根据对话四填空，然后试着说说对话内容。Fill in the blanks according to Dialogue 4 and try to retell it.

欧文的朋友山本_____了，欧文跟他去了_____。医生先给山本_____，
Ōuwén de péngyou Shānběn___ le, Ōuwén gēn tā qù le_____. Yīshēng xiān gěi Shānběn___,

山本的体温是三十八度八，他_____了。医生给山本_____，还给他_____，
Shānběn de tǐwēn shì sānshíbā dù bā, tā___ le. Yīshēng gěi Shānběn_____, hái gěi tā_____,

他告诉山本回去_____。
tā gàosu Shānběn huíqu_____.

活动 Activities

一、看图学词语 Look at the picture and learn words

朗读表示身体部位的词语。 Read aloud the words indicating the parts of the body.

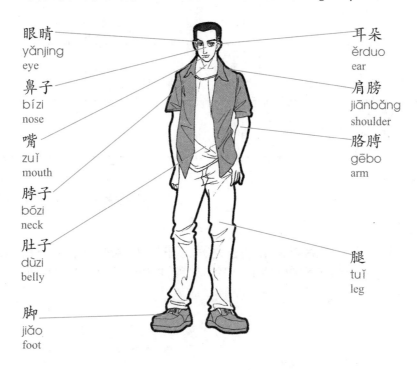

眼睛
yǎnjing
eye

鼻子
bízi
nose

嘴
zuǐ
mouth

脖子
bózi
neck

肚子
dùzi
belly

脚
jiǎo
foot

耳朵
ěrduo
ear

肩膀
jiānbǎng
shoulder

胳膊
gēbo
arm

腿
tuǐ
leg

二、全班活动 Class work

每人从小词库中选择一种病给大家表演，让大家猜是什么病。 Everyone choose a disease from the word bank and act it out, and let the classmates guess what disease it is.

Word bank

头疼	嗓子疼	发烧	拉肚子	吐	咳嗽	流鼻涕
tóu téng	sǎngzi téng	fā shāo	lā dùzi	tù	késou	liú bítì
headache	sore throat	have a fever	have loose bowels	vomit	cough	have a running nose

三、双人活动 Pair work

先利用下面的表格问三个同学，看看他们都知道哪些病、有什么症状、如何治疗等。然后跟你的同伴谈一谈你知道的情况。 Ask three students according to the following form to see what illnesses they know and whether they know the corresponding symptoms and therapies. Then tell your partner what you know.

A tip for students

You and your partner should ask different students.

	Partner①	Partner②	Partner③
Illness			
Symptoms			
Therapies			

给教师的提示

如果您的班级恰好有生病的同学，您可以灵活处理。

四、小组活动 Group work

三人一组，准备一下，然后以请假和去医院为主要内容编一个小品给大家表演。Work in groups of 3. After some preparations, you may give a performance about asking for sick leave and going to hospital.

语言练习 Language Focus

一、语音和语调 Pronunciation and intonation

1. **辨音练习。** Sound discrimination.

d-t	en-eng	ao-iao	an-ian	ou-iu	iu-ui
du-tu	zhen-teng	shao-yao	gan-pian	rou-you	liu-hui

2. **声调练习。** Tone exercises.

lā　tóu　téng　yāo　ròu　piàn　bìng　kāi　dù

3. **朗读下列词语。** Read the following words aloud.

① **前重后轻。** Stressing the former part.

嗓子	肚子	舒服	咳嗽	早晨
sǎngzi	dùzi	shūfu	késou	zǎochen

② 前中后重。Stressing the latter part.

发烧	感冒	请假	体温	打针
fā shāo	gǎnmào	qǐng jià	tǐwēn	dǎ zhēn

4. 用正确的语调朗读下面的句子，注意语气和重音。Read the following sentences aloud with correct intonation, pay attention to the tone and the stress.

① 你怎么了？
Nǐ zěnme le?

② 我头疼，嗓子疼。
Wǒ tóu téng, sǎngzi téng.

③ 是不是感冒了？
Shì bu shì gǎnmào le?

④ 老师，我要请假。
Lǎoshī, wǒ yào qǐng jià.

⑤ 早晨我吐了两次。
Zǎochen wǒ tù le liǎng cì.

⑥ 你哪儿不舒服？
Nǐ nǎr bù shūfu?

二、替换练习 Substitution exercises

① 我头疼。
Wǒ tóu téng.

嗓子
sǎngzi

肚子
dùzi

牙 (tooth)
yá

② 一天三次，一次一片。
Yì tiān sān cì, yí cì yí piàn.

两	三
liǎng	sān
一	两
yī	liǎng

③ 有点儿发烧。
Yǒudiǎnr fā shāo.

咳嗽
késou

贵
guì

远
yuǎn

④ 用打针吗？
Yòng dǎ zhēn ma?

试体温
shì tǐwēn

吃药
chī yào

回宿舍
huí sùshè

三、用"是不是……"提问 Ask questions with 是不是……

① A: 我头疼，嗓子也疼。
Wǒ tóu téng, sǎngzi yě téng.

B: _____?

② A: 欧文，我今天不能上课。
Ōuwén, wǒ jīntiān bù néng shàng kè.

B: _____?

149

③ A: 我的钥匙没有了。
　　 Wǒ de yàoshi méiyǒu le.

　　 B: ＿＿＿＿＿＿＿?

④ A: 他不在教室。
　　 Tā bú zài jiàoshì.

　　 B: ＿＿＿＿＿＿＿?

四、连词成句 Combine the words into sentences

① 休息　宿舍　吧　回　快
　 xiūxi　sùshè　ba　huí　kuài

② 去　我　上课　教室
　 qù　wǒ　shàng kè　jiàoshì

③ 上网　去　他　网吧 (Internet bar)
　 shàng wǎng qù　tā　wǎngbā

④ 去　娜拉　银行　换钱
　 qù　Nàlā　yínháng　huàn qián

扩展活动 Extended Activities

一、第一次去医院 First time at a hospital

Word bank

挂号 guà hào register	内科 nèikē internal medicine	外科 wàikē surgery	拍片 pāi piàn take an X-ray
化验 huàyàn chemical examination	牙科 yá kē dentistry	交钱 jiāo qián pay money	拿药 ná yào get medicines

1. 3-4人一组，商量一下去医院看病应该怎么做。Work in groups of 3 or 4 and discuss what one should do to see a doctor at a hospital.
2. 以第一次看病为内容编一个小品给大家表演。Make up a small play to show one's first time to see a doctor and then act it out in front of the class.
3. 画一张在中国看病的流程图，给大家介绍如何去医院看病。Draw a flow chart of seeing a doctor in a China, and then introduce how to see a doctor at a Chinese hospital to the whole class.

二、游戏：看谁反应快 Game : who responds quickly

教师说出身体某个部位，由学生指出来，教师要迅速说出来，指错的学生会受到小小的惩罚。 The teacher says a word about a certain part of the body, and the student must point it out . If the student makes a mistake, he/she will be punished.

给教师的提示
反应最快的同学会得到小奖励。

三、看图编故事 Make up a story according to the pictures

①   ②   ③   ④

总结与评价 Summary and Evaluation

一、在这一课你学会了什么？请你试着写出你记住的词语。 What have you learned in this lesson? Please write down the words you have remembered.

A tip for students

You can also write in *pinyin*.

二、谁都有身体不舒服或生病的时候，你能用汉语说出你的感受吗？去医院看病时你知道应该怎么说吗？你会请假吗？利用下面的表格整理一下在这一课你学会的句子。When you feel sick, can you describe your feelings in Chinese? Do you know to how to say when going to see a doctor at the hospital? Do you know how to ask for leave? Use the following form to review what you have learned in this lesson.

Conditions	Sentences
Symptoms of catching a cold	
Symptoms of having loose bowels	
You feel uncomfortable	
See others feel uncomfortable	
Ask for leave	

三、完成任务的自我表现评价。Self-evaluation.

A	B	C	D	Are you satisfied with your performance?
A	B	C	D	Do you often express your own ideas actively?
A	B	C	D	Do you often ask your classmates questions actively?

第11课

你最近怎么样？ (Nǐ zuìjìn zěnmeyàng?)
How Have You Been?

┌─ 目标 | Objectives ──────────────────────────────────┐

1 复习询问姓名及其他个人信息。Review how to ask names and other personal information.

2 学习简单的寒暄用语。Learn the expressions of greeting.

3 学习询问和介绍个人信息。Learn to enquire and introduce personal information.

└──┘

准备 Preparation

1. 看看下面的照片，你认识他们吗？关于他们你都知道什么？不知道的事情可以问问你的同伴或者其他同学。Look at the following pictures and see who they are. If you do, what do you know about them? And you can ask your partner or friends so as to know more about them.

姚明
Yáo Míng

成龙
Chén Lóng

章子怡
Zhāng Zǐyí

2. 看看下面的图片，和同伴商量一下，他们应该说什么？Look at the following pictures and discuss with your partner what they should say.

① ②

词 语 Words and Expressions

❑ **朗读下列词语，注意发音和词语的意思。** Read the following words aloud, pay attention to the pronunciation and the meanings.

1 好久 hǎojiǔ a long time	2 啊 a a modal particle	3 最近 zuìjìn recently	4 怎么样 zěnmeyàng how	5 忙 máng busy	6 每 měi every, each
7 累 lèi tired	8 已经 yǐjīng already	9 习惯 xíguàn accustomed	10 考试 kǎoshì exam		11 注意 zhùyì pay attention to
12 身体 shēntǐ body	13 但是 dànshì but	14 进 jìn enter	15 关 guān close	16 同学 tóngxué classmate	17 班 bān class	18 汉语 Hànyǔ Chinese
19 难 nán difficult	20 女儿 nǚ'ér daughter		21 谁 shuí who, whom	22 刚 gāng just	23 下 xià go down	24 岁 suì age
25 弟弟 dìdi younger brother	26 今年 jīnnián this year	27 大 dà big, old	28 大学 dàxué university	29 年级 niánjí grade	30 学 xué learn, study	31 有意思 yǒu yìsi interesting
32 非常 fēicháng very						

154

❑ 选择合适的词语进行搭配。 Choose the proper words to match the words below.

已经
yǐjīng

刚
gāng

有意思
yǒu yìsi

❑ 词语搭积木。 Word building.

学生
xuésheng

□□学生

□□□学生

有意思
yǒu yìsi

□□有意思

□□□□有意思

班
bān

□□班

□□□班

年级
niánjí

□年级

□□□年级

家
jiā

□家

□□家

谁
shuí

□谁

□□□谁

给教师的提示

这个练习，您可以按照从上到下的顺序带领学生依次朗读，也可以分给不同的小组先做练习，然后全班交流。

句子 Sentences

❑ 朗读句子。 Read the sentences aloud.

① 山本，好久不见。
Shānběn, hǎojiǔ bú jiàn.
Yamamoto, long time no see.

② 你最近怎么样？
Nǐ zuìjìn zěnmeyàng?
How have you been recently?

③ 我很好，你呢？
Wǒ hěn hǎo, nǐ ne?
I am fine. How about you?

④ 那你很累吧？
Nà nǐ hěn lèi ba?
Then you must be very tired, right?

⑤ 注意身体。
Zhùyì shēntǐ.
Take care.

⑥ 我是娜拉，请进吧。
Wǒ shì Nàlā, qǐng jìn ba.
I am Nara. Please come in.

⑦ 你们是同学吗？
Nǐmen shì tóngxué ma?
Are you classmates?

⑧ 你是她的女儿吧？
Nǐ shì tā de nǚ'ér ba?
You are her daughter, aren't you?

⑨ 你是第一次来中国吗？
Nǐ shì dì yī cì lái Zhōngguó ma?
Is it your first time in China?

⑩ 我大学一年级，你呢？
Wǒ dàxué yī niánjí, nǐ ne?
I am a freshman in college. How about you?

❑ 听录音，填词语。 Listen to the recording and fill in the blanks. 🔘 11-01

① A: 娜拉，你好，好_____不见。
Nàlā, nǐ hǎo, hǎo.........bú jiàn.

B: 欧文，你好，你_____怎么样？
Ōuwén, nǐ hǎo, nǐ.........zěnmeyàng?

② 我大学一_____，你呢？
Wǒ dàxué yī........., nǐ ne?

③ 我是娜拉，_____吧。
Wǒ shì Nàlā, ... ba.

④ 你们是_____吗?
Nǐmen shì...............ma?

⑤ _____身体。
...............shēntǐ.

⑥ 你是她的_____吧?
Nǐ shì tā de...............ba?

⑦ 那你很_____吧?
Nà nǐ hěn...............ba?

情 景 Situations

一

□ **听录音，判断正误。**Listen to the recording and decide whether the following sentences are true or false. 🔊 11-02

① 山本和春香好久不见了。 □
Shānběn hé Chūnxiāng hǎojiǔ bú jiàn le.

② 春香最近很好。 □
Chūnxiāng zuìjìn hěn hǎo.

③ 山本最近不忙。 □
Shānběn zuìjìn bù máng.

④ 春香快考试了。 □
Chūnxiāng kuài kǎoshì le.

⑤ 春香身体不好。 □
Chūnxiāng shēntǐ bù hǎo.

□ **朗读对话一，注意发音和语气。**Read Dialogue 1 aloud, pay attention to the pronunciation and the tone.

春香 Chūnxiāng:	山本，好久不见[1]。 Shānběn, hǎojiǔ bú jiàn.
山本 Shānběn:	是啊，你最近怎么样? Shì a, nǐ zuìjìn zěnmeyàng?
春香 Chūnxiāng:	我很好，你呢? Wǒ hěn hǎo, nǐ ne?
山本 Shānběn:	我也很好。 Wǒ yě hěn hǎo.
春香 Chūnxiāng:	你忙吗? Nǐ máng ma?
山本 Shānběn:	有点儿忙，每天下午都有课。 Yǒudiǎnr máng, měitiān xiàwǔ dōu yǒu kè.
春香 Chūnxiāng:	那你很累吧? Nà nǐ hěn lèi ba?
山本 Shānběn:	已经习惯了。你呢? Yǐjīng xíguàn le. Nǐ ne?

Chun Hyang:	Yamamoto, long time no see.
Yamamoto:	Yes. How have you been recently?
Chun Hyang:	I'm fine. How about you?
Yamamoto:	I am fine, too.
Chun Hyang:	Are you busy?
Yamamoto:	Yes, a little bit. I have classes every afternoon.
Chun Hyang:	Then you must be very tired, right?
Yamamoto:	I am already used to it. How about you?

春香: 我们快考试了，也很忙。
Chūnxiāng: Wǒmen kuài kǎoshì le, yě hěn máng.

山本: 注意身体。
Shānběn: Zhùyì shēntǐ.

Chun Hyang: The exam is coming, and I am busy too.

Yamamoto: Take care.

Tip:

1. 好久不见 is a common expression to greet someone you haven't seen for long time.

❑ 根据对话一，选择合适的句子跟同伴对话。Choose the proper sentences in Dialogue 1 and talk with your partner.

Ask	Answer
	我很好。 Wǒ hěn hǎo.
你忙吗？ Nǐ máng ma?	
那你很累吧？ Nà nǐ hěn lèi ba?	

❑ 看着图片听两遍录音，然后和同伴商量录音和图片的内容有什么不同。Look at the picture and listen to the recording twice. Then discuss with your partner the differences between the picture and what you hear. 🔘1-03

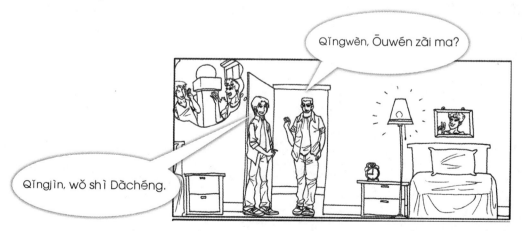

□ **朗读对话二，注意发音和语气。** Read Dialogue 2 aloud, pay attention to the pronunciation and the tone.

李红： 请问，春香在吗？
Lǐ Hóng： Qǐngwèn, Chūnxiāng zài ma?

娜拉： 她不在，但是她很快会回来。
Nàlā： Tā bú zài, dànshì tā hěn kuài huì huílai.

李红： 我是她的朋友，我叫李红。
Lǐ Hóng： Wǒ shì tā de péngyou, wǒ jiào Lǐ Hóng.

娜拉： 我是娜拉，请进吧。
Nàlā： Wǒ shì Nàlā, qǐng jìn ba.

李红： 春香什么时候回来？
Lǐ Hóng： Chūnxiāng shénme shíhou huílai?

娜拉： 很快，她的电脑没关。
Nàlā： Hěn kuài, tā de diànnǎo méi guān.

李红： 你们是同学吗？
Lǐ Hóng： Nǐmen shì tóngxué ma?

娜拉： 对，我们在一个班。
Nàlā： Duì, wǒmen zài yí ge bān.

李红： 汉语难吗？
Lǐ Hóng： Hànyǔ nán ma?

娜拉： 有点儿难。
Nàlā： Yǒudiǎnr nán.

Li Hong:	Excuse me, is Chun Hyang in?
Nara:	She is not in, but she will come back soon.
Li Hong:	I am her friend and my name is Li Hong.
Nara:	I am Nara. Please come in.
Li Hong:	When will Chun Hyang come back?
Nara:	Very Soon. She didn't shut down the computer.
Li Hong:	Are you classmates?
Nara:	Yes, we are in the same class.
Li Hong:	Is Chinese difficult?
Nara:	A little bit.

□ **根据对话二回答问题。** Answer the following questions according to Dialogue 2.

1 春香在吗？
Chūnxiāng zài ma?

2 谁来找春香？
Shuí lái zhǎo Chūnxiāng?

3 春香什么时候回来？
Chūnxiāng shénme shíhou huílai?

4 娜拉和春香是同学吗？
Nàlā hé Chūnxiāng shì tóngxué ma?

5 娜拉觉得(feel, think)汉语难吗？
Nàlā juéde Hànyǔ nán ma?

三

先读一遍句子，然后听录音，并按照你听到的顺序给句子标上序号。Read the following sentences first, then listen to the recording and number the sentences according to what you hear. 🔘 11-04

☐ 她什么时候回来？
Tā shénme shíhou huílai?

☐ 很快就回来。
Hěn kuài jiù huílai.

☐ 我妈妈刚下楼，请进。
Wǒ māma gāng xià lóu, qǐng jìn.

☐ 是啊，你们是谁？
Shì a, nǐmen shì shuí?

☐ 你是她的女儿吧？
Nǐ shì tā de nǚ'ér ba?

☐ 请问，这是张老师家吗？
Qǐngwèn, zhè shì Zhāng lǎoshī jiā ma?

☐ 你几岁了？
Nǐ jǐ suì le?

☐ 我六岁。
Wǒ liù suì.

☐ 我们是她的学生。
Wǒmen shì tā de xuésheng.

朗读对话三，注意发音和语气。Read Dialogue 3 aloud, pay attention to the pronunciation and the tone.

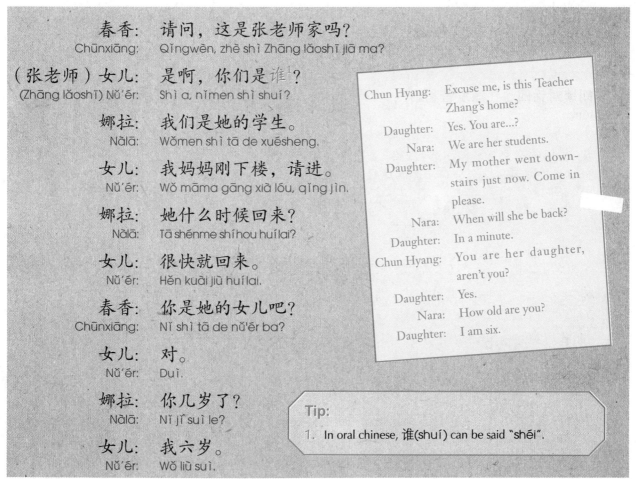

春香： 请问，这是张老师家吗？
Chūnxiāng: Qǐngwèn, zhè shì Zhāng lǎoshī jiā ma?

（张老师）女儿： 是啊，你们是谁¹？
(Zhāng lǎoshī) Nǚ'ér: Shì a, nǐmen shì shuí?

娜拉： 我们是她的学生。
Nàlā: Wǒmen shì tā de xuésheng.

女儿： 我妈妈刚下楼，请进。
Nǚ'ér: Wǒ māma gāng xià lóu, qǐng jìn.

娜拉： 她什么时候回来？
Nàlā: Tā shénme shíhou huílai?

女儿： 很快就回来。
Nǚ'ér: Hěn kuài jiù huílai.

春香： 你是她的女儿吧？
Chūnxiāng: Nǐ shì tā de nǚ'ér ba?

女儿： 对。
Nǚ'ér: Duì.

娜拉： 你几岁了？
Nàlā: Nǐ jǐ suì le?

女儿： 我六岁。
Nǚ'ér: Wǒ liù suì.

Chun Hyang: Excuse me, is this Teacher Zhang's home?
Daughter: Yes. You are...?
Nara: We are her students.
Daughter: My mother went downstairs just now. Come in please.
Nara: When will she be back?
Daughter: In a minute.
Chun Hyang: You are her daughter, aren't you?
Daughter: Yes.
Nara: How old are you?
Daughter: I am six.

Tip:
1. In oral chinese, 谁(shuí) can be said "shéi".

❑ **根据对话三判断下列说法是否正确**。Decide whether the following statements are true or false according to Dialogue 3.

① 春香和娜拉去李老师家。 ☐　③ 张老师要很长时间才回来。 ☐
Chūnxiāng hé Nàlā qù Lǐ lǎoshī jiā.　　Zhāng lǎoshī yào hěn cháng shíjiān cái huílai.

② 张老师不在家。　　④ 张老师的女儿已经十岁了。 ☐
Zhāng lǎoshī bú zài jiā. ☐　　Zhāng lǎoshī de nǚ'ér yǐjīng shí suì le.

❑ **根据对话三填空，然后试着说说对话内容**。Fill in the blanks according to Dialogue 3 and try to retell it.

春香和娜拉去_____，她_____，不在家，她女儿说_____回来。她女儿今年_____。
Chūnxiāng hé Nàlā qù...., tā............., bú zài jiā, tā nǚ'ér shuō.........huílai. Tā nǚ'ér jīnnián...........

❑ **听录音，回答问题**。Listen to the recording and answer the following questions. 🔴 11-05

① 谁来中国了？他第几次来中国？　③ 欧文在美国是几年级？
Shuí lái Zhōngguó le? Tā dì jǐ cì lái Zhōngguó?　Ōuwén zài Měiguó shì jǐ niánjí?

② 山本的弟弟今年多大？他几年级？　④ 欧文觉得(feel, think)汉语怎么样？
Shānběn de dìdi jīnnián duō dà? Tā jǐ niánjí?　Ōuwén juéde Hànyǔ zěnmeyàng?

❑ **朗读对话四，注意发音和语气**。Read Dialogue 4 aloud, pay attention to the pronunciation and the tone.

山本 Shānběn: 欧文，这是我弟弟。
Ōuwén, zhè shì wǒ dìdi.

欧文 Ōuwén: 你好，你是第一次来中国吗？
Nǐ hǎo, nǐ shì dì yī cì lái Zhōngguó ma?

弟弟 Dìdi: 是。
Shì.

欧文 Ōuwén: 你今年多大¹？
Nǐ jīnnián duō dà?

弟弟 Dìdi: 我18岁。
Wǒ shíbā suì.

欧文 Ōuwén: 我也18岁。
Wǒ yě shíbā suì.

弟弟 Dìdi: 我大学一年级，你呢？
Wǒ dàxué yī niánjí, nǐ ne?

Yamamoto: Irving, this is my younger brother.
Irving: Hello. Is it your first time in China?
Younger brother: Yes.
Irving: How old are you?
Younger brother: I am 18.
Irving: I am 18, too.
Younger brother: I am a freshman in college. How about you?

欧文： 在美国我也是一年级，
Ōuwén: Zài Měiguó wǒ yě shì yī niánjí,

现在我在中国学汉语。
xiànzài wǒ zài Zhōngguó xué Hànyǔ.

弟弟： 汉语有意思吗？
Dìdi: Hànyǔ yǒu yìsi ma?

欧文： 非常有意思，你也来中国吧。
Ōuwén: Fēicháng yǒu yìsi, nǐ yě lái Zhōngguó ba.

Irving: I was also a freshman in the U.S. Now I am studying Chinese in China.

Younger brother: Is Chinese interesting?

Irving: Very interesting. You can come to China too.

Tip:

1. 你今年多大 is used to ask a young person for his/her age. As for a senior, one should say 您多大年纪？ (Nín duō dà niánjì?) As for a child, one can say 你几岁？ (Nǐ jǐ suì?)

❑ **画线连接。** Draw lines and match.

① 欧文，这是我弟弟。
Ōuwén, zhè shì wǒ dìdi.

② 你今年多大？
Nǐ jīnnián duō dà?

③ 我大学一年级，你呢？
Wǒ dàxué yī niánjí, nǐ ne?

④ 汉语有意思吗？
Hànyǔ yǒu yìsi ma?

Ⓐ 非常有意思，你也来中国吧。
Fēicháng yǒu yìsi, nǐ yě lái Zhōngguó ba.

Ⓑ 在美国我也是一年级，现在我在中国学汉语。
Zài Měiguó wǒ yě shì yī niánjí, xiànzài wǒ zài Zhōngguó xué Hànyǔ.

Ⓒ 你好，你是第一次来中国吗？
Nǐ hǎo, nǐ shì dì yī cì lái Zhōngguó ma?

Ⓓ 我18岁。
Wǒ shíbā suì.

活 动 Activities

一、双人活动 Pair work

利用下面的表格先准备一下，然后跟同伴说说在寒暄的时候，针对不同的人，可以说什么。Make preparations according to the following form, and discuss with your partner what to say when greeting different people.

Different people	How to say
Acquaintances	
Strangers	

A tip for students

Pay attention to the different ways of talking to men and women.

二、双人活动 Pair work

两人一组，按照下面的情景对话。 Work in pairs and make dialogues according to the following situations.

- 在街上见到了一个很久没见面的朋友。

  You come across an old friend whom you haven't seen for a long time in a street.

- 在食堂吃饭时对面坐着一位中国姑娘。

  A Chinese girl sits before you at the cafeteria.

- 早晨上课前在去教室的路上遇到了老师。

  You come across your teacher on your way to classroom in the morning.

- 在公园见到一位正在散步的老先生。

  You come across an old man walking in the park.

三、小组活动 Group work

3人一组，表演小品。欧文的妹妹刚从美国来，欧文给你们介绍他的妹妹，大家聊天后决定一起去吃饭。先准备一下，然后表演。 Work in groups of 3 and perform. Irving introduces his younger sister who has just come from USA to you. You all decide to have a meal together after chatting. Make preparations and act.

> **A tip for students**
>
> In order to know something about Irving's sister, you should think about what you should say.

语言练习 Language Focus

一、语音和语调 Pronunciation and intonation

1. **辨音练习。** Sound discrimination.

s-sh	ang-iang	ei-ui	iu-ui	uan-ang	an-ian
sui-shui	mang-yang	lei-hui	jiu-zui	guan-gang	nan-nian

2. **声调练习。** Tone exercises.

jiǔ   máng   lèi   guān   bān   xué   nán   jiā   shéi   gāng   tā   suì

3. **朗读下列词语。** Read the following words aloud.

   ① **前重后轻。** Stressing the former part.

   学生　　弟弟
   xuésheng　　dìdi

② **前中后重**。Stressing the latter part.

最近	已经	习惯	考试	注意	身体	请进	同学	汉语	大学
zuìjìn	yǐjīng	xíguàn	kǎoshì	zhùyì	shēntǐ	qǐng jìn	tóngxué	Hànyǔ	dàxué

4. **用正确的语调朗读下面的句子，注意语气和重音**。Read the following sentences aloud with correct intonation, pay attention to the tone and the stress.

① 山本，好久不见。
Shānběn, hǎojiǔ bú jiàn.

② 你最近怎么样？
Nǐ zuìjìn zěnmeyàng?

③ 我很好，你呢？
Wǒ hěn hǎo, nǐ ne?

④ 注意身体。
Zhùyì shēntǐ.

⑤ 我是娜拉，请进吧。
Wǒ shì Nàlā, qǐng jìn ba.

⑥ 你是第一次来中国吗？
Nǐ shì dì yī cì lái Zhōngguó ma?

二、**替换练习** Substitution exercises

① 山本，好久不见。
Shānběn, hǎojiǔ bú jiàn.
娜拉 Nàlā
张老师 Zhāng lǎoshī
王军 Wáng Jūn

② 你是她的女儿吧？
Nǐ shì tā de nǚ'ér ba?
他的朋友 tā de péngyou
山本的弟弟 Shānběn de dìdi
娜拉的同学 Nàlā de tóngxué

③ 请问，这是张老师家吗？
Qǐngwèn, zhè shì Zhāng lǎoshī jiā ma?
欧文家 Ōuwén jiā
205教室 èrlíngwǔ jiàoshì
311路 sānyāoyāo lù

④ 我大学一年级，你呢？
Wǒ dàxué yī niánjí, nǐ ne?
去邮局 qù yóujú
买一瓶水 mǎi yì píng shuǐ
明天走 míngtiān zǒu

三、用"但是"回答问题 Answer the following questions with 但是

① A: 李红在吗？
Lǐ Hóng zài ma?
B: 她不在，_____。
Tā bú zài, ...

② A: 明天下午你去超市吗？
Míngtiān xiàwǔ nǐ qù chāoshì ma?
B: 我去，_____。
Wǒ qù, ...

③ A: 明年(next year)你弟弟来中国吗？
Míngnián nǐ dìdi lái Zhōngguó ma?
B: 他不来，_____。
Tā bù lái, ...

④ A: 你一会儿去教室吗？
Nǐ yíhuìr qù jiàoshì ma?
B: 我不去，_____。
Wǒ bú qù, ...

扩展活动 Extended Activities

一、看图编故事并表演 Make up a story according to the pictures and act

①

②

③

二、看图比较 Compare the pictures

两人分别看着图A和图B(见第165页),向同伴描述自己的图片内容,听的人应该说出和自己的图片不一样的地方。One looks at the picture A and the other the picture B (on Page 165). Describe your picture in Chinese to your partner and the listener should point out the differences form the picture you see.

Word bank

扇子	沙发	茶几
shānzi	shāfā	chájī
fan	sofa	tea table

A tip for students

Do not look at your partner's picture until you have finished talking about the pictures. There are many differences between the two pictures.

Qǐngjìn, wǒ shì Wáng lǎoshī de māma.

A1

A2

Word bank

报纸　　本子
bàozhǐ　běnzi
newspaper　notebook

Qǐng jìn, Lǐ lǎoshī hěn kuài jiù huí lai.

B1　　　　B2

总结与评价 | Summary and Evaluation

一、在这一课你学会了什么？请你试着写出你记住的词语。What have you learned in this lesson? Please write down the words you have remembered.

A tip for students

You can also write in *pinyin*.

二、当你和一个不太熟悉的人坐在一起的时候，当你想和一个不认识的人交谈的时候，你知道用汉语怎么寒暄了吗？利用下面的表格准备一下，然后约几个同学到周围的公园转一转，跟公园里的人聊一聊。Do you know how to greet in Chinese when you sit with a person you are not acquainted with or when you want to talk with a stranger? Make preparations according to the following form, and then invite several classmates to go to a park around and talk with people there.

People	Sentences
The elder	
Children	
Youth in same gender	
Youth in different gender	

三、完成任务的自我表现评价。Self-evaluation.

A	B	C	D	Are you satisfied with your performance?
A	B	C	D	Do you often express your own ideas actively?
A	B	C	D	Do you often ask your classmates questions actively?

第 12 课

明天晚上你有空吗？ (Míngtiān wǎnshang nǐ yǒu kòng ma?)

Do You Have Time Tomorrow Evening?

目标 | Objectives

1. 复习提出简单要求的常用语。Review how to make simple requests.
2. 学习询问和提出建议。Learn how to ask for and make a suggestion.
3. 学习邀请的常用语句。Learn the commonly used expressions of invitation.
4. 学习接受和简单拒绝邀请。Learn to accept and turn down an invitation.

准备 Preparation

1. 根据图片内容，用 "……好吗、……行吗？" 提要求。According to each picture make a request with ……好吗? ……行吗? .

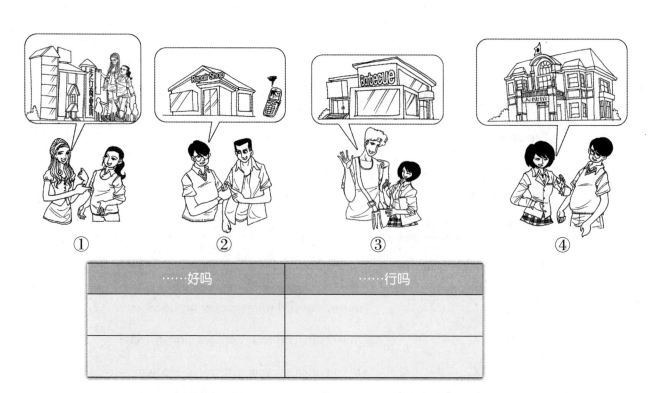

……好吗	……行吗

166

2. 跟同伴谈一谈，周末你经常做什么？放假你想做什么？Discuss with your partner what you usually do at weekends and what you plan to do in the vacations?

Time	Things
Weekend	
Summer vacation	
Winter vacation	

词语 Words and Expressions

☐ 朗读下列词语，注意发音和词语的意思。Read the following words, and pay attention to the pronunciation and meanings.

1 周末 zhōumò weekend	2 干什么 gàn shénme do something	3 上街 shàng jiē go shopping	4 游泳 yóuyǒng swim		5 空儿 kòngr free	6 电影 diànyǐng movie
7 新 xīn new	8 呀 ya a modal particle	9 饭馆儿 fànguǎnr restaurant		10 最 zuì most, least	11 又…又… yòu…yòu… both...and...	12 糟糕 zāogāo bad
13 晚会 wǎnhuì evening party	14 参加 cānjiā attend	15 晚 wǎn late	16 开始 kāishǐ begin			

☐ 选择合适的词语进行搭配。Choose the proper words to match the words below.

新 xīn   最 zuì   开始 kāishǐ

A tip for students

You should find as many words as you can to match the words mentioned above.

167

句子 Sentences

☐ 朗读句子。Read the sentences aloud.

1. 这个周末你们干什么？
Zhège zhōumò nǐmen gàn shénme?
What's your plan for this weekend?

2. 我想和朋友上街。
Wǒ xiǎng hé péngyou shàng jiē.
I will go shopping with my friends.

3. 跟我去游泳吧！
Gēn wǒ qù yóuyǒng ba!
Go swimming with me!

4. 你也一起去吧？
Nǐ yě yìqǐ qù ba?
Will you join us?

5. 明天晚上你有空儿吗？
Míngtiān wǎnshang nǐ yǒu kòngr ma?
Do you have time tomorrow evening?

6. 我们一起去看电影吧。
Wǒmen yìqǐ qù kàn diànyǐng ba.
Let's go to see a movie together.

7. 周末我们一起去，怎么样？
Zhōumò wǒmen yìqǐ qù, zěnmeyàng?
Let's go there this weekend. How do you think?

8. 真糟糕，周四晚上我有事。
Zhēn zāogāo, zhōusì wǎnshang wǒ yǒu shì.
It's a pity that I have arrangements on Thursday evening.

9. 我们想请您参加。
Wǒmen xiǎng qǐng nín cānjiā.
We want to invite you to join us.

10. 您晚一点儿来也行。
Nín wǎn yìdiǎnr lái yě xíng.
You can come a bit later.

☐ 听录音，填词语。Listen to the recording and fill in the blanks. 🔘 12-01

1. 这个周末你们_____什么？
Zhège zhōumò nǐmen..........shénme?

2. _____我们一起去，怎么样？
................wǒmen yìqǐ qù, zěnmeyàng?

3. 我们想请您_____。
Wǒmen xiǎng qǐng nín...........

4. 您_____一点儿来也行。
Nín................yìdiǎnr lái yě xíng.

5. 跟我去_____吧！
Gēn wǒ qù.............ba!

6. 真_____，周四晚上我有事。
Zhēn............., zhōusì wǎnshang wǒ yǒu shì.

7. 明天晚上你有_____吗？
Míngtiān wǎnshang nǐ yǒu..........ma?

8. 我们一起去看_____吧。
Wǒmen yìqǐ qù kàn..........ba.

情 景 Situations

一

☐ 看着图片听两遍录音，然后和同伴商量他们可能在说什么。Look at the pictures and listen to the recording twice, then discuss with your partner what they are probably talking about. 🔘12-02

① ②

☐ 朗读对话一，注意发音和语气。Read Dialogue 1 aloud, pay attention to the pronunciation and the tone.

山本: Shānběn:	这个周末你们干什么[1]？ Zhège zhōumò nǐmen gàn shénme?	
娜拉: Nàlā:	我想和[2]朋友上街。 Wǒ xiǎng hé péngyou shàng jiē.	Yamamoto: What's your plan for this weekend? Nara: I will go shopping with my friends.
王军: Wáng Jūn:	我去游泳。你呢，山本？ Wǒ qù yóuyǒng. Nǐ ne, Shānběn?	Wang Jun: I'll go swimming. How about you, Yamamoto?
山本: Shānběn:	我还没想好。 Wǒ hái méi xiǎng hǎo.	Yamamoto: I haven't decided yet. Wang Jun: Go swimming with me!
王军: Wáng Jūn:	跟我去游泳吧！ Gēn wǒ qù yóuyǒng ba!	Yamamoto: Okay.
山本: Shānběn:	好啊。 Hǎo a.	Wang Jun: Nara, will you join us? Nara: Okay, see you at the weekend.
王军: Wáng Jūn:	娜拉，你也一起去吧？ Nàlā, nǐ yě yìqǐ qù ba?	
娜拉: Nàlā:	好吧，周末见！ Hǎo ba, zhōumò jiàn!	

169

> **Tips:**
> 1. 干 means 做 (do). In oral Chinese, 做什么 can also be 干什么.
> 2. Here 和 is a preposition used to usher the object, the same as 跟.

☐ **根据对话一，选择合适的句子跟同伴对话。** Choose the proper sentences in Dialogue 1 and talk with your partner.

Ask	Answer
	我想和朋友上街。 Wǒ xiǎng hé péngyou shàng jiē.
	我还没想好。 Wǒ hái méi xiǎng hǎo.
跟我去游泳吧！ Gēn wǒ qù yóuyǒng ba!	
	好吧，周末见！ Hǎo ba, zhōumò jiàn!

二

☐ **听录音，判断正误。** Listen to the recording and decide whether the following statements are true or false. 💿 12-03

① 娜拉明天晚上有空儿。 ☐
　Nàlā míngtiān wǎnshang yǒu kòngr.

② 山本想跟娜拉一起去吃晚饭。 ☐
　Shānběn xiǎng gēn Nàlā yìqǐ qù chī wǎnfàn.

③ 娜拉喜欢看新电影。 ☐
　Nàlā xǐhuan kàn xīn diànyǐng.

④ 电影是今天晚上七点半的。 ☐
　Diànyǐng shì jīntiān wǎnshang qī diǎn bàn de.

⑤ 娜拉和山本五点半在楼下见。 ☐
　Nàlā hé Shānběn wǔ diǎn bàn zài lóu xià jiàn.

☐ **朗读对话二，注意发音和语气。** Read Dialogue 2 aloud, pay attention to the pronunciation and the tone.

山本：　娜拉，明天晚上你有空儿吗？
Shānběn：Nàlā, míngtiān wǎnshang nǐ yǒu kòngr ma?

娜拉：　有空儿，有事吗？
Nàlā：　Yǒu kòngr, yǒu shì ma?

山本：　我们一起去看电影吧，我有两张票。
Shānběn：Wǒmen yìqǐ qù kàn diànyǐng ba, wǒ yǒu liǎng zhāng piào.

娜拉：　是新电影吗？
Nàlā：　Shì xīn diànyǐng ma?

山本: Shānběn:	对呀。 Duì ya.
娜拉: Nàlā:	太好了。几点的？ Tài hǎo le. Jǐ diǎn de?
山本: Shānběn:	晚上七点半的。 Wǎnshang qī diǎn bàn de.
娜拉: Nàlā:	我们一起吃晚饭，怎么样？ Wǒmen yìqǐ chī wǎnfàn, zěnmeyàng?
山本: Shānběn:	行。 Xíng.
娜拉: Nàlā:	那我们五点楼下见吧。 Nà wǒmen wǔ diǎn lóu xià jiàn ba.
山本: Shānběn:	好。 hǎo.

Yamamoto:	Nara, do you have time tomorrow evening?
Nara:	Yes. What's up?
Yamamoto:	Let's go to see a movie together. I have two tickets.
Nara:	Is it a new movie?
Yamamoto:	Yes.
Nara:	It's great! When will it begin?
Yamamoto:	Half past seven in the evening.
Nara:	Let's have dinner together. How do you think?
Yamamoto:	Good.
Nara:	Then see you downstairs at five.
Yamamoto:	Okay.

❏ 根据对话二回答问题。Answer the following questions according to Dialogue 2.

1 娜拉明天晚上有空儿吗？
Nàlā míngtiān wǎnshang yǒu kòngr ma?

2 山本要跟娜拉去干什么？
Shānběn yào gēn Nàlā qù gàn shénme?

3 这是什么样儿(type)的电影？
Zhè shì shénme yàngr de diànyǐng?

4 电影是晚上几点的？
Diànyǐng shì wǎnshang jǐ diǎn de?

5 看电影以前(before)他们先做什么？
Kàn diànyǐng yǐqián tāmen xiān zuò shénme?

6 几点在哪儿见？
Jǐ diǎn zài nǎr jiàn?

❏ 看着图片听两遍录音，然后和同伴商量录音和图片的内容有什么不同。Look at the pictures and listen to the recording twice, then discuss with your partners the differences between the pictures and what you hear. 12-04

171

☐ 朗读对话三，注意发音和语气。Read Dialogue 3 aloud, pay attention to the pronunciation and the tone.

欧文： 学校附近哪个饭馆儿最好？
Ōuwén: Xuéxiào fùjìn nǎge fànguǎnr zuì hǎo?

山本： 有一家[1]四川饭店又便宜
Shānběn: Yǒu yì jiā Sìchuān Fàndiàn yòu piányi

又好吃。
yòu hǎo chī.

欧文： 周末我们一起去，怎么样？
Ōuwén: Zhōumò wǒmen yìqǐ qù, zěnmeyàng?

山本： 周末我有事。
Shānběn: Zhōumò wǒ yǒu shì.

欧文： 明天晚上呢？
Ōuwén: Míngtiān wǎnshang ne?

山本： 明天晚上我有课。
Shānběn: Míngtiān wǎnshang wǒ yǒu kè.

欧文： 你不去，没有人跟我喝啤酒。
Ōuwén: Nǐ bú qù, méiyǒu rén gēn wǒ hē píjiǔ.

山本： 周四晚上行吗？
Shānběn: Zhōusì wǎnshang xíng ma?

欧文： 真糟糕，周四晚上我有事。
Ōuwén: Zhēn zāogāo, zhōusì wǎnshang wǒ yǒu shì.

Irving:	Which restaurant is the best near our college?
Yamamoto:	There is a Sichuan Restaurant whose food is nice and cheap.
Irving:	Let's go there this weekend. How do you think?
Yamamoto:	I have arrangements at the weekend.
Irving:	How about tomorrow evening?
Yamamoto:	I have classes then.
Irving:	If you don't go, no one would drink beer with me.
Yamamoto:	How about Thursday evening?
Irving:	It's a pity that I have arrangements on Thursday evening.

Tip:

1. Here 家 is a measure word.

☐ 画线连接。Draw lines and match.

1 学校附近哪个饭馆儿最好？
Xuéxiào fùjìn nǎge fànguǎnr zuì hǎo?

2 周末我们一起去，怎么样？
Zhōumò wǒmen yìqǐ qù, zěnmeyàng?

3 明天晚上呢？
Míngtiān wǎnshang ne?

4 周四晚上行吗？
Zhōusì wǎnshang xíng ma?

A 周末我有事。
Zhōumò wǒ yǒu shì.

B 有一家四川饭店又便宜又好吃。
Yǒu yì jiā Sìchuān Fàndiàn yòu piányi yòu hǎo chī.

C 真糟糕，周四晚上我有事。
Zhēn zāogāo, zhōusì wǎnshang wǒ yǒu shì.

D 明天晚上我有课。
Míngtiān wǎnshang wǒ yǒu kè.

四

先读一遍句子，然后听录音，并按照你听到的顺序给句子标上序号。Read the following sentences first, then listen to the recording and number the sentences according to what you hear. 🔘 12-05

☐ 我们想请您参加。
Wǒmen xiǎng qǐng nín cānjiā.

☐ 星期六我的朋友要来我家。
Xīngqīliù wǒ de péngyou yào lái wǒ jiā.

☐ 我九点来行吗？
Wǒ jiǔ diǎn lái xíng ma?

☐ 星期六是欧文的生日。
Xīngqīliù shì Ōuwén de shēngrì.

☐ 您晚点儿来也行。
Nín wǎn diǎnr lái yě xíng.

☐ 张老师，星期六晚上您有时间吗？
Zhāng lǎoshī, xīngqīliù wǎnshang nín yǒu shíjiān ma?

☐ 我们要开个生日晚会。
Wǒmen yào kāi ge shēngrì wǎnhuì.

☐ 晚会几点开始？
Wǎnhuì jǐ diǎn kāishǐ?

朗读对话四，注意发音和语气。Read Dialogue 4 aloud, pay attention to the pronunciation and the tone.

娜拉： 张老师，星期六晚上您有时间吗？
Nàlā： Zhāng lǎoshī, xīngqīliù wǎnshang nín yǒu shíjiān ma?

张老师： 有事吗？
Zhāng lǎoshī： Yǒu shì ma?

娜拉： 星期六是欧文的生日。
Nàlā： Xīngqīliù shì Ōuwén de shēngrì.

玛莎： 我们要开个生日晚会。
Mǎshā： Wǒmen yào kāi ge shēngrì wǎnhuì.

娜拉： 我们想请您参加。
Nàlā： Wǒmen xiǎng qǐng nín cānjiā.

张老师： 星期六我的朋友要来我家。
Zhāng lǎoshī： Xīngqīliù wǒ de péngyou yào lái wǒ jiā.

玛莎： 您晚点儿来也行。
Mǎshā： Nín wǎn diǎnr lái yě xíng.

张老师： 晚会几点开始？
Zhāng lǎoshī： Wǎnhuì jǐ diǎn kāishǐ?

玛莎： 八点。
Mǎshā： Bā diǎn.

Nara:	Ms Zhang, are you free on Saturday evening?
Ms Zhang:	What's up?
Nara:	This Saturday is Irving's birthday.
Masha:	We are going to hold a birthday party.
Nara:	We want to invite you to join us.
Ms Zhang:	A friend of mine will come to visit me on Saturday.
Masha:	You can come a bit later.
Ms Zhang:	When will the party begin?
Masha:	Eight o'clock.
Ms Zhang:	Can I arrive at nine?
Nara:	Great!

张老师： Zhāng lǎoshī:	我九点来行吗？ Wǒ jiǔ diǎn lái xíng ma?
娜拉： Nàlā:	太好了！ Tài hǎo le!

❑ **根据对话四，判断下列说法是否正确。** Decide whether the following statements are true or false according to Dialogue 4.

① 星期六是娜拉的生日。 ☐
Xīngqīliù shì Nàlā de shēngrì.

② 星期六开生日晚会。 ☐
Xīngqīliù kāi shēngrì wǎnhuì.

③ 她们想请张老师参加生日晚会。 ☐
Tāmen xiǎng qǐng Zhāng lǎoshī cānjiā shēngrì wǎnhuì.

④ 晚会九点开始。 ☐
Wǎnhuì jiǔ diǎn kāishǐ.

⑤ 张老师星期六有事不能参加。 ☐
Zhāng lǎoshī xīngqīliù yǒu shì bù néng cānjiā.

❑ **根据对话四填空，然后试着说说对话内容。** Fill in the blanks according to Dialogue 4 and try to retell it.

星期六是_____，同学们要_____。娜拉和玛莎想_____，但是
Xīngqīliù shì................, tóngxué men yào.......... Nàlā hé Mǎshā xiǎng............, dànshì

张老师_____，玛莎说_____。晚会_____开始，张老师_____。
Zhāng lǎoshī.........., Mǎshā shuō............ Wǎnhuì..............kāishǐ, Zhāng lǎoshī............

活动 Activities

一、看图学词语 Look at the pictures and learn words

画线将小词库中的词语与相应的图片连接起来，然后朗读词语。 Match the words in the word bank with the corresponding pictures, and read these words aloud.

Word bank							
爬山 pá shān climb a mountain	逛街 guàng jiē go shopping	喝咖啡 hē kāfēi drink coffee	喝酒 hē jiǔ drink wine	运动 yùndòng do sports	上网 shàngwǎng surf on the Internet	聊天儿 liáotiānr have a chat	打网球 dǎ wǎngqiú play tennis

二、双人活动 Pair work

先利用下面的表格，安排一下你这周的活动，看看有什么活动可以邀请你的同伴一起做。Arrange your activities of this week according to the following form. See whether there is something you can invite your partner to take part in.

	星期一	星期二	星期三	星期四	星期五	星期六	星期日
shàngwǔ							
xiàwǔ							
wǎnshang							

A tip for students

Invite your partner to do what you think interesting and exciting.

Patterns

你……有空儿吗？
Nǐ ... yǒu kòngr ma?

……你做什么？
... nǐ zuò shénme?

我们一起……好吗？
Wǒmen yìqǐ ... hǎo ma?

跟我……吧。
Gēn wǒ ... ba.

给教师的提示

如果时间允许，您可以让学生交换伙伴再进行一次。

三、全班活动 Class work

3-4人一组。一起策划一个有意思的活动，选择好时间，邀请大家来参加。看哪个活动邀请到的人最多。Work in groups of 3 or 4, plan and organize an interesting activity. Choose an appropriate time and invite the classmates to join in. See which activity attracts most people.

A tip for students

Invite as many people as you can.

Patterns

……，你想去吗？
..., nǐ xiǎng qù ma?

……你愿意(be willing to)和我们一起去吗？
... nǐ yuànyì hé wǒmen yìqǐ qù ma?

……，跟我们一起去好吗？
..., gēn wǒmen yìqǐ qù hǎo ma?

要求：Requirements

1、先与同伴商量一下你们要组织的活动。
Discuss with your partner what activity you may plan.

2、分别去各组邀请大家参加。
Go to different groups and invite other classmates to join you.

语言练习 Language Focus

一、语音和语调 Pronunciation and intonation

1. **辨音练习**。Sound discrimination.

o-e	ia-ie	ou-iu	in-ing	an-uan	i-qi
mo-he	jia-jie	zhou-you	xin-ying	fan-guan	

2. **声调练习**。Tone exercises.

    gàn   hé   jiē   kōng   xīn   zuì   jiā

3. **朗读下列词语**。Read the following words aloud.

    ① **前中后重**。Stressing the latter part.

周末	游泳	一起	电影	糟糕	晚会	参加
zhōumò	yóuyǒng	yìqǐ	diànyǐng	zāogāo	wǎnhuì	cānjiā

    ② **儿化的读法**。Pronunciation of 儿

一会儿	空儿	饭馆儿	有点儿	一点儿
yíhuìr	kòngr	fànguǎnr	yǒudiǎnr	yìdiǎnr

4. **用正确的语调朗读下面的句子，注意语气和重音。** Read the following sentences aloud with correct intonation, pay attention to the tone and the stress.

    ① 这个周末你们干什么？

    Zhège zhōumò nǐmen gàn shénme?

    ② 我想和朋友上街。

    Wǒ xiǎng hé péngyou shàng jiē.

    ③ 跟我去游泳吧！

    Gēn wǒ qù yóuyǒng ba!

    ④ 娜拉，明天晚上你有空儿吗？

    Nàlā, míngtiān wǎnshang nǐ yǒu kòngr ma?

    ⑤ 真糟糕，周四晚上我有事。

    Zhēn zāogāo, zhōusì wǎnshang wǒ yǒu shì.

二、替换练习 Substitution exercises

1 我想和朋友上街。
Wǒ xiǎng hé péngyou shàng jiē.

去买东西 (go shopping)
qù mǎi dōngxi

去游泳
qù yóuyǒng

聊天儿 (have a chat)
liáo tiānr

吃饭
chī fàn

2 我们一起去看电影吧。
Wǒmen yìqǐ qù kàn diànyǐng ba.

上课
shàng kè

喝咖啡
hē kāfēi

老师家
lǎoshī jiā

3 真糟糕，周四晚上我有事。
Zhēn zāogāo, zhōusì wǎnshang wǒ yǒu shì.

有课
yǒu kè

要去老师家
yào qù lǎoshī jiā

要和朋友吃饭
yào hé péngyou chī fàn

三、用"真糟糕"回答问题

Answer the following questions with 真糟糕

1 A: 你明天能来吗？
Nǐ míngtiān néng lái ma?

B: 真糟糕，＿＿＿＿＿＿＿。
Zhēn zāogāo, ...

2 A: 已经7点45了，我们走吧。
Yǐjīng qī diǎn sìshíwǔ le, wǒmen zǒu ba.

B: 真糟糕，＿＿＿＿＿＿＿。
Zhēn zāogāo, ...

3 A: 我们上车吧。
Wǒmen shàng chē ba.

B: 真糟糕，＿＿＿＿＿＿。（公交卡）
Zhēn zāogāo, ... (gōngjiāo kǎ)

四、用"……也行"回答问题

Answer the following questions with ……也行

1 A: 我不能参加你的生日晚会了，
Wǒ bù néng cānjiā nǐ de shēngrì wǎnhuì le,

我要开会。
wǒ yào kāi huì.

B: ＿＿＿＿＿＿。

2 A: 今天有雨 (rain)，明天再去吧？
Jīntiān yǒu yǔ, míngtiān zài qù ba?

B: ＿＿＿＿＿＿。

3 A: 明天晚上你住在我家吧。
Míngtiān wǎnshang nǐ zhù zài wǒ jiā ba.

B: ＿＿＿＿＿＿。

五、用"又……又……"完成句子 Complete the sentences with 又……又……

① 这个饭馆儿_____。
Zhège fànguǎnr.................

② 他卖的苹果_____。
Tā mài de píngguǒ ....

③ 她的房间_____。
Tā de fángjiān.............

扩展活动 Extended Activities

一、看图编故事并表演 Make up a story according to the pictures and act

① ② ③ ④

二、游戏：邀请 Game: invitation

每人分别写出自己的名字和想做的事情，组成两组签。每个人从两组签中各抽一张，并邀请签上的人做签上所写的事情。Every student writes down his/her name and the thing he/she wants to do. The names and the things make up 2 sets of lots. Every student draws a lot from each set and then asks the drawn student to do the draw thing.

> **A tip for students**
> ....
> Write your name on the first note, and write anything you want to do on the second note.

总结与评价 Summary and Evaluation

一、在这一课你学会了什么？请你试着写出你记住的词语。What have you learned in this lesson? Please write down the words you have remembered.

> **A tip for students**
> You can also write in *pinyin*.

二、学完这一课，你想邀请或拒绝别人邀请的时候知道怎么说了吗？利用下面的表格复习整理一下。After learning this lesson, do you know how to invite others or refuse others' invitation? Review what you have learned according to the following form.

Situations	Sentences
Invite your classmates to see a movie	
Invite your teachers to attend the evening party	
Invite your roommates to play ball games	
Refuse because you have no time	
Refuse because you are not interested in it	

三、完成任务的自我表现评价。Self-evaluation.

A	B	C	D	Are you satisfied with your performance?
A	B	C	D	Do you often express your own ideas actively?
A	B	C	D	Do you often ask your classmates questions actively?

复习 2

Review 2

一、语言练习 Language exercises

1. 有问有答。 Questions and answers.

Ask	Answer
您能帮我吗？ Nín néng bāng wǒ ma?	
这里能换钱吗？ Zhèlǐ néng huàn qián ma?	
我的床单脏了，能换一下吗？ Wǒ de chuángdān zāng le, néng huàn yíxià ma?	
我的mp4坏了，在哪儿能修？ Wǒ de mp4 huài le, zài nǎr néng xiū?	
这里写什么？ Zhèlǐ xiě shénme?	
我们一起去看电影吧？ Wǒmen yìqǐ qù kàn diànyǐng ba?	
还有别的问题吗？ Hái yǒu bié de wèntí ma?	
周四晚上行吗？ Zhōusì wǎnshang xíng ma?	
你找我有什么事？ Nǐ zhǎo wǒ yǒu shénme shì?	
你最近怎么样？ Nǐ zuìjìn zěnmeyàng?	
周末我们一起去，怎么样？ Zhōumò wǒmen yìqǐ qù, zěnmeyàng?	
跟我去游泳吧？ Gēn wǒ qù yóuyǒng ba?	
您是张老师吧？ Nín shì Zhāng lǎoshī ba?	

2. 整理表示身体部位的词语。Sort out the words indicating the parts of the body.

你能用汉语说出身体上的部位吗？利用下面的人体图，看看你能填上多少个词语。Can you name the parts of the body in Chinese? Look at the following picture of a human body and fill in the blanks with the names of the parts.

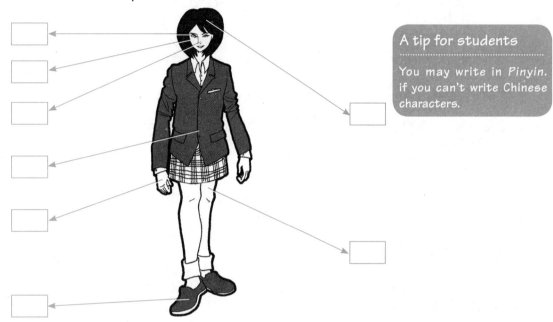

A tip for students

You may write in *Pinyin*. if you can't write Chinese characters.

3. 先用所给的词语完成句子，然后用这几个词语各造一个句子。Complete the sentences with the given words, and make a new sentence with each of those words.

(1) 我的手机坏了，_____（一下）
　　 Wǒ de shǒujī huài le, 　　　　　　　　　　 (yíxià)

(2) 我们今天去爬山了，_____。（有点儿）
　　 Wǒmen jīntiān qù pá shān le, 　　　　　　　　(yǒudiǎnr)

(3) 你今天想买什么？_____? （还是）
　　 Nǐ jīntiān xiǎng mǎi shénme? 　　　　　　　(háishi)

(4) 我感冒了，_____? （但是）
　　 Wǒ gǎnmào le, 　　　　　　　　　(dànshì)

二、活动 Activities

1. 先把你自己的个人信息填入表格中，然后用一段话介绍你自己。Write down your information in the form, and then introduce yourself.

name		occupation	
nationality		address	
sex		telephone no.	
age		......	

A tip for students

You can add some more information.

2. 电话生活。Telephone and life.

   选择一个任务，4人一组，一起用电话完成。Choose one task, work in groups of 4 and accomplish the task by telephone.

   (1) 询问够4人吃的一顿中午饭的菜单，不能超过25元。Ask for a menu for four people's lunch. The total cost should be below 25 yuan.
   (2) 询问清楚三天之内去新疆乌鲁木齐的机票最低价格。Ask for the lowest price for the plane ticket to Urumqi in three days.

3. 猜词语比赛。Word-guessing game.

   两人一组。将7到12课的一些可以表演的词语做成卡片，一个同学表演，一个同学猜。看哪一组猜出的词语最多。Work in pairs. Write down some words from lesson 7 to 12 on the cards. One student acts out the words' meanings and the other guesses. See which group guesses the most words.

   Word bank

帮 bāng	钥匙 yàoshi	忘 wàng	开 kāi	床单 chuángdān	脏 zāng	坏 huài	修 xiū	电话 diànhuà	空调 kōngtiáo
电脑 diànnǎo	看 kàn	告诉 gàosu	头疼 tóu téng	发烧 fāshāo	感冒 gǎnmào	拉肚子 lā dùzi	舒服 shūfu	吐 tù	
咳嗽 késou	打针 dǎ zhēn	累 lèi	身体 shēntǐ	请进 qǐng jìn	老师 lǎoshī	学生 xuésheng	有意思 yǒu yìsi	游泳 yóuyǒng	电影 diànyǐng

三、短剧表演 Mini-play

将全班分成小组，抽签选择短剧的内容。大家一起商量短剧怎么演，每个人应该说什么话，准备好以后给大家表演。最后利用下面的表格给自己的小组和自己的表现打分，也要给其他的小组打分。Divide the class into groups and draw lots to decide the content of the play. Discuss how to act and what to say, and then act the play out in front of the class. After the performance, evaluate the performance of yourself, your group and other groups.

短剧内容：Plays suggested:
1. 四人一组。一个人的电脑坏了，打电话找人修。但是没修好，两人一起再找别人帮忙。最后来了两个人，他们一起修好了电脑。Work in groups of four. One's computer breaks down and he/she calls to get someone to fix it. They fail to fix the computer and then look for help from others. Another two people come and manage to fix the computer together.
2. 两人一组。爸爸妈妈听说你有女朋友或男朋友，所以让你请到家里来吃饭，但是你的邀请没有成功，只好找人帮忙，当你的朋友。可是在家里吃饭时被发现了。Work in pairs. Your parents hear that you're dating, so ask you to invite your date to your house for a meal. You fail to invite your date over, so you find someone to fake your date. This is found out when having meal.
3. 4-5人一组。早晨叫同屋起床，发现他/她生病了，询问和说明情况，然后请假陪同屋一起去医院看病。Work in groups of four or five. You try to wake your roommate up in the

morning and find him/her ill. Enquire and state the situation, then ask for leave in order to company your roommate to the hospital.

学生用的评价表 Self-evaluation form for students

自己小组的表现 Your group's performance	A B C D E
自己的表现 Your performance	A B C D E
表现最好的小组 The best-performed group	Group1 Group2 Group3
表现最好的同学 The best-performed student	1. 2. 3.

教师用的评价表 Evaluation form for the teacher

语言综合表现评价参考标准

等级	语音和语调	语法和词汇	流利性	合作性
优	非常准确	基本没有错误	语速适当，非常流利	能经常提示或帮助他人回答
良	正确	偶尔有失误	语速适当，但有停顿	偶尔能提醒对方
中	基本正确	语法词汇错误较多，但有控制	停顿较多，句子总量不够	基本没有主动参与的意识
差	不正确	缺乏语法控制能力，词汇错误较多	对语速没有控制，结结巴巴	完全不能参与到活动中

给教师的提示

您可以利用这个表格对学生的学习进行引导和评价。

第 13 课

你姐姐真漂亮！ (Nǐ jiějie zhēn piàoliang!)
Your Elder Sister Is So Pretty!

目标 | Objectives

1. 复习邀请时的常用语句。 Review the commonly used expressions of invitation.
2. 学习常用的亲属称谓。 Learn common terms of relatives.
3. 学习简单介绍家庭成员及职业。 Learn to simply introduce family members and occupations.

准备 Preparation

1. 看图片，和同伴商量他们应该怎样邀请对方。 Look at the pictures and discuss with your partner how they should invite others.

①

②

③

2. 你知道这些职业吗？你喜欢哪个职业？Do you know those occupations? And which one do you like the best?

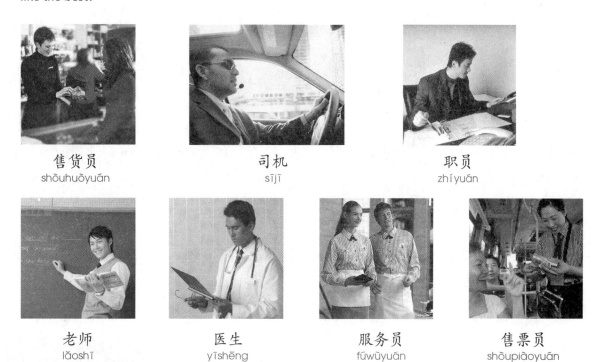

售货员
shòuhuòyuán

司机
sījī

职员
zhíyuán

老师
lǎoshī

医生
yīshēng

服务员
fúwùyuán

售票员
shòupiàoyuán

3. 先准备一下，然后给同学们介绍你的家人和他们的职业。Make preparations, and then tell your classmates about your family members and their occupations.

Family members	Occupations
爸爸 bàba	
妈妈 māma	
姐姐 jiějie	
……	

词语 Words and Expressions

☐ 朗读下列词语，注意发音和词语的意思。Read the following words aloud, pay attention to the pronunciation and the meanings.

1 经常 jīngcháng often	2 家人 jiārén family	3 口 kǒu a measure word	4 爷爷 yéye grandfather	5 奶奶 nǎinai grandmother	6 爸爸 bàba father, dad	7 妈妈 māma mother, mum

8	9	10	11	12	13	14
妹妹 mèimei younger sister	哥哥 gēge elder brother	爱人 àiren husband or wife	漂亮 piàoliang beautiful, pretty	帅 shuài handsome	他们 tāmen they, them	孩子 háizi child

15	16	17	18	19	20	21
工作 gōngzuò work	当 dāng work as	公司 gōngsī company	做 zuò do	经理 jīnglǐ manager	年纪 niánjì age	书 shū book

22	23	24	25	26
或者 huòzhě or	出去 chūqu go out	散步 sàn bù take a walk	喜欢 xǐhuan like	电视 diànshì TV

□ 选择合适的词语进行搭配。Choose the proper words to match the words below.

漂亮 piàoliang   喜欢 xǐhuan   想 xiǎng

A tip for students

You should find as many words as you can to match the words mentioned above.

句子 Sentences

□ 朗读句子。Read the sentences aloud.

1. 你想家吗?
Nǐ xiǎng jiā ma?
Are you homesick?

2. 你家有几口人?
Nǐ jiā yǒu jǐ kǒu rén?
How many people are there in your family?

3. 这个人是你姐姐吗?
Zhège rén shì nǐ jiějie ma?
Is this person your elder sister?

4. 你姐姐多大?
Nǐ jiějie duō dà?
How old is your elder sister?

5. 他们有孩子吗?
Tāmen yǒu háizi ma?
Do they have any children?

6. 你爸爸在哪儿工作?
Nǐ bàba zài nǎr gōngzuò?
Where does your father work?

7. 在医院,他是医生。
Zài yīyuàn, tā shì yīshēng.
At the hospital. He is a doctor.

8. 你爷爷、奶奶多大年纪?
Nǐ yéye, nǎinai duō dà niánjì?
How old are your grandpa and grandma?

9. 他们每天做什么?
Tāmen měi tiān zuò shénme?
What do they do everyday?

10. 她喜欢在家看电视。
Tā xǐhuan zài jiā kàn diànshì.
She likes to stay at home and watch TV.

☐ 听录音，填词语。 Listen to the recording and fill in the blanks. 🔘 13-01

① 你爸爸在哪儿_____?
Nǐ bàba zài nǎr_____?

② 她喜欢在家_____。
Tā xǐhuan zài jiā_____.

③ 我爸爸在_____工作，他是_____。
Wǒ bàba zài_____gōngzuò, tā shì_____.

④ 你爷爷、奶奶多大_____?
Nǐ yéye, nǎinai duō dà_____?

⑤ 你想_____吗?
Nǐ xiǎng_____ma?

⑥ 他们有_____吗?
Tāmen yǒu_____ma?

⑦ 你姐姐_____?
Nǐ jiějie_____?

⑧ 他们每天_____?
Tāmen měi tiān_____?

⑨ 你家有_____?
Nǐ jiā yǒu_____?

情景 Situations

一

☐ 看图片，和同伴商量他们可能在说什么。 Look at the pictures and discuss with your partner what they are probably talking about.

① ② ③

☐ 朗读对话一，注意发音和语气。 Read Dialogue 1 aloud, pay attention to the pronunciation and the tone.

王军: 春香，你想家吗?
Wáng Jūn: Chūnxiāng, nǐ xiǎng jiā ma?

春香: 想，我经常给家人打电话。
Chūnxiāng: Xiǎng, wǒ jīngcháng gěi jiārén dǎ diànhuà.

王军: 你家有几口人?
Wáng Jūn: Nǐ jiā yǒu jǐ kǒu rén?

春香:　六口人。爷爷、奶奶、
Chūnxiāng:　Liù kǒu rén. yéye, nǎinai,

爸爸、妈妈、我和妹妹。
bàba, māma, wǒ hé mèimei.

欧文:　王军，你家有几口人？
Ōuwén:　Wáng Jūn, nǐ jiā yǒu jǐ kǒu rén?

王军:　四口人。
Wáng Jūn:　Sì kǒu rén.

春香:　你有哥哥吗？
Chūnxiāng:　Nǐ yǒu gēge ma?

王军:　没有，我有一个姐姐。
Wáng Jūn:　Méiyǒu, wǒ yǒu yí ge jiějie.

欧文:　你们都没有哥哥。
Ōuwén:　Nǐmen dōu méiyǒu gēge.

王军:　你有吗？
Wáng Jūn:　Nǐ yǒu ma?

欧文:　我有一个哥哥，两个妹妹。
Ōuwén:　wǒ yǒu yí ge gēge, liǎng ge mèimei.

Wang Jun:	Chun Hyang, are you homesick?
Chun Hyang:	Yes. I often call my family.
Wang Jun:	How many people are there in your family?
Chun Hyang:	Six. Grandpa, grandma, dad, mum, my younger sister and me.
Irving:	Wang Jun, how many people are there in your family?
Wang Jun:	Four.
Chun Hyang:	Do you have an elder brother?
Wang Jun:	No. I have an elder sister instead.
Irving:	Neither of you has an elder brother.
Wang Jun:	Do you have one?
Irving:	I have an elder brother and two younger sisters.

Tips:

1. Here 想 means *miss*.
2. 口 is a measure word used only to refer to family members. If one wants to describe other people, one should use 个. E.g. 我们班有12个同学。(Wǒmen bān yǒu shí'èr ge tóngxué. There are twelve students in our class.)

❏　**根据对话一，选择合适的句子跟同伴对话。**Choose the proper sentences in Dialogue 1 and talk with your partner.

Ask	Answer
春香，你想家吗？ Chūnxiāng, nǐ xiǎng jiā ma?	
	四口人。 Sì kǒu rén.
你有哥哥吗？ Nǐ yǒu gēge ma?	

（二）

☐ **看着图片听两遍录音，然后和同伴商量录音和图片的内容有什么不同。** Look at the picture and listen to the recording twice. Then discuss with your partner the differences between the picture and what you hear. 🔘 13-02

> Zhège rén shì nǐ gēge ma?

> Shì de.

☐ **朗读对话二，注意发音和语气。** Read Dialogue 2 aloud, pay attention to the pronunciation and the tone.

春香： Chūnxiāng:	王军，这个人是你姐姐吗？ Wáng Jūn, zhège rén shì nǐ jiějie ma?
王军： Wáng Jūn:	对，这是我姐姐，旁边是她爱人。 Duì, zhè shì wǒ jiějie, pángbiān shì tā àiren.
春香： Chūnxiāng:	你姐姐真漂亮。 Nǐ jiějie zhēn piàoliang.
欧文： Ōuwén:	她爱人也很帅。 Tā àiren yě hěn shuài.
春香： Chūnxiāng:	你姐姐多大？ Nǐ jiějie duō dà?
王军： Wáng Jūn:	30岁。 Sānshí suì.
春香： Chūnxiāng:	他们有孩子吗？ Tāmen yǒu háizi ma?
王军： Wáng Jūn:	有一个女儿。 Yǒu yí ge nǚ'ér.
欧文： Ōuwén:	她几岁？ Tā jǐ suì?
王军： Wáng Jūn:	两岁。 Liǎng suì.

Chun Hyang:	Wang Jun, is this person your elder sister?
Wang Jun:	Yes. This is my elder sister and the person beside her is her husband.
Chun Hyang:	Your sister is so beautiful.
Irving:	And her husband is handsome.
Chun Hyang:	How old is your elder sister?
Wang Jun:	30.
Chun Hyang:	Do they have any children?
Wang Jun:	They have a daughter.
Irving:	How old is she?
Wang Jun:	Two years old.

❑　　**根据对话二回答问题。** Answer the following questions according to Dialogue 2.

① 这是谁的照片儿(photo)？
Zhè shì shuí de zhàopiānr?

④ 王军的姐姐多大？
Wáng Jūn de jiějie duō dà?

② 春香觉得王军的姐姐怎么样？
Chūnxiāng juéde Wáng Jūn de jiějie zěnmeyàng?

⑤ 王军的姐姐有孩子吗？
Wáng Jūn de jiějie yǒu háizi ma?

③ 欧文觉得姐姐的爱人怎么样？
Ōuwén juéde jiějie de àiren zěnmeyàng?

⑥ 王军姐姐的孩子多大？
Wáng Jūn jiějie de háizi duō dà?

（三）

❑　　**先读一遍句子，然后听录音，并按照你听到的顺序给句子标上序号。** Read the following sentences first, then listen to the recording and number the sentences according to what you hear. 🔘 13-03

☐ 在医院，他是医生。
　　Zài yīyuàn, tā shì yīshēng.

☐ 不，她在公司。
　　Bù, tā zài gōngsī.

☐ 你爸爸在哪儿工作？
　　Nǐ bàba zài nǎr gōngzuò?

☐ 她在学校当老师。
　　Tā zài xuéxiào dāng lǎoshī.

☐ 你妈妈呢？
　　Nǐ māma ne?

☐ 我爸爸也在公司，他是经理。
　　Wǒ bàba yě zài gōngsī, tā shì jīnglǐ.

☐ 春香，你爸爸做什么工作？
　　Chūnxiāng, nǐ bàba zuò shénme gōngzuò?

☐ 你姐姐也在医院工作吗？
　　Nǐ jiějie yě zài yīyuàn gōngzuò ma?

☐ 我妈妈不工作。
　　Wǒ māma bù gōngzuò.

☐ 你妈妈呢？
　　Nǐ māma ne?

❑　　**朗读对话三，注意发音和语气。** Read Dialogue 3 aloud, pay attention to the pronunciation and the tone.

春香：　　你爸爸在哪儿工作？
Chūnxiāng:　Nǐ bàba zài nǎr gōngzuò?

王军：　　在医院，他是医生。
Wáng Jūn:　Zài yīyuàn, tā shì yīshēng.

欧文：　　你妈妈呢？
Ōuwén:　　Nǐ māma ne?

王军：　　她在学校当老师。
Wáng Jūn:　Tā zài xuéxiào dāng lǎoshī.

春香：　　你姐姐也在医院工作吗？
Chūnxiāng:　Nǐ jiějie yě zài yīyuàn gōngzuò ma?

Chun Hyang:　Where does your father work?
Wang Jun:　At the hospital. He is a doctor.
Irving:　How about your mother?
Wang Jun:　She is a teacher at school.
Chun Hyang:　Does your sister work in the hospital, too?
Wang Jun:　No, she works in a company.
Irving:　Chun Hyang, what does your father do?
Chun Hyang:　He also works for a company. He is a manager.
Wang Jun:　How about your mother?
Chun Hyang:　My mother doesn't have a job.

王军: 不，她在公司。
Wáng Jūn: Bù, tā zài gōngsī.

欧文: 春香，你爸爸做什么工作?
Ōuwén: Chūnxiāng, nǐ bàba zuò shénme gōngzuò?

春香: 我爸爸也在公司，他是经理。
Chūnxiāng: Wǒ bàba yě zài gōngsī, tā shì jīnglǐ.

王军: 你妈妈呢?
Wáng Jūn: Nǐ māma ne?

春香: 我妈妈不工作。
Chūnxiāng: Wǒ māma bù gōngzuò.

☐ **根据对话三判断下列说法是否正确。** Decide whether the following statements are true or false according to Dialogue 3.

1 王军的爸爸在公司工作。 ☐
Wáng Jūn de bàba zài gōngsī gōngzuò.

4 春香的爸爸在学校工作。 ☐
Chūnxiāng de bàba zài xuéxiào gōngzuò.

2 王军的妈妈在学校工作，她是老师。 ☐
Wáng Jūn de māma zài xuéxiào gōngzuò, tā shì lǎoshī.

5 春香的妈妈不工作。 ☐
Chūnxiāng de māma bù gōngzuò.

3 王军的姐姐也在医院工作。 ☐
Wáng Jūn de jiějie yě zài yīyuàn gōngzuò.

☐ **根据对话三填空，然后试着说说对话内容。** Fill in the blanks according to Dialogue 3 and try to retell it.

王军的爸爸在_____工作，他是_____。王军的妈妈在_____工作，
Wáng Jūn de bàba zài _____ gōngzuò, tā shì _____ Wáng Jūn de māma zài _____ gōngzuò,

她是_____。王军的姐姐在_____工作。春香的爸爸在_____工作，他
tā shì _____. Wáng Jūn de jiějie zài _____ gōngzuò. Chūnxiāng de bàba zài _____ gōngzuò, tā

是_____。春香的妈妈_____。
shì _____. Chūnxiāng de māma _____.

四

看图片，和同伴商量他们可能在说什么。Look at the picture, and discuss with your partner what they are probably talking about.

Wǒ yéye jīnnián liùshí'èr, nǎinai wǔshíjiǔ.

Shēntǐ fēicháng hǎo.

Tāmen xiànzài hái gōngzuò ma?

朗读对话四，注意发音和语气。Read Dialogue 4 aloud, pay attention to the pronunciation and the tone.

欧文：春香，你爷爷、奶奶多大年纪？
Ōuwén: Chūnxiāng, nǐ yéye, nǎinai duō dà niánjì?

春香：我爷爷今年62，奶奶59。
Chūnxiāng: Wǒ yéye jīnnián liùshí'èr, nǎinai wǔshíjiǔ.

欧文：他们身体好吗？
Ōuwén: Tāmen shēntǐ hǎo ma?

春香：非常好。
Chūnxiāng: Fēicháng hǎo.

欧文：他们现在还工作吗？
Ōuwén: Tāmen xiànzài hái gōngzuò ma?

春香：不工作了。
Chūnxiāng: Bù gōngzuò le.

欧文：他们每天做什么？
Ōuwén: Tāmen měi tiān zuò shénme?

春香：爷爷看书或者¹出去散步。
Chūnxiāng: Yéye kàn shū huòzhě chūqu sàn bù.

欧文：你奶奶呢？
Ōuwén: Nǐ nǎinai ne?

春香：她喜欢在家看电视。
Chūnxiāng: Tā xǐhuan zài jiā kàn diànshì.

Irving: Chun Hyang, How old are your grandpa and grandma?
Chun Hyang: My grandpa is 62 and my grandma is 59.
Irving: Are they in good health?
Chun Hyang: Yes.
Irving: Do they still hold their jobs?
Chun Hyang: Not any more.
Irving: What do they do everyday?
Chun Hyang: My grandpa reads or goes out for a walk.
Irving: How about your grandma?
Chun Hyang: She likes to stay at home and watch TV.

Tip:

1. 或者 is often used in a statement to indicate an either-or relationship. The choice is between the two situations before and after 或者.

❑ **画线连接。** Draw lines and match.

① 春香，你爷爷、奶奶多大年纪?
  Chūnxiāng, nǐ yéye, nǎinai duō dà niánjì?

② 他们身体好吗?
  Tāmen shēntǐ hǎo ma?

③ 他们现在还工作吗?
  Tāmen xiànzài hái gōngzuò ma?

④ 他们每天做什么?
  Tāmen měi tiān zuò shénme?

⑤ 你奶奶呢?
  Nǐ nǎinai ne?

Ⓐ 不工作了。
  Bù gōngzuò le.

Ⓑ 她喜欢在家看电视。
  Tā xǐhuan zài jiā kàn diànshì.

Ⓒ 爷爷看书或者出去散步。
  Yéye kàn shū huòzhě chūqu sàn bù.

Ⓓ 我爷爷今年62，奶奶59。
  Wǒ yéye jīnnián liùshí'èr, nǎinai wǔshíjiǔ.

Ⓔ 非常好。
  Fēicháng hǎo.

活 动 Activities

一、看图学词语 Look at the pictures and learn words

你还知道什么职业? 和同伴一起说说。 What else occupations do you know? Talk with your partner.

警察 (policeman)
jǐngchá

商人 (businessman)
shāngrén

护士 (nurse)
hùshi

厨师 (cook)
chúshī

二、双人活动 Pair work

拿一张自己全家的照片，向同伴介绍你的家庭。 Bring a photo of your family to the class and introduce your family members to your partner.

Patterns

你家有……几口人?
Nǐ jiā yǒu ... jǐ kǒu rén?

我家有……，他们是……。
Wǒ jiā yǒu ......, tāmen shì ......

我……做……工作。
Wǒ ...... zuò ...... gōngzuò.

我……是……。
Wǒ ...... shì ......

给教师的提示
您别忘了事先提醒学生带照片来。

193

三、全班活动 Class work

每人用身体语言表演一种职业，只能说一句话，大家一起猜。不明白的人可以提问题，但回答的人只能说"是"或"不是"。Each student acts out an occupation with body language. You can only say one sentence and let others guess. Those who don't understand can ask questions but will get no more answers than a "yes" or "no".

Word bank

警察	商人	护士	医生	老师	厨师	职员
jǐngchá	shāngrén	hùshi	yīshēng	lǎoshī	chúshī	zhíyuán

A tip for students

You cannot ask directly what occupation it is.

给教师的提示

您可以先给学生示范一下。

四、小组活动 Group work

4人一组，利用下面的表格准备一下，然后跟同伴谈谈你最想从事的职业，并说明原因。最后全班评选——最受欢迎的职业。Work in groups of 4. Make preparations according to the following form, and talk to your partner about your favorite occupation and the reasons why you like it. Then the whole class choose the most popular occupation.

Patterns

你想做什么工作？
Nǐ xiǎng zuò shénme gōngzuò?

我想……，因为……。
Wǒ xiǎng ......, yīnwěi ......
I want..., because....

	Reason A	Reason B
Ideal job A		
Ideal job B		
Ideal job c		
The most popular occupations 1. 2.		

语言练习 Language Focus

一、语音和语调 Pronunciation and intonation

1.　辨音练习。Sound discrimination.

ie-e　　uang-iang　　　　u-ü　　　uo-ou　　　ai-uai　　　an-ian

ye-ge　　chuang-xiang　　bu-qu　　zuo-kou　　nai- shuai　　ran-tian

2.　声调练习。Tone exercises.

xiǎng　shū　kǒu　shuài　yé

3.　朗读下列词语。Read the following words aloud.

① 前重后轻。Stressing the former part.

爷爷	奶奶	爸爸	妈妈	妹妹	哥哥	爱人	漂亮	喜欢
yéye	nǎinai	bàba	māma	mèimei	gēge	àiren	piàoliang	xǐhuan

② 前中后重。Stressing the latter part.

经常	工作	医院	学校	散步	电视	每天	年纪
jīngcháng	gōngzuò	yīyuàn	xuéxiào	sàn bù	diànshì	měi tiān	niánjì

4.　用正确的语调朗读下面的句子，注意语气和重音。Read the following sentences aloud with correct intonation, pay attention to the tone and the stress.

① 你想家吗？
Nǐ xiǎng jiā ma?

② 你家有几口人？
Nǐ jiā yǒu jǐ kǒu rén?

③ 你爸爸在哪儿工作？
Nǐ bàba zài nǎr gōngzuò?

④ 在医院，他是医生。
Zài yīyuàn, tā shì yīshēng.

⑤ 你爷爷、奶奶多大年纪？
Nǐ yéye, nǎinai duō dà niánjì?

⑥ 他们每天做什么？
Tāmen měi tiān zuò shénme?

⑦ 她喜欢在家看电视。
Tā xǐhuan zài jiā kàn diànshì.

二、替换练习 Substitution exercises

① 你有<u>哥哥</u>吗?
Nǐ yǒu gēge ma?

姐姐
jiějie

弟弟
dìdi

妹妹
mèimei

② 你<u>爸爸</u>在哪儿工作?
Nǐ bàba zài nǎr gōngzuò?

妈妈
māma

姐姐
jiějie

哥哥
gēge

③ 我爸爸在<u>医院</u>工作,他是<u>医生</u>。
Wǒ bàba zài yīyuàn gōngzuò, tā shì yīshēng.

学校   老师
xuéxiào   lǎoshī

公司   经理
gōngsī   jīnglǐ

银行   职员
yínháng   zhíyuán

④ <u>他们</u>每天做什么?
Tāmen měi tiān zuò shénme?

你们
nǐmen

她
tā

奶奶
nǎinai

⑤ <u>她</u>喜欢<u>在家</u>   <u>看电视</u>。
Tā xǐhuan zài jiā   kàn diànshì

妈妈   去超市(supermarket)   买东西(things)
māma   qù chāoshì   mǎi dōngxi

爸爸   在家   看书
bàba   zài jiā   kàn shū

妹妹   跟朋友   上街
mèimei gēn péngyou   shàng jiē

三、用 "或者" 回答问题 Answer the following questions with 或者

① A: 周末你干什么?
Zhōumò nǐ gàn shénme?

B: _____。

② A: 今天中午你想吃什么?
Jīntiān zhōngwǔ nǐ xiǎng chī shénme?

B: _____。

③ A: 你什么时候回国?
Nǐ shénme shíhou huí guó?

B: _____。

④ A: 你怎么去他家?
Nǐ zěnme qù tā jiā?

B: _____。

扩展活动 Extended Activities

一、选家庭 Choose a home-stay

为了提高汉语水平,你决定住在中国家庭里。老师推荐了三个家庭,请你询问他们的情况,然后决定去哪家。最后要向全班说明你为什么选择这个家庭。In order to improve your Chinese, you decide to live in a Chinese family. The teacher has recommended three families to you. You should ask for more information and then decide which family to live in. Then tell the whole class your reasons.

1. 3–4人一组，利用下面的表格准备一下。Work in groups of 3 or 4. Make preparations according to the following form.

Conditions you should know	Questions you may ask

2. 按照你们的准备，分别去向三个家庭了解情况。Ask three families for their information according to your preparations.

3. 交换你们了解的情况，决定选择哪个家庭，并向全班报告你们选择这个家庭的原因。Exchange the information you have got and decide which family you choose. Then report to the class your reasons for choosing this family.

> 给教师的提示
>
> 请您事先准备好三个中国家庭的情况，选择三位同学作为三个家庭的代表。

二、看图编故事并表演 Make up a story according to the pictures and act

一个出租车司机的一天
yí ge chūzūchē sījī de yì tiān

Word bank

拉人	送人	乘客
lā rén	sòng rén	chéngkè
deliver	escort	passenger

① ② ③ ④

三、游戏：传话 Game: pass a message

教师将一句话告诉第一位同学，由这位同学小声传给下一个同学，最后一位同学听到后将其大声宣布出来，然后老师再公布最初的那句话。The teacher tells a sentence to the first student who shall pass it quietly to his/her next student. And the last student should say loudly what he/she hears. At last the teacher declares what the original sentence is.

总结与评价 Summary and Evaluation

一、利用下面的家庭树，复习一下表示亲属称谓的词语。Use the following family tree, and go over the terms of relatives.

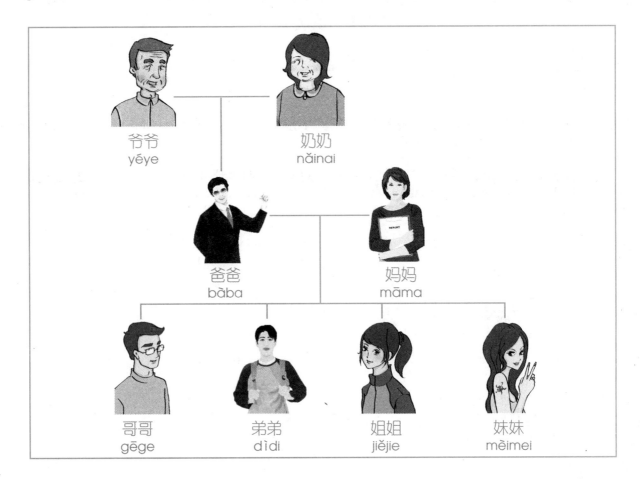

二、你能用汉语向别人介绍家庭成员的基本情况了吗？能简单介绍你喜欢的职业吗？复习一下你学会的句子，有机会的时候用汉语说说。Are you able to introduce your family members in Chinese? Are you able to introduce your favorite occupation? Review the sentences you have learned and say them in Chinese.

三、完成任务的自我表现评价 Self-evaluation

A	B	C	D	Are you satisfied with your own performance?
A	B	C	D	Do you often express your own ideas actively?
A	B	C	D	Do you often ask your classmates questions actively?

第14课

这个用汉语怎么说？ (Zhège yòng Hànyǔ zěnme shuō?)

How Would You Say It in Chinese?

目标 | Objectives

1. 复习表示职业的简单语句。Review the simple expressions of occupations.
2. 学习简单说明语言的难点。Learn to simply explain the difficult points of language.
3. 学习简单说明原因。Learn to simply explain reasons.
4. 学习遇到语言困难时提出要求。Learn to make requests when encountering language difficulties.

准备 Preparation

1. 根据表格问问坐在你旁边的同学，看看谁的家庭成员与你家一样？家庭成员的工作有相同的吗？Talk about your family members and their occupations members with the students aroud you and compare.

Partners	Family members	Family members'occupations

2. 你们这学期都有什么课？在每一门课上你们都学习什么？What courses do you select this semester and what will you learn in each course?

Courses	What to learn

词语 Words and Expressions

☐ 朗读下列词语，注意发音和词语的意思。Read the following words aloud, pay attention to the pronunciation and the meanings.

1 学期 xuéqī semester	2 综合 zōnghé comprehensive	3 口语 kǒuyǔ oral, speaking	4 听力 tīnglì listening	5 汉字 Hànzì Chinese characters	6 节 jié a measure word	7 觉得 juéde feel, think
8 听 tīng listen	9 课文 kèwén text	10 说 shuō say	11 有时候 yǒu shíhou sometimes	12 懂 dǒng understand	13 遍 biàn a measure word	14 这样 zhèyàng so, this way, like this
15 聊天儿 liáo tiānr chat	16 可是 kěshì but	17 得 de a modal particle	18 慢 màn slow	19 提高 tígāo improve	20 水平 shuǐpíng level	21 会 huì be able to
22 话 huà words	23 问 wèn ask	24 出来 chūlai go out	25 比 bǐ compare	26 为什么 wèi shénme why	27 了解 liǎojiě know	28 历史 lìshǐ history
29 文化 wénhuà culture	30 跟…有关系 gēn … yǒu guānxi have something to do with		31 翻译 fānyì translator, interpreter	32 研究 yánjiū study	专有名词 **Proper noun**	33 山下 Shānxià Yamashita

☐ 选择合适的词语进行搭配。Choose the proper words to match the words below.

觉得 juéde	听 tīng	说 shuō

A tip for students

You should find as many words as you can to match the words mentioned above.

句子 Sentences

☐ 朗读句子。Read the sentences aloud.

1 这个学期你们有什么课？
Zhège xuéqī nǐmen yǒu shénme kè?
What classes do you have this semester?

2 一个星期有几节课？
Yí ge xīngqī yǒu jǐ jié kè?
How many classes do you have a week?

③ 你觉得什么课最难？

Nǐ juéde shénme kè zuì nán?

Which course do you think is the most difficult?

④ 听力和口语不太难，汉字有点儿难。

Tīnglì hé kǒuyǔ bú tài nán, Hànzì yǒudiǎnr nán.

Listening and speaking are not very difficult, but the Chinese characters are a little bit difficult.

⑤ 有时候老师说什么，我听不懂。

Yǒu shíhou lǎoshī shuō shénme, wǒ tīng bu dǒng.

Sometimes I can't understand what the teacher is talking about.

⑥ 老师，请再说一遍好吗？

Lǎoshī, qǐng zài shuō yí biàn hǎo ma?

Sir, I beg your pardon?

⑦ 请慢点儿说。

Qǐng màn diǎnr shuō.

Please speak slowly.

⑧ 这个用汉语怎么说？

Zhège yòng Hànyǔ zěnme shuō?

How would you say it in Chinese?

⑨ 我刚来的时候，什么都听不懂。

Wǒ gāng lái de shíhou, shénme dōu tīng bu dǒng.

When I just came here, I couldn't understand anything.

☐ **听录音，填词语。** Listen to the recording and fill in the blanks. 💿 14-01

① 你_____什么课最难？

Nǐ............shénme kè zuì nán?

② 请你再说一_____。

Qǐng nǐ zài shuō yī............

③ _____和_____不太难，汉字有点儿难。

............hé............bú tài nán, Hànzì yǒudiǎnr nán.

④ 这个_____你们有什么课？

Zhège............nǐmen yǒu shénme kè?

⑤ 我刚来的时候，什么都听不_____。

Wǒ gāng lái de shíhou, shénme dōu tīng bu.... .

⑥ 这个用汉语_____？

Zhège yòng Hànyǔ............?

⑦ _____老师说什么，我听不懂。

...............lǎoshī shuō shénme, wǒ tīng bu dǒng.

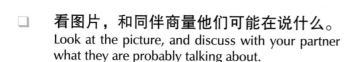

☐ **看图片，和同伴商量他们可能在说什么。**
Look at the picture, and discuss with your partner what they are probably talking about.

❑ **朗读对话一，注意发音和语气。** Read Dialogue 1 aloud, pay attention to the pronunciation and the tone.

王军: Wáng Jūn:	欧文，这个学期你们有什么课? Ōuwén, zhège xuéqī nǐmen yǒu shénme kè?
欧文: Ōuwén:	综合、口语、听力和汉字。 Zōnghé, kǒuyǔ, tīnglì hé Hànzì.
王军: Wáng Jūn:	一个星期有几节课? Yí ge xīngqī yǒu jǐ jié kè?
欧文: Ōuwén:	二十节。 Èrshí jié.
王军: Wáng Jūn:	汉语有意思吗? Hànyǔ yǒu yìsi ma?
欧文: Ōuwén:	很有意思，但是有点儿难。 Hěn yǒu yìsi, dànshì yǒudiǎnr nán.
王军: Wáng Jūn:	你觉得什么课最难? Nǐ juéde shénme kè zuì nán?
欧文: Ōuwén:	听力和口语不太难，汉字有点儿难。 Tīnglì hé kǒuyǔ bú tài nán, Hànzì yǒudiǎnr nán.

> Wang Jun: Irving, what classes do you have this semester?
> Irving: Comprehensive class, speaking, listening and Chinese characters.
> Wang Jun: How many classes do you have a week?
> Irving: 20.
> Wang Jun: Is Chinese interesting?
> Irving: It's very interesting, but a little bit difficult.
> Wang Jun: Which course do you think is the most difficult?
> Irving: Listening and speaking are not very difficult, but the Chinese characters are a little bit difficult.

❑ **根据对话一，选择合适的句子跟同伴说话。** Choose the proper sentences in Dialogue 1 and talk with your partner.

Ask	Answer
这个学期你们都有什么课? Zhège xuéqī nǐmen dōu yǒu shénme kè?	
	二十节。 Èrshí jié.
汉语有意思吗? Hànyǔ yǒu yìsi ma?	
你觉得什么课最难? Nǐ juéde shénme kè zuì nán?	

(二)

❑ **听录音，判断正误。** Listen to the recording and decide whether the following sentences are true or false. 🔘 14-02

1 山下在听音乐。　☐
Shānxià zài tīng yīnyuè.

2 山下的听力不好。　☐
Shānxià de tīnglì bù hǎo.

202

③ 老师说什么山下都能听懂。　☐
　Lǎoshī shuō shénme Shānxià dōu néng tīng dǒng.

④ 多听多说不能提高听力水平。　☐
　Duō tīng duō shuō bù néng tígāo tīnglì shuǐpíng.

⑤ 听不懂老师说话时就说
　Tīng bu dǒng lǎoshī shuō huà shí jiù shuō
　"请慢点儿说。"　☐
　" qǐng màn diǎnr shuō."

☐ **朗读对话二，注意发音和语气。** Read Dialogue 2 aloud, pay attention to the pronunciation and the tone.

欧文：　山下，你在听什么呢？
Ōuwén:　Shānxià, nǐ zài tīng shénme ne?

山下：　我在听课文。我的听力
Shānxià:　Wǒ zài tīng kèwén. Wǒ de tīnglì
　　　　不好，怎么办呢？
　　　　bù hǎo, zěnme bàn ne?

欧文：　多听多说就行。
Ōuwén:　Duō tīng duō shuō jiù xíng.

山下：　有时候老师说什么，
Shānxià:　Yǒu shíhou lǎoshī shuō shénme,
　　　　我听不懂[1]。
　　　　wǒ tīng bu dǒng.

欧文：　那你就说"老师，请再说
Ōuwén:　Nà nǐ jiù shuō " lǎoshī, qǐng zài shuō
　　　　一遍好吗？"
　　　　yí biàn hǎo ma? "

山下：　下次我就这样说。
Shānxià:　Xià cì wǒ jiù zhèyàng shuō.

欧文：　你还要经常跟中国人聊天儿。
Ōuwén:　Nǐ hái yào jīngcháng gēn Zhōngguórén liáo tiānr.

山下：　可是他们说得太快。
Shānxià:　Kěshì tāmen shuō de tài kuài.

欧文：　你可以说"请慢点儿说。"
Ōuwén:　Nǐ kěyǐ shuō " qǐng màn diǎnr shuō."

山下：　好，我试一试。
Shānxià:　Hǎo, wǒ shì yi shì.

Irving:　Yamashita, what are you listening to?

Yamashita:　I am listening to the texts. My listening is poor. What should I do?

Irving:　You need to listen more and speak more.

Yamashita:　Sometimes I can't understand what the teacher is talking about.

Irving:　Then you can say, "Sir, I beg your pardon?"

Yamashita:　I'll do that next time.

Irving:　You need to chat with Chinese people often.

Yamashita:　But they speak too fast.

Irving:　You can say, "please speak slowly."

Yamashita:　Okay, I'll try.

Tip:

1. 得 or 不 is usually put between a verb and a resultative complement to form a probable complement which indicates whether the subjective and objective conditions allow a certain result. E.g. 听得懂 (tīng de dǒng can understand).

☐ **画线连接**。Draw lines and match.

① 我的听力不好，怎么办呢？
Wǒ de tīnglì bù hǎo, zěnme bàn ne?

A 那你就说"老师，请再说一遍好吗？"
Nà nǐ jiù shuō "lǎoshī, qǐng zài shuō yí biàn hǎo ma?"

② 有时候老师说什么，我听不懂。
Yǒu shíhou lǎoshī shuō shénme, wǒ tīng bu dǒng.

B 你可以说"请慢点儿说。"
Nǐ kěyǐ shuō "qǐng màn diǎnr shuō."

③ 可是他们说得太快。
Kěshì tāmen shuō de tài kuài.

C 多听多说就行。
Duō tīng duō shuō jiù xíng.

 三

☐ **听两遍录音，然后回答问题**。Listen to the recording twice and answer the following questions. 💿 14-03

① 山本认为(think)怎么提高口语水平？
Shānběn rènwéi zěnme tígāo kǒuyǔ shuǐpíng?

③ 山本刚来的时候汉语怎么样？
Shānběn gāng lái de shíhou Hànyǔ zěnmeyàng?

② 娜拉经常跟中国朋友聊天儿吗？
Nàlā jīngcháng gēn Zhōngguó péngyou liáo tiānr ma?

④ 娜拉现在的口语有什么问题？
Nàlā xiànzài de kǒuyǔ yǒu shénme wèntí?

☐ **朗读对话三，注意发音和语气**。Read Dialogue 3 aloud, pay attention to the pronunciation and the tone.

娜拉 Nàlā:	山本，怎么提高口语水平？
	Shānběn, zěnme tígāo kǒuyǔ shuǐpíng?
山本 Shānběn:	多跟中国朋友聊天儿。
	Duō gēn Zhōngguó péngyou liáo tiānr.
娜拉 Nàlā:	可是我不会说的话太多了。
	Kěshì wǒ bú huì shuō de huà tài duō le.
山本 Shānběn:	那你就问"这个用汉语怎么说？"
	Nà nǐ jiù wèn "zhège yòng Hànyǔ zěnme shuō?"
娜拉 Nàlā:	有时候我能听懂，说不出来。
	Yǒu shíhou wǒ néng tīng dǒng, shuō bu chūlai.
山本 Shānběn:	你比我好多了。
	Nǐ bǐ wǒ hǎo duō le.
娜拉 Nàlā:	为什么？
	Wèi shénme?
山本 Shānběn:	我刚来的时候什么[2]都听不懂。
	Wǒ gāng lái de shíhou shénme dōu tīng bu dǒng.

Nara: Yamamoto, how do you improve your oral Chinese?
Yamamoto: Chat with Chinese people often more.
Nara: But there are too many things I don't know how do you puts it in Chinese.
Yamamoto: Then you can ask "how would you say it in Chinese?"
Nara: Sometimes I can understand, but can't say it.
Yamamoto: You are better than I was.
Nara: Why?
Yamamoto: When I just came here, I couldn't understand anything.

Tips:

1. 比 is used in comparative sentences to usher the objects to be compared. E.g. 他的汉语比我好。(Tā de Hànyǔ bǐ wǒ hǎo. His Chinese is better than mine.)

2. Here 什么 means that there is no exception within a particular scope. It is often used together with 都 to reinforce the negative effect. E.g. 他什么都不买。(Tā shénme dōu bù mǎi. He didn't buy anything.) 我什么都没吃。(Wǒ shénme dōu méi chī. I didn't eat anything.)

❑ 根据对话三填空，试着说说对话内容。Fill in the blanks according to Dialogue 3 and try to retell it.

> 娜拉想知道＿＿＿＿＿。山本告诉她多＿＿＿＿＿。可是娜拉＿＿＿＿＿，山本
> Nǎlā xiǎng zhīdào............ . Shānběn gàosu tā duō............ . Kěshì Nǎlā.................., Shānběn
>
> 告诉她可以问＿＿＿＿＿。娜拉有时候＿＿＿＿＿，山本说娜拉＿＿＿＿＿，他刚来的
> gàosu tā kěyǐ wèn................. Nǎlā yǒu shíhou................, Shānběn shuō Nǎlā.........., tā gāng lái de
>
> 时候＿＿＿＿＿。
> shíhou............... .

四

❑ 看图片，和同伴商量他们可能在说什么。Look at the picture, and discuss with your partner what they are probably talking about.

❑ 朗读对话四，注意发音和语气。Read Dialogue 4 aloud, pay attention to the pronunciation and the tone.

老师：   你们为什么要学汉语呢？
Lǎoshī: Nǐmen wèi shénme yào xué Hànyǔ ne?

欧文：   我喜欢看中国电影。
Ōuwén: Wǒ xǐhuan kàn Zhōngguó diànyǐng.

春香：   我想跟中国朋友聊天儿。
Chūnxiāng: Wǒ xiǎng gēn Zhōngguó péngyou liáo tiānr.

玛莎：   我想了解中国。
Mǎshā: Wǒ xiǎng liǎojiě Zhōngguó.

山本：   我喜欢中国历史和文化。
Shānběn: Wǒ xǐhuan Zhōngguó lìshǐ hé wénhuà.

Teacher:	Why do you learn Chinese?
Irving:	I like Chinese movies.
Chun Hyang:	I want to chat with Chinese friends.
Masha:	I want to know China.
Yamamoto:	I like Chinese history and culture.

老师： 你们以后想做什么工作？
Lǎoshī: Nǐmen yǐhòu xiǎng zuò shénme gōngzuò?

欧文： 跟中国有关系的工作。
Ōuwén: Gēn Zhōngguó yǒu guānxi de gōngzuò.

春香： 我想去中国的韩国公司。
Chūnxiāng: Wǒ xiǎng qù Zhōngguó de Hánguó gōngsī.

玛莎： 以后我要当翻译。
Mǎshā: Yǐhòu wǒ yào dāng fānyì.

山本： 我要研究中国历史。
Shānběn: Wǒ yào yánjiū Zhōngguó lìshǐ.

> Teacher: What do you plan to do in the future?
> Irving: I'll take a job that has something to do with China.
> Chun Hyang: I want to work in a Korean company in China.
> Masha: I want to be an interpreter.
> Yamamoto: I want to study Chinese history.

☐ **根据表格提示，按对话四内容介绍每个人学习汉语的情况。**Following the form, introduce each person's study according to Dialogue 4.

	Why to learn Chinese	Future job
春香 Chūnxiāng		
欧文 Ōuwén		
山本 Shānběn		
玛莎 Mǎshā		

给教师的提示
您还可以让学生谈一谈自己学习汉语的情况。

活动 Activities

一、看图学词语 Look at the pictures and learn words

画线将小词库中的词语与相应的图片连接起来，然后朗读词语。Match the words in the word bank with the corresponding pictures, and read these words aloud.

Word bank

读	写	做生意	纸	杂志	文章
dú	xiě	zuò shēngyi	zhǐ	zázhì	wénzhāng
read	write	do business	paper	magazine	article

二、小组活动 Group work

1. 4-6人一组，利用下面的表格采访三个同学。Work in groups of 4 to 6, and interview three classmates according to the following form.

	Reasons of learning Chinese	Methods of learning Chinese	Problems in learning Chinese	Suggestions
Yourself				
Classmate 1				
Classmate 2				
Classmate 3				

2. 各小组向全班汇报学习汉语的好办法。Each group report their effective methods of learning Chinese to the class.

三、双人活动 Pair work

你想请一位辅导老师。跟同伴说说。You want to find a tutor for yourself. Then talk with your partner about it.

1. 你现在学习汉语时遇到的问题。Explain your problems in your current Chinese study.

2. 你希望找一个什么样的辅导老师，希望他怎样帮助你？ What kind of tutor you wish to find? How do you want him/her to help you?

3. 向全班汇报你们对辅导老师的要求。Report your requirements about the tutor to the whole class.

语言练习 Language Focus

一、语音和语调 Pronunciation and intonation

1. 辨音练习。Sound discrimination.

z-c	ü-üe	en-uen	an-ian	iao-ie	
zi-ci	yu-xue	gen-wen	han-yan	jiao-jie	bi-qi

2. 声调练习。Tone exercises.

shuō de kuài néng dǒng biān bǐ

3. 朗读下列词语。 Read the following words aloud.

1 前重后轻。 Stressing the former part.

觉得	怎么
juéde	zěnme

2 前中后重。 Stressing the latter part.

学期	综合	口语	听力	经常
xuéqī	zōnghé	kǒuyǔ	tīnglì	jīngcháng

课文	提高	水平	可是	了解
kèwén	tígāo	shuǐpíng	kěshì	liǎojiě

4. 用正确的语调朗读下面的句子，注意语气和重音。 Read the following sentences aloud with correct intonation, pay attention to the tone and the stress.

1 这个学期你们都有什么课？
Zhège xuéqī nǐmen dōu yǒu shénme kè?

2 你觉得什么课最难？
Nǐ juéde shénme kè zuì nán?

3 听力和口语不太难，汉字有点儿难。
Tīnglì hé kǒuyǔ bú tài nán, Hànzì yǒudiǎnr nán.

4 请慢点儿说。
Qǐng màn diǎnr shuō.

5 有时候老师说什么，我听不懂。
Yǒu shíhou lǎoshī shuō shénme, wǒ tīng bu dǒng.

6 老师，请再说一遍好吗？
Lǎoshī, qǐng zài shuō yí biàn hǎo ma?

7 我刚来的时候什么都听不懂。
Wǒ gāng lái de shíhou shénme dōu tīng bu dǒng.

二、替换练习 Substitution exercises

1 这个<u>学期</u>你们都有什么课？
Zhège xuéqī nǐmen dōu yǒu shénme kè?

星期
xīngqī
月
yuè

2 你觉得什么课最难？我觉得<u>汉字</u>最难。
Nǐ juéde shénme kè zuì nán? Wǒ juéde Hànzì zuì nán.

听力
tīnglì
阅读 (reading)
yuèdú
写作 (writing)
xiězuò

3 你说得太快，我听不懂。
Nǐ shuō de tài kuài, wǒ tīng bu dǒng.

写(write)   看
xiě   kàn

读(read)   听
dú   tīng

三、用"比"回答问题
Answer the following questions with 比

1 A：欧文的汉语怎么样？
Ōuwén de Hànyǔ zěnmeyàng?

B：_____。

2 A：这家饭店的菜怎么样？
Zhè jiā fàndiàn de cài zěnmeyàng?

B：_____。

3 A：她唱歌(sing songs)怎么样？
Tā chàng gē zěnmeyàng?

B：_____。

四、选择合适的词语填空
Fill in the blanks with proper words

听   说   读   写   看
tīng   shuō   dú   xiě   kàn

1 他_____得太快，我_____不懂。
Tā ....de tài kuài, wǒ.........bu dǒng.

2 汉字我_____得懂。
Hànzì wǒ.........de dǒng.

3 中文报纸(newspaper)我____不懂。
Zhōngwén bàozhǐ wǒ.........bu dǒng.

五、完成句子 Complete the sentences

1 住在宿舍很好，可是_____。
Zhù zài sùshè hěn hǎo, kěshì................ .

2 我想睡觉，可是_____。
Wǒ xiǎng shuì jiào, kěshì................ .

3 她发烧了，可是_____。
Tā fā shāo le, kěshì................ .

扩展活动 Extended Activities

一、看图编故事并表演 Make up a story according to the pictures and act.

Word bank

杯子　　被子
bēizi　　bèizi
cup　　quilt

① ② ③

二、学习经验交流 Exchange experience on learning Chinese

利用下面的表准备一下，然后给大家介绍一些学习汉语的好方法。 Make preparations according to the following form, and then introduce some good methods of learning Chinese to your class.

	Words	Listening	Speaking	Reading	Writing
Partner 1					
Partner 2					
Partner 3					

三、游戏：词语接龙 Game: word relay

试试从学过的词语中选择合适的词语做连接词语的游戏。规则如下：词语里必须有一个字和上一个词语中的一个字相同。如"上课——上午——下午——中午——中国……"。Try to choose some appropriate words from what you have learned and play the game of word replay. The rule is that the word must contain the same character as the one in the previous word, such as 上课——上午——下午——中午——中国…….

总结与评价 Summary and Evaluation

一、在这一课你学会了什么？请你试着写出你记住的词语。What have you learned in this
lesson? Please write down the words you have remembered.

A tip for students

You can also write in *pinyin*.

二、在学习中你遇到过哪些问题？你会用汉语表达吗？利用下面的表格整理一下在
这一课你学会的句子。What problems have you encountered in Chinese learning? Are you able to
express your problems in Chinese. Review the sentences you have learned in this lesson according to the
following form.

Problems you met	How to say in Chinese

A tip for students

You can write in your own
language in "Problems you
met" column.

三、完成任务的自我表现评价。Self-evaluation.

A B C D Are you satisfied with your performance?

A B C D Do you often express your own ideas actively?

A B C D Do you often ask your classmates questions actively?

我喜欢上网聊天 (Wǒ xǐhuan shàng wǎng liáo tiān)

I Like Chatting on the Internet

目标 | Objectives

1. 复习表示喜好的词语。Review the words of hobbies.
2. 学习询问和介绍爱好。Learn to ask and introduce hobbies.
3. 学习询问和介绍工作。Learn to ask and introduce jobs.
4. 学习介绍休闲生活。Learn to introduce leisure life.

准 备 Preparation

1. **看图片，和同伴一起说说他们在做什么。**Look at the pictures and discuss with your partner what they are probably talking about.

① ② ③ ④

⑤ ⑥ ⑦ ⑧

2. 利用下面的表格准备一下，然后给大家简单介绍你和家人喜欢做什么，不喜欢做什么？ Make preparations according to the following form and then introduce you and your family members' liking and disliking to the class.

	Liking	Disliking
你 nǐ		
爸爸 bàba		
妈妈 māma		
爷爷 yéye		
奶奶 nǎinai		
……		

给教师的提示
您可以让部分同学说，也可以分小组进行。

词语 Words and Expressions

❑ 朗读下列词语，注意发音和词语的意思。 Read the following words aloud, pay attention to the pronunciation and the meanings.

1 过 guò indicating the completion of an action	2 地方 dìfang place	3 旅行 lǚxíng travel	4 唱 chàng sing	5 歌 gē song	6 音乐 yīnyuè music	7 爱好 àihào hobby
8 篮球 lánqiú basketball	9 运动 yùndòng sport	10 球 qiú ball	11 爬 pá climb	12 山 shān mountain	13 周 zhōu week	14 公共汽车 gōnggòng qìchē bus
15 骑 qí ride	16 自行车 zìxíngchē bicycle	17 画家 huàjiā painter	18 画 huà paint	19 画儿 huàr picture	20 特别 tèbié especially	21 正在 zhèngzài be doing
22 学习 xuéxí study		23 新闻 xīnwén news		24 一边…一边… yìbiān … yìbiān … while		
25 作业 zuòyè homework		26 中文 Zhōngwén Chinese	专有名词 Proper nouns	27 西山 Xīshān Xishan Mountain	28 云南 Yúnnán Yunnan	

选择合适的词语进行搭配。Choose the proper words to match the words below.

爱好
àihào

学习
xuéxí

正在
zhèngzài

句子 Sentences

朗读句子。Read the sentences aloud.

1 我喜欢旅行，去过很多地方。
Wǒ xǐhuan lǚxíng, qù guo hěn duō dìfang.
I love traveling and I have been to many places.

2 你的爱好是什么？
Nǐ de àihào shì shénme?
What's your hobby?

3 你有什么爱好？
Nǐ yǒu shénme àihào?
What's your hobby?

4 你喜欢什么运动？
Nǐ xǐhuan shénme yùndòng?
What sports do you like?

5 你做什么工作？
Nǐ zuò shénme gōngzuò?
What do you do?

6 每天晚上你干什么？
Měi tiān wǎnshang nǐ gàn shénme?
What do you do in the evening?

7 有时候跟朋友聊天儿，有时候看电视。
Yǒu shíhou gēn péngyou liáo tiānr, yǒu shíhou kàn diànshì.
Sometimes I chat with my friends and sometimes I watch TV.

8 我喜欢一边听音乐一边聊天儿。
Wǒ xǐhuan yìbiān tīng yīnyuè yìbiān liáo tiānr.
I like listening to the music while chatting.

听录音，填词语。Listen to the recording and fill in the blanks. 15-01

1 我喜欢旅行，去过很多_____。
Wǒ xǐhuan lǚxíng, qù guo hěn duō..........

2 你喜欢什么_____？
Nǐ xǐhuan shénme..........?

3 欧文，每天晚上你_____？
Ōuwén, měi tiān wǎnshang nǐ..........?

4 山本，你有什么_____？
Shānběn, nǐ yǒu shénme..........?

5 _____跟朋友聊天儿，_____看电视。
gēn péngyou liáo tiānr, ...kàn diànshì.

6 我喜欢_____听音乐_____上网聊天儿。
Wǒ xǐhuan..........tīng yīnyuè..........shàng wǎng liáo tiānr.

情景 Situations

一

☐ 看图片，和同伴商量他们可能在说什么。Look at the pictures, and discuss with your partner what they are probably talking about.

① ② ③ ④

☐ 朗读对话一，注意发音和语气。Read Dialogue 1 aloud, pay attention to the pronunciation and the tone.

娜拉：　王军，你去过什么地方？
Nàlā:　Wáng Jūn, nǐ qù guo shénme dìfang?

王军：　我喜欢旅行，去过很多地方。
Wáng Jūn:　Wǒ xǐhuan lǚxíng, qù guo hěn duō dìfang.

娜拉：　我不喜欢旅行，太累了。
Nàlā:　Wǒ bù xǐhuan lǚxíng, tài lèi le.

欧文：　那你喜欢什么？
Ōuwén:　Nà nǐ xǐhuan shénme?

娜拉：　我喜欢唱歌和听音乐。
Nàlā:　Wǒ xǐhuan chàng gē hé tīng yīnyuè.

王军：　欧文，你的爱好是什么？
Wáng Jūn:　Ōuwén, nǐ de àihào shì shénme?

欧文：　我喜欢打篮球。
Ōuwén:　Wǒ xǐhuan dǎ lánqiú.

王军：　山本，你有什么爱好？
Wáng Jūn:　Shānběn, nǐ yǒu shénme àihào?

山本：　我喜欢看书。
Shānběn:　Wǒ xǐhuan kàn shū.

Nara:	Wang Jun, what places have you been to?
Wang Jun:	I love traveling and I have been to many places.
Nara:	I don't like travelling. It's too tiring.
Irving:	Then what do you like to do?
Nara:	I like singing and listening to the music.
Wang Jun:	Irving, what's your hobby?
Irving:	I like playing basketball.
Wang Jun:	Yamamoto, what's your hobby?
Yamamoto:	I like reading.

Tip:

1. 过 is used after a verb to indicate that a certain action or change has occurred. E.g. 你看过这个电影吗？(Nǐ kàn guo zhège diànyǐng ma? Have you seen this movie?)

215

☐ **根据对话一回答问题。**Answer the following questions according to Dialogue 1.

1 王军的爱好是什么？
Wáng Jūn de àihào shì shénme?

4 欧文有什么爱好？
Ōuwén yǒu shénme àihào?

2 娜拉喜欢旅行吗？为什么？
Nàlā xǐhuan lǚxíng ma? Wèi shénme?

5 山本有什么爱好？
Shānběn yǒu shénme àihào?

3 娜拉喜欢什么？
Nàlā xǐhuan shénme?

（二）————————————————————○

☐ **听录音，判断正误。**Listen to the recording and decide whether the following sentences are true or false. 🔘 15-02

1 玛莎喜欢运动。 ☐
Mǎshā xǐhuan yùndòng.

4 周六他们要去爬西山。 ☐
Zhōuliù tāmen yào qù pá Xīshān.

2 玛莎喜欢骑自行车和爬山。 ☐
Mǎshā xǐhuan qí zìxíngchē hé pá shān.

5 他们要坐112路公共汽车去。 ☐
Tāmen yào zuò yāoyāo'èr lù gōnggòng qìchē qù.

3 王军不喜欢爬山。 ☐
Wáng Jūn bù xǐhuan pá shān.

6 他们要骑车去。 ☐
Tāmen yào qí chē qù.

☐ **朗读对话二，注意发音和语气。**Read Dialogue 2 aloud, pay attention to the pronunciation and the tone.

王军： 玛莎，你喜欢运动吗？
Wáng Jūn: Mǎshā, nǐ xǐhuan yùndòng ma?

玛莎： 非常喜欢。
Mǎshā: Fēicháng xǐhuan.

王军： 你喜欢什么运动？
Wáng Jūn: Nǐ xǐhuan shénme yùndòng?

玛莎： 游泳、打球和爬山。
Mǎshā: Yóuyǒng, dǎ qiú hé pá shān.

王军： 我也喜欢爬山。
Wáng Jūn: Wǒ yě xǐhuan pá shān.

玛莎： 周日²我们一起爬西山吧？
Mǎshā: Zhōurì wǒmen yìqǐ pá Xīshān ba?

王军： 好啊。
Wáng Jūn: Hǎo a.

Wang Jun:	Masha, do you like sports?
Masha:	Very much.
Wang Jun:	What sports do you like?
Masha:	Swimming, playing ball games and climbing mountains.
Wang Jun:	I like climbing mountains too.
Masha:	Let's climb Xishan Mountain on Sunday.
Wang Jun:	Great.
Masha:	How can we get there?
Wang Jun:	We can take bus 112.
Masha:	The bus is always crowded.
Wang Jun:	How about a bike-riding?
Masha:	Okay.

玛莎： 我们怎么去？
Mǎshā: Wǒmen zěnme qù?

王军： 坐112路公共汽车。
Wáng Jūn: Zuò yāoyāo'èr lù gōnggòng qìchē.

玛莎： 公共汽车人太多了。
Mǎshā: Gōnggòng qìchē rén tài duō le.

王军： 骑自行车去，怎么样？
Wáng Jūn: Qí zìxíngchē qù, zěnmeyàng?

玛莎： 行。
Mǎshā: Xíng.

> **Tip:**
>
> 1. In Chinese, 星期 can be substituted by 周. E.g. 星期一 can be said 周一 and 星期日 can be said 周日. But 星期天 cannot be said 周天.

❑ 根据对话二，选择合适的句子跟同伴对话。Choose the proper sentences in Dialogue 2 and talk with your partner.

Ask	Answer°
	非常喜欢。 Fēicháng xǐhuan.
你喜欢什么运动？ Nǐ xǐhuan shénme yùndòng?	
	好啊。 Hǎo a.
我们怎么去？ Wǒmen zěnme qù?	
	行。 Xíng.

（三）

❑ 看着图片听两遍录音，然后和同伴根据图片内容对话。Look at the picture and listen to the recording twice. Then make a dialogue with your partner according to the picture. 🔘 15-03

❑ **朗读对话三，注意发音和语气。** Read Dialogue 3 aloud, pay attention to the pronunciation and the tone.

玛莎： 你好！
Mǎshā: Nǐ hǎo!

画家： 你好！你去云南旅行吗？
Huàjiā: Nǐ hǎo! Nǐ qù Yúnnán lǚxíng ma?

玛莎： 对，你呢？
Mǎshā: Duì, nǐ ne?

画家： 我去工作。
Huàjiā: Wǒ qù gōngzuò.

玛莎： 你做什么工作？
Mǎshā: Nǐ zuò shénme gōngzuò?

画家： 我是画画儿的。
Huàjiā: Wǒ shì huà huàr de.

玛莎： 我特别喜欢中国画儿。
Mǎshā: Wǒ tèbié xǐhuan Zhōngguó huàr.

画家： 你会[1]画吗？
Huàjiā: Nǐ huì huà ma?

玛莎： 会一点儿。现在正在学呢[2]。
Mǎshā: Huì yìdiǎnr. Xiànzài zhèngzài xué ne.

画家： 你来中国学画画儿吗？
Huàjiā: Nǐ lái Zhōngguó xué huà huàr ma?

玛莎： 不，我来学习汉语。
Mǎshā: Bù, wǒ lái xuéxí Hànyǔ.

Masha: Hello!
Painter: Hello. Are you going to Yunnan for a trip?
Masha: Yes. How about you?
Painter: I am going there to work.
Masha: What do you do?
Painter: I am a painter and I go there to paint.
Masha: I like Chinese paintings especially.
Painter: Can you paint?
Masha: Only a little. I am still learning.
Painter: Did you come to China to learn painting?
Masha: No, I came to learn Chinese.

Tips:

1. Here 会 is a verb meaning *be able to*.
2. 正在……呢 indicates that an action is ongoing, such as 我们正在上课呢。(Wǒmen zhèngzài shàng kè ne. We are attending the class.)

❑ **根据对话三判断下列说法是否正确。** Decide whether the following statements are true or false according to Dialogue 3.

1 玛莎去云南旅行。 ☐
Mǎshā qù Yúnnán lǚxíng.

2 画家也去云南旅行。 ☐
Huàjiā yě qù Yúnnán lǚxíng.

3 玛莎也想当画家。 ☐
Mǎshā yě xiǎng dāng huàjiā.

4 玛莎不会画画儿。 ☐
Mǎshā bú huì huà huàr.

5 玛莎来中国学画画儿。 ☐
Mǎshā lái Zhōngguó xué huà huàr.

❑ **根据对话三填空，然后试着说说课文。** Fill in the blanks according to Dialogue 3 and try to retell it.

玛莎去云南_____。她遇到 (meet) 一个_____，他去云南_____。玛莎

Mǎshā qù Yúnnán............. Tā yù dào yí ge.............., tā qù Yúnnán.......................... Mǎshā

特别喜欢_____，她也会_____，她正在_____。玛莎来中国不是_____，

tèbié xǐhuan.............., tā yě huì.............., tā zhèngzài............. Mǎshā lái Zhōngguó bú shì.......,

她来学习_____。

tā lái xuéxí ....

四

❑ **看着图片听两遍录音，然后和同伴商量录音和图片的内容有什么不同。** Look at the picture and listen to the recording twice. Then discuss with your partner the differences between the picture and what you hear. 🔘 15-04

Měi tiān wǎnshang nǐmen gàn shénme?

❑ **朗读对话四，注意发音和语气。** Read Dialogue 4 aloud, pay attention to the pronunciation and the tone.

春香: 欧文，每天晚上你干什么？
Chūnxiāng: Ōuwén, měi tiān wǎnshang nǐ gàn shénme?

欧文: 有时候跟朋友聊天儿，
Ōuwén: Yǒu shíhou gēn péngyou liáo tiānr,

有时候看电视。
yǒu shíhou kàn diànshì.

春香: 王军，你呢？
Chūnxiāng: Wáng Jūn, nǐ ne?

Chun Hyang:	Irving, what do you do in the evening?
Irving:	Sometimes I chat with my friends and sometimes I watch TV.
Chun Hyang:	Wang Jun, how about you?
Wang Jun:	I like surfing on the Internet and I do

王军: 我喜欢上网，每天
Wáng Jūn: Wǒ xǐhuan shàng wǎng, měi tiān

晚上都上网。
wǎnshang dōu shàng wǎng.

娜拉: 我也上网。你聊天儿吗？
Nàlā: Wǒ yě shàng wǎng. Nǐ liáo tiānr ma?

王军: 聊天儿，也看新闻。
Wáng Jūn: Liáo tiānr, yě kàn xīnwén.

娜拉: 我喜欢一边听音乐一边[1]
Nàlā: Wǒ xǐhuan yìbiān tīng yīnyuè yìbiān

聊天儿。
liáo tiānr.

春香: 我没有时间，晚上要学习汉语。
Chūnxiāng: Wǒ méi yǒu shíjiān, wǎnshang yào xuéxí Hànyǔ.

欧文: 你真是个好学生。写作业吗？
Ōuwén: Nǐ zhēn shì ge hǎo xuésheng. Xiě zuòyè ma?

春香: 有时候也看中文电影。
Chūnxiāng: Yǒu shíhou yě kàn Zhōngwén diànyǐng.

Nara:	I surf on the Internet too. Do you chat?
Wang Jun:	Yes. I also read the news on the Internet.
Nara:	I like listening to the music while chatting.
Chun Hyang:	I don't have time. I have to study Chinese in the evening.
Irving:	You are such a good student. Do you always do your homework?
Chun Hyang:	Sometimes I see Chinese movies.

Tip:

1. 一边…一边……is used to indicate that two or more actions are happening simultaneously. E.g.我们一边看电视一边聊天儿。(Wǒmen yìbiān kàn diànshì yìbiān liáo tiānr. We are watching TV while chatting.)

❑ **画线连接。** Draw lines and match.

① 欧文，每天晚上你干什么？
Ōuwén, měi tiān wǎnshang nǐ gàn shénme?

② 王军，你呢？
Wáng Jūn, nǐ ne?

③ 你聊天儿吗？
Nǐ liáo tiānr ma?

④ 你真是个好学生。写作业吗？
Nǐ zhēn shì ge hǎo xuésheng. Xiě zuòyè ma?

Ⓐ 有时候也看中文电影。
Yǒu shíhou yě kàn Zhōngwén diànyǐng.

Ⓑ 有时候跟朋友聊天儿，有时候看电视。
Yǒu shíhou gēn péngyou liáo tiānr, yǒu shíhou kàn diànshì.

Ⓒ 聊天儿，也看新闻。
Liáo tiānr, yě kàn xīnwén.

Ⓓ 我喜欢上网，每天晚上都上网。
Wǒ xǐhuan shàng wǎng, měi tiān wǎnshang dōu shàng wǎng.

活动 Activities

一、看图学词语 Look at the pictures and learn words

看图片，和同伴一起谈谈这些活动。Look at the pictures and discuss these activities with your partner.

踢足球
tī zúqiú
play football

打篮球
dǎ lánqiú
play basketball

打羽毛球
dǎ yǔmáoqiú
play badminton

弹钢琴
tán gāngqín
play piano

跳舞
tiào wǔ
dance

玩儿游戏
wánr yóuxì
play games

二、小组活动 Group work

☐ 4人一组。先利用下面的表格准备一下，然后和同伴交流。Work in groups of 4. Make preparations according to the following form and then discuss with your partner.

	Activities in the evenings	Activities at weekands
Yourself		
Partner 1		
Partner 2		
Partner 3		

Patterns

你每天晚上做什么？
Nǐ měi tiān wǎnshang zuò shénme?

我有时候……有时候……
Wǒ yǒu shíhou …… yǒu shíhou ……

三、小组活动 Group work

1. 四人一组。先和同伴商量一下你们要成立什么样的兴趣小组，然后分别去问其他同学的爱好，邀请有同样爱好的同学来参加你们的小组。Work in groups of 4. First discuss with your partner what kind of interest group you are going to form. Then ask other classmates' hobbies and invite those who share the same hobbies to join the group.

2. 小组成立以后，要制订一个兴趣小组的活动计划。After the group is formed, make an activity plan and schedule.

3. 向全班介绍活动计划，请大家提建议。Present the plan to the class and ask them for suggestion.

语言练习 Language Focus

一、语音和语调 Pronunciation and intonation

1. 辨音练习。Sound discrimination.

an-ian	uo-ou	ün-üe	in-ing
shan-bian	guo-hou	yun-yue	xin-xing

2. 声调练习。Tone exercises.

guǒ　chàng　gē　dǎ　qiú　pá　shān　qí　huà

3. 朗读下列词语。Read the following words aloud.

① 前重后轻。Stressing the former part.

地方	时候
dìfang	shíhou

② 前中后重。Stressing the latter part.

旅行	音乐	爱好	运动	画家	正在	学习	新闻	作业	中文
lǚxíng	yīnyuè	àihào	yùndòng	huàjiā	zhèngzài	xuéxí	xīnwén	zuòyè	Zhōngwén

4. 用正确的语调朗读下面的句子，注意语气和重音。Read the following sentences aloud with correct intonation, pay attention to the tone and the stress.

① 我喜欢旅行，去过很多地方。
Wǒ xǐhuan lǚxíng, qù guo hěn duō dìfang.

② 你有什么爱好？
Nǐ yǒu shénme àihào?

③ 我喜欢打球。
　　Wǒ xǐhuan dǎ qiú.

④ 你喜欢什么运动？
　　Nǐ xǐhuan shénme yùndòng?

⑤ 每天晚上你干什么？
　　Měi tiān wǎnshang nǐ gàn shénme?

⑥ 有时候跟朋友聊天儿，有时候看电视。
　　Yǒu shíhou gēn péngyou liáo tiānr, yǒu shíhou kàn diànshì.

⑦ 我喜欢一边听音乐一边上网聊天儿。
　　Wǒ xǐhuan yìbiān tīng yīnyuè yìbiān shàng wǎng liáo tiānr.

二、替换练习 Substitution exercises

① 你有什么爱好？我喜欢打球。
　　Nǐ yǒu shénme àihào? Wǒ xǐhuan dǎ qiú.

　　　　　　　　唱歌
　　　　　　　　chàng gē

　　　　　　　　看书
　　　　　　　　kàn shū

　　　　　　　　爬山
　　　　　　　　pá shān

② 我有时候跟朋友聊天儿，有时候看电视。
　　Wǒ yǒu shíhou gēn péngyou liáo tiānr, yǒu shíhou kàn diànshì.

写作业	上网
xiě zuòyè	shàng wǎng
去运动	睡觉
qù yùndòng	shuì jiào
去买东西(go shopping)	休息
qù mǎi dōngxi	xiūxi

三、完成句子练习 Complete the sentences

1. 用"一边……一边……"完成句子。Complete the sentences with 一边……一边…….

A: 他＿＿＿＿＿＿＿。（写作业、看电视）
　　Tā.............................. . (xiě zuòyè, kàn diànshì)

B: 欧文和朋友＿＿＿＿＿＿＿。（喝酒、聊天儿）
　　Ōuwén hé péngyou....................... .(hē jiǔ, liáo tiānr)

C: 姐姐＿＿＿＿＿＿＿。（散步、唱歌）
　　Jiějie................................ . (sàn bù, chàng gē)

2. 用"过"回答问题。Answer the following questions with 过.

① A: 你吃过什么中国菜？
　　 Nǐ chī guo shénme Zhōngguó cài?
　 B: ＿＿＿＿＿＿＿。

② A: 你买过什么书？
　　 Nǐ mǎi guo shénme shū?
　 B: ＿＿＿＿＿＿＿。

③ A: 你看过什么电影？
　　 Nǐ kàn guo shénme diànyǐng?
　 B: ＿＿＿＿＿＿＿。

3. 用"有时候……有时候……"回答问题。Answer the following questions with 有时候……有时候…….

① A: 你每天下午干什么？
　　 Nǐ měi tiān xiàwǔ gàn shénme?
　 B: ＿＿＿＿＿＿＿。

② A: 你晚上几点睡觉？
　　 Nǐ wǎnshang jǐ diǎn shuì jiào?
　 B: ＿＿＿＿＿＿＿。

③ A: 她经常在哪儿吃饭？
　　 Tā jīngcháng zài nǎr chī fàn?
　 B: ＿＿＿＿＿＿＿。

扩展活动 Extended Activities

一、招聘会 Recruitment fair

学校要招聘一个体育节目和一个文艺节目的主持人。除了会说汉语外，其他要求如下： The school is recruiting an emcee of sports programs and an emcee of entertainment programs. Besides being able to speak Chinese, the other requirements are as the following:

文艺节目主持人：爱好音乐，会唱歌、跳舞者优先。

体育节目主持人：爱好运动，擅长两种以上的运动项目者优先。

1. 根据上面的应聘条件，想一想应该怎么介绍自己。

2. 大家轮流上台推荐自己，由大家选出两名最合适的主持人。

Emcee of entertainment programs: have a good taste for music, preference to those who are capable of singing and dancing.

Emcee of sports programs: have a good taste for sports, preference to those who are good at two sports or above.

1. Work out a way to introduce yourself according to the requirements above.

2. Students come up to the platform in turn to recommend themselves, and then the whole class select two most suitable emcees.

Word bank				
中学	大学	主持人	晚会	节目
zhōngxué	dàxué	zhǔchírén	wǎnhuì	jiémù
middle school	university	emcee	party	program

224

二、采访名人 Interview a celebrity

如果你是一名记者，你最想采访照片中的哪个人？请准备好自己要采访的问题，并进行模拟采访。If you are a journalist, who in the picture do you want to interview the most? Prepare the questions you want to ask and conduct a mock interview.

① ② ③

④ ⑤ ⑥

A tip for students

You can choose a classmate by your interviewer.

三、游戏：电视交友 Game: make friend on TV show

你被邀请参加一个电视交友节目，利用下面的表做准备，然后选择一个你想交往的人跟他/她交谈，看看是否适合做自己的（男/女）朋友。You are invited to a friend-making TV program. Make preparations according to the following form, choose one person you want to get acquainted with, talk to him/her, and then check out whether he/she fits you as your boyfriend/girlfriend.

Things you want to know	Questions you may ask
age and hobbies	1.
habits	2.
……	……

给教师的提示
您可以让男生坐在一起，女生坐在一起。

总结与评价 Summary and Evaluation

一、在这一课你学会了什么？请你试着写出你记住的词语。What have you learned in this lesson? Please write down the words you have remembered.

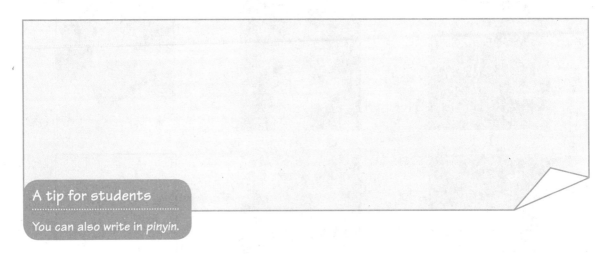

A tip for students

You can also write in *pinyin*.

二、你能用汉语介绍自己的爱好或工作了吗？利用下面的表格整理这一课学会的词语和句子，有机会用用这些学过的句子。Are you able to introduce your hobbies or job in Chinese? Review the words and sentences in this lesson according to the following form. Try to use these if you have a chance.

Hobbies	Job	Leisure life

三、完成任务的自我表现评价。Self-evaluation.

A	B	C	D	Are you satisfied with your own performance?
A	B	C	D	Do you often express your own ideas actively?
A	B	C	D	Do you often ask your classmates questions actively?

第16课

周末天气怎么样？ (Zhōumò tiānqì zěnmeyàng?)
What Will the Weather Be Like This Weekend?

目标 | Objectives

1. 复习简单说明原因。Review how to simply explain reasons.
2. 学习询问和简单说明天气情况。Learn to enquire and simply explain weather conditions.
3. 学习询问和谈论周末出游计划。Learn to enquire and discuss weekend outdoor plan.
4. 学习询问和说明对不同季节的喜好。Learn to enquire and explain your attitudes toward different seasons.

准备 Preparation

1. 看图片，和同伴谈谈图片内容。Look at the pictures and discuss with your partner.

Pattern
……为什么……?
…… wèi shénme……?

2. 周末天气好的时候你最想做什么？天气不好的时候你想做什么？跟大家交流一下。
What do you want to do the most if the weather is fine at the weekend? What if the weather is foul? Discuss them with others.

3. 看看图片，你知道用汉语怎么说吗？Look at the pictures. Do you know how to describe the weather in Chinese?

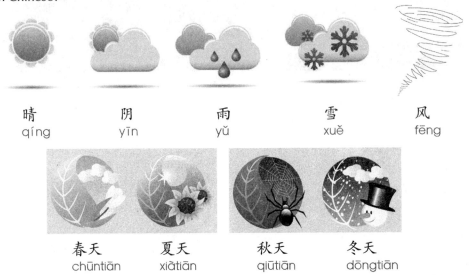

晴	阴	雨	雪	风
qíng	yīn	yǔ	xuě	fēng

春天	夏天	秋天	冬天
chūntiān	xiàtiān	qiūtiān	dōngtiān

词语 Words and Expressions

❏ 朗读下列词语，注意发音和词语的意思。Read the following words aloud, pay attention to the pronunciation and the meanings.

1 天气 tiānqì weather	2 晴 qíng sunny	3 热 rè hot	4 听说 tīngshuō it's said that	5 阴 yīn overcast	6 雨 yǔ rain	7 秋天 qiūtiān fall
8 不过 bú guò however	9 夏天 xiàtiān summer	10 穿 chuān wear	11 衣服 yīfu clothes	12 冬天 dōngtiān winter	13 因为 yīnwèi because	14 雪 xuě snow
15 冷 lěng cold	16 春天 chūntiān spring	17 怕 pà hate	18 比较 bǐjiào comparatively	19 刮 guā blow	20 大风 dà fēng strong wind	21 那么 nàme such
专有名词 Proper nouns	22 大连 Dàlián Dalian					

❏ 选择合适的词语进行搭配。Choose the proper words to match the words below.

天气 tiānqì	冬天 dōngtiān	怕 pà

A tip for students

You should find as many words as you can to match the words mentioned above.

句子 Sentences

□ **朗读句子。** Read the sentences aloud.

(1) 今天天气怎么样？

Jīntiān tiānqì zěnmeyàng?

What's the weather like today?

(2) 非常好，是晴天。

Fēicháng hǎo, shì qíng tiān.

Very good. It is sunny.

(3) 多少度？

Duōshao dù?

What's the degree?

(4) 听说上午阴天，下午有雨。

Tīngshuō shàngwǔ yīn tiān, xiàwǔ yǒu yǔ.

It's said that it will be overcast in the morning and raining in the afternoon.

(5) 我最喜欢这里的秋天。

Wǒ zuì xǐhuan zhèlǐ de qiūtiān.

I like fall the best here.

(6) 这儿的冬天冷不冷？

Zhèr de dōngtiān lěng bu lěng?

Is it cold here in winter?

(7) 春天和秋天最好了，不冷也不热。

Chūntiān hé qiūtiān zuì hǎo le, bù lěng yě bú rè.

It's best in spring and fall, neither too cold nor too hot.

□ **听录音，填词语。** Listen to the recording and fill in the blanks. 🔘16-01

(1) 非常好，是_____。

Fēicháng hǎo, shì............ .

(2) 明天多少_____？

Míngtiān duōshao............?

(3) 今天_____怎么样？

Jīntiān...........zěnmeyàng?

(4) 这儿的冬天_____？

Zhèr de dōngtiān............?

(5) _____和_____最好了，不冷也不热。

...................hé..............zuì hǎo le, bù lěng yě bú rè.

(6) 听说明天上午_____，下午_____。

Tīngshuō míngtiān shàngwǔ............, xiàwǔ............ .

(7) 我最喜欢这里的_____。

Wǒ zuì xǐhuan zhèlǐ de............ .

情景 Situations

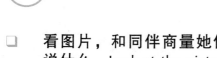

□ **看图片，和同伴商量她们可能说什么。** Look at the picture, and discuss with your partner what they are probably talking about.

❏ 朗读对话一，注意发音和语气。Read Dialogue 1 aloud, pay attention to the pronunciation and the tone.

春香: 今天天气怎么样?
Chūnxiāng: Jīntiān tiānqì zěnmeyàng?

娜拉: 非常好，是晴天。
Nàlā: Fēicháng hǎo, shì qíng tiān.

春香: 热不热?
Chūnxiāng: Rè bu rè?

娜拉: 有点儿热。
Nàlā: Yǒudiǎnr rè.

春香: 多少度?
Chūnxiāng: Duōshao dù?

娜拉: 29度。
Nàlā: Èrshíjiǔ dù.

春香: 明天呢?
Chūnxiāng: Míngtiān ne?

娜拉: 听说上午阴，下午有雨。
Nàlā: Tīngshuō shàngwǔ yīn, xiàwǔ yǒu yǔ.

春香: 一下雨就[1]不热了。
Chūnxiāng: Yí xià yǔ jiù bú rè le.

Chun Hyang:	What's the weather like today?
Nara:	Very good. It's sunny.
Chun Hyang:	Is it hot?
Nara:	A little bit.
Chun Hyang:	What's the degree?
Nara:	29 degrees.
Chun Hyang:	How about tomorrow?
Nara:	It's said that it will be overcast in the morning and raining in the afternoon.
Chun Hyang:	It won't be that hot after the rain.

Tip:

1. Here——……就……links two actions. The former action indicates the condition and reason, and the latter indicates the result, which is caused under the previous condition. E.g. 我一感冒就咳嗽。(Wǒ yì gǎnmào jiù késou.).

❏ 根据对话一，选择合适的句子跟同伴对话。Choose the proper sentences in Dialogue 1 and talk with your partner.

Ask	Answer
	非常好，是晴天。 Fēicháng hǎo, shì qíng tiān.
热不热? Rè bu rè?	
	29度。 Èrshíjiǔ dù.
明天呢? Míngtiān ne?	

☐ 看着图片听两遍录音，然后和同伴商量录音和图片的内容有什么不同。Look at the picture and listen to the recording twice. Then discuss with your partner the differences between the picture and what you hear. 🔘 16-02

☐ 朗读对话二，注意发音和语气。Read Dialogue 2 aloud, pay attention to the pronunciation and the tone.

娜拉：老师说周末我们要去大连。
Nàlā: Lǎoshī shuō zhōumò wǒmen yào qù Dàlián.

玛莎：太好了！听说大连非常漂亮。
Mǎshā: Tài hǎo le! Tīngshuō Dàlián fēicháng piàoliang.

春香：是啊！我特别想去。
Chūnxiāng: Shì a! Wǒ tèbié xiǎng qù.

欧文：周末的天气怎么样？
Ōuwén: Zhōumò de tiānqì zěnmeyàng?

娜拉：周六是晴天。
Nàlā: Zhōuliù shì qíng tiān.

玛莎：太好了，我们可以游泳。
Mǎshā: Tài hǎo le, wǒmen kěyǐ yóuyǒng.

欧文：周日的天气怎么样？
Ōuwén: Zhōurì de tiānqì zěnmeyàng?

娜拉：周日有雨。
Nàlā: Zhōurì yǒu yǔ.

春香：我不喜欢下雨。
Chūnxiāng: Wǒ bù xǐhuan xià yǔ.

Nara: The teacher said that we are going to Dalian this weekend.
Masha: Great! It's said that Dalian is very beautiful.
Chun Hyang: Yes! I dream of going there.
Irving: What will the weather be like at the weekend?
Nara: It will be sunny on Saturday.
Masha: Great. We can swim then.
Irving: How about the weather on Sunday?
Nara: It will rain.
Chun Hyang: I don't like rain.

☐ **根据课文回答问题。** Answer the following questions according to the text.

1 周末他们要去哪儿？
Zhōumò tāmen yào qù nǎr?

2 那儿漂亮吗？
Nǎr piàoliang ma?

3 周六的天气好吗？他们可以做什么？
Zhōuliù de tiānqì hǎo ma? Tāmen kěyǐ zuò shénme?

4 周日的天气怎么样？
Zhōurì de tiānqì zěnmeyàng?

（三）

☐ **听录音，判断正误。** Listen to the recording and decide whether the following sentences are true or false. 🔘 16-03

1 山本不喜欢这里。 ☐
Shānběn bù xǐhuan zhèlǐ.

2 这里的秋天很漂亮。 ☐
Zhèlǐ de qiūtiān hěn piàoliang.

3 这里的夏天天气很好。 ☐
Zhèlǐ de xiàtiān tiānqì hěn hǎo.

4 玛莎喜欢夏天，夏天可以游泳。 ☐
Mǎshā xǐhuan xiàtiān, xiàtiān kěyǐ yóuyǒng.

5 娜拉不喜欢冬天，她喜欢夏天。 ☐
Nàlā bù xǐhuan dōngtiān, tā xǐhuan xiàtiān.

☐ **朗读对话三，注意发音和语气。** Read Dialogue 3 aloud, pay attention to the pronunciation and the tone.

李红： 你喜欢这里吗？
Lǐ Hóng： Nǐ xǐhuan zhèlǐ ma?

山本： 喜欢。我最喜欢这里的秋天。
Shānběn： Xǐhuan. Wǒ zuì xǐhuan zhèlǐ de qiūtiān.

李红： 这里的秋天很漂亮。
Lǐ Hóng： Zhèlǐ de qiūtiān hěn piàoliang.

山本： 天气也很好。
Shānběn： Tiānqì yě hěn hǎo.

李红： 不过1，我喜欢夏天。
Lǐ Hóng： Búguò, wǒ xǐhuan xiàtiān.

玛莎： 我也觉得夏天好，可以穿漂亮衣服。
Mǎshā： Wǒ yě juéde xiàtiān hǎo, kěyǐ chuān piàoliang yīfu.

春香： 我喜欢冬天。
Chūnxiāng： Wǒ xǐhuan dōngtiān.

玛莎： 为什么？
Mǎshā： Wèi shénme?

Li Hong:	Do you like it here?
Yamamoto:	Yes. I like fall the best here.
Li Hong:	It is very beautiful in fall here.
Yamamoto:	The weather is good, too.
Li Hong:	But, I like summer.
Masha:	I prefer summer too, because we can wear beautiful clothes.
Chun Hyang:	I like winter the best.
Masha:	Why?

春香: 因为冬天有雪啊。
Chūnxiāng: Yīnwèi dōngtiān yǒu xuě a.

娜拉: 冬天太冷了，我喜欢
Nàlā: Dōngtiān tài lěng le, wǒ xǐhuan

        春天。
        chūntiān.

Chun Hyang: Because it snows in winter.
Nara: It's too cold in winter. I like spring best.

Tip:

1. 不过 indicates a turn of meaning. Its effect is milder than 但是.

□ 根据对话三内容填空，然后试着说说课文。Fill in the blanks according to Dialogue 3, and try to retell it.

山本喜欢＿＿＿，因为＿＿＿。李红喜欢＿＿＿，玛莎也喜欢，因为＿＿＿。
Shānběn xǐhuan............, yīnwèi............. Lǐ Hóng xǐhuan............., Mǎshā yě xǐhuan, yīnwèi............ .

春香喜欢＿＿＿，因为＿＿＿。娜拉不喜欢＿＿＿，因为＿＿＿，她喜欢＿＿＿。
Chūnxiāng xǐhuan....., yīnwèi............. Nàlā bù xǐhuan............., yīnwèi................, tā xǐhuan............. .

四

□ 听录音，回答问题。Listen to the recording and answer the following questions. 🔘 16-04

① 这儿的冬天冷不冷？
Zhèr de dōngtiān lěng bu lěng?

② 金大成怕冷吗？
Jīn Dàchéng pà lěng ma?

③ 韩国的冬天冷不冷？
Hánguó de dōngtiān lěng bu lěng?

④ 这儿的夏天热吗？
Zhèr de xiàtiān rè ma?

⑤ 这儿的春天和秋天怎么样？
Zhèr de chūntiān hé qiūtiān zěnmeyàng?

⑥ 这儿的春天经常刮大风吗？
Zhèr de chūntiān jīngcháng guā dà fēng ma?

❑ **朗读对话四，注意发音和语气。** Read Dialogue 4 aloud, pay attention to the pronunciation and the tone.

金大成： 这儿的冬天冷不冷？
Jīn Dàchéng： Zhèr de dōngtiān lěng bu lěng?

欧文： 有点儿冷。
Ōuwén： Yǒudiǎnr lěng.

金大成： 我最怕冷了。
Jīn Dàchéng： Wǒ zuì pà lěng le.

欧文： 韩国的冬天冷吗？
Ōuwén： Hánguó de dōngtiān lěng ma?

金大成： 我住的地方一点儿也[1]不冷。
Jīn Dàchéng： Wǒ zhù de dìfang yìdiǎnr yě bù lěng.

欧文： 你怕热吗？夏天这里比较热。
Ōuwén： Nǐ pà rè ma? Xiàtiān zhèlǐ bǐjiào rè.

金大成： 我不怕。春天和秋天怎么样？
Jīn Dàchéng： Wǒ bú pà. Chūntiān hé qiūtiān zěnmeyàng?

欧文： 春天和秋天最好了，不冷也不热。
Ōuwén： Chūntiān hé qiūtiān zuì hǎo le, bù lěng yě bú rè.

金大成： 听说春天经常刮大风？
Jīn Dàchéng： Tīngshuō chūntiān jīngcháng guā dà fēng?

欧文： 现在没有那么大了。
Ōuwén： Xiànzài méiyǒu nàme dà le.

Kim Tae-song: Is it cold here in winter?
Irving: A little bit.
Kim Tae-song: I hate cold.
Irving: Is it cold in winter in South Korea?
Kim Tae-song: Not at all in my place.
Irving: Are you afraid of hot? It is comparatively hot in summer here.
Kim Tae-song: No. How about spring and fall?
Irving: It's best in spring and fall, neither too cold nor too hot.
Kim Tae-song: It's said that it's windy in spring?
Irving: Now it is not as bad as before.

Tip:
1. 一点儿也 is used before 不 or 没有 to indicate a total negative effect. E.g. 一点儿也不热 (yì diǎnr yě bú rè not hot at all) or 一点儿也没吃 (yì diǎnr yě méi chī didn't eat at all)

❑ **画线连接。** Draw lines and match.

① 这儿的冬天冷不冷？
Zhèr de dōngtiān lěng bu lěng?

② 韩国的冬天冷吗？
Hánguó de dōngtiān lěng ma?

③ 春天和秋天怎么样？
Chūntiān hé qiūtiān zěnmeyàng?

④ 听说春天经常刮大风？
Tīngshuō chūntiān jīngcháng guā dà fēng?

Ⓐ 我住的地方一点儿也不冷。
Wǒ zhù de dìfang yìdiǎnr yě bù lěng.

Ⓑ 春天和秋天最好了，不冷也不热。
Chūntiān hé qiūtiān zuì hǎo le, bù lěng yě bú rè.

Ⓒ 现在没有那么大了。
Xiànzài méiyǒu nàme dà le.

Ⓓ 有点儿冷。
Yǒudiǎnr lěng.

活动 Activities

一、双人活动 Pair work

看图片，和同伴一起说说图片上的天气。Look at the pictures and discuss the weather with your partner.

Word bank

转	中雨	大雨	多云
zhuǎn	zhōngyǔ	dàyǔ	duōyún
turn into	moderate rain	heavy rain	cloudy

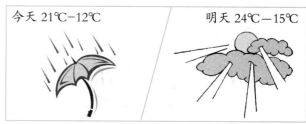

今天 21℃-12℃　　明天 24℃-15℃

今天 25℃-30℃　　明天 28℃-30℃

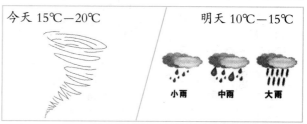

今天 15℃-20℃　　明天 10℃-15℃

小雨　　中雨　　大雨

今天 0℃-5℃　　明天 -1℃-4℃

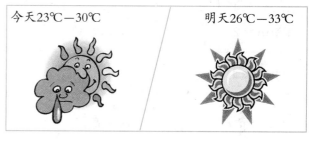

今天 23℃-30℃　　明天 26℃-33℃

Patterns

今天天气怎么样？　　……多少度？　　明天天气怎么样？
Jīntiān tiānqì zěnmeyàng?　　... duōshao dù?　　Míngtiān tiānqì zěnmeyàng?

二、双人活动 Pair work

寒假你要去五个城市旅游，和同伴商量一下应该如何选择路线，并说明你们的理由。
You are going to travel in five cities in the winter vacation. Discuss with your partner the traveling route and your reasons.

City	Temperature
Shànghǎi	9℃-2℃
Kūnmíng	19℃-6℃
Hā'ěrbīn	-15℃--29℃
Xī'ān	8℃-1℃
Guìlín	19℃-16℃

三、小组活动 Group work

1. 利用下面的表格，先准备一下自己国家四个季节的天气情况。According to the following form prepare an introduction on the weather conditions of four seasons in your country.

2. 跟其他同伴比较，不同国家的四季有什么不同。Compare the differences of four seasons in your country and your partners'.

Word bank

暖和	多云	温度
nuǎnhuo	duōyún	wēndù
warm	cloudy	temperature

A tip for students

Tell the class the interesting things your group found that are related with the seasons.

	Country/Region	Spring	Summer	Fall	Winter
Yourself					
Partner 1					
Partner 2					
Partner 3					

四、成段表达 Expression

跟同伴谈一谈，你最喜欢哪个季节，为什么？ Talk with your partner about your favorite season and the reasons.

语言练习 Language Focus

一、语音语调 Pronunciation and intonation

1. 辨音练习。Sound discrimination.

t-d	ua-uan	ia-ian	u-iu	ing-ong
tong-dong	gua-chuan	xia-tian	du-qiu	qing-dong

2. 声调练习。Tone exercises.

qíng   dù   yīn   yǔ   chuān   xuě   lěng   pà   guā   fēng

3. 朗读下列词语。Read the following words aloud.

① 前重后轻。Stressing the former part.

那么　　　衣服
nàme　　　yīfu

② 前中后重。Stressing the latter part.

天气　　听说　　秋天　　夏天　　冬天　　春天　　比较
tiānqì　　tīngshuō　　qiūtiān　　xiàtiān　　dōngtiān　　chūntiān　　bǐjiào

4. 用正确的语调朗读下面的句子，注意语气和重音。Read the following sentences aloud with correct intonation, pay attention to the tone and the stress.

① 今天天气怎么样？
Jīntiān tiānqì zěnmeyàng?

② 非常好，是晴天。
Fēicháng hǎo, shì qíng tiān.

③ 听说上午阴，下午有雨。
Tīngshuō shàngwǔ yīn, xiàwǔ yǒu yǔ.

④ 我喜欢这里的秋天。
Wǒ xǐhuan zhèlǐ de qiūtiān.

⑤ 这儿的冬天冷不冷？
Zhèr de dōngtiān lěng bu lěng?

⑥ 春天和秋天最好了，不冷也不热。
Chūntiān hé qiūtiān zuì hǎo le, bù lěng yě bú rè.

二、词语替换 Substitution exercises

① 明天上午阴，　　　下午有雨。
Míngtiān shàngwǔ yīn, xiàwǔ yǒu yǔ.

晴　　　　　　　　阴
qíng　　　　　　　yīn
多云 (cloudy)　　　晴
duōyún　　　　　　qíng
刮风　　　　　　　有雨
guā fēng　　　　　yǒu yǔ

② 我最喜欢这里的秋天。
Wǒ zuì xǐhuan zhèlǐ de qiūtiān.

春天
chūntiān
夏天
xiàtiān
冬天
dōngtiān

③ 这儿的冬天　　冷不冷？
Zhèr de dōngtiān lěng bu lěng?

夏天　　　　热不热
xiàtiān　　　rè bu rè
秋天　　　　有没有风
qiūtiān　　　yǒu méiyǒu fēng

三、用 "一……就……" 回答问题 Answer the following questions with 一……就……

1 A: 你什么时候去吃饭？
Nǐ shénme shíhou qù chī fàn?

B: _____。

2 A: 你几点来找我？
Nǐ jǐ diǎn lái zhǎo wǒ?

B: _____。

3 A: 明天几点开会？
Míngtiān jǐ diǎn kāi huì?

B: _____。

四、用 "一点儿也……" 回答问题 Answer the following questions with 一点儿也……

1 A: 这儿的夏天热吗？
Zhèr de xiàtiān rè ma?

B: _____。

2 A: 那个超市(supermarket)的东西(things)贵吗？
Nàge chāoshì de dōngxi guì ma?

B: _____。

3 A: 你姐姐会画画儿吗？
Nǐ jiějie huì huà huàr ma?

B: _____。

扩展活动 Extended Activities

一、双人活动 Pair work

利用下面的表格和同伴聊聊不同天气做什么最好 Look at the following form and discuss with your partner what to do the best in different weather.

爬山 pá shān				
看电影 kàn diànyǐng				
打篮球 dǎ lánqiú				

	☀	🌪	🌧	⛅
逛街 (go shopping) guàng jiē				
唱歌 chàng gē				
去公园(park) qù gōngyuán				
睡觉 shuì jiào				

> **A tip for students**
> You can add the activities in the form that you like.

二、全班活动 Class work

利用下面的表格准备一下，然后向大家介绍什么季节去你们那儿旅游最好。Make preparations according to the following form and introduce to the class which season is the best to travel in your country or region.

> 给教师的提示
> 您可以让相同国籍的同学一起准备。

Country/Region	Season	Weather	Other advantages

三、看图比较 Compare the pictures

两人分别看着图A和图B(见第240页)，向同伴描述自己的图片内容，听的人应该说出和自己的图片不一样的地方。One looks at the picture A and the other the picture B (on page 240). Describe your picture in Chinese to your partner and the listener should point out the differences form the picture you see.

> **Word bank**
>
> 雨伞　　照相
> yǔsǎn　　zhào xiàng
> umbrella　take a photo

B

总结与评价 Summary and Evaluation

一、在这一课你学会了什么？请你试着写出你记住的词语。What have you learned in this lesson? Please write down the words you have remembered.

A tip for students

You can also write in *pinyin*.

二、你能用汉语简单介绍不同的季节和不同的天气了吗？利用下面的表格整理一下在这一课你学会的词语和句子。然后组织一段话介绍一下你家乡的四个季节。
Are you able to introduce the seasons and weather in Chinese? Review the words and sentences you have learned in this lesson according to the following form and write a short passage introducing the four seasons in your hometown.

Season	Weather

三、完成任务的自我表现评价。Self-evaluation.

A	B	C	D	Are you satisfied with your performance?
A	B	C	D	Do you often express your own ideas actively?
A	B	C	D	Do you often ask your classmates questions actively?

第 17 课

我打算去旅行 (Wǒ dǎsuàn qù lǚxíng)
I Plan to Travel

目标 | Objectives

1. 复习表示天气和季节的常用语句。Review the commonly used expressions of weather and seasons.
2. 学习询问和说明打算。Learn to ask and explain intentions.
3. 学习表示喜好的常用语句。Learn the commonly used expressions of hobbies.

准备 | Preparation

1. **看图片，与同伴谈论一下各地的天气和季节。** Look at the picture and discuss with your partner the weather and seasons in different places.

北京

2. 利用下面的表格准备一下，然后跟同伴谈谈去不同的地方旅行可以做什么、需要带什么东西。Make preparations according to the following form, and discuss with your partner what to do and what is necessary to take with you when you travel in different places.

What are you going to take when traveling				

词语 Words and Expressions

❏ 朗读下列词语，注意发音和词语的意思。Read the following words aloud, pay attention to the pronunciation and the meanings.

1 完 wán finish	2 打算 dǎsuàn plan	3 那儿 nǎr there	4 雪山 xuěshān snow mountain	5 假期 jiàqī vacation	6 放假 fàng jià take a vacation	7 教 jiāo teach
8 英文 Yīngwén English	9 必须 bìxū must, have to	10 准备 zhǔnbèi prepare	11 同意 tóngyì agree	12 外国 wàiguó foreign	13 玩儿 wánr play	14 礼物 lǐwù gift
15 样儿 yàngr kind, type	专有名词 Proper noun	16 西藏 Xīzàng Tibet				

❏ 选择合适的词语进行搭配。Choose the proper words to match the words below.

完 wán   必须 bìxū   同意 tóngyì

A tip for students

You should find as many words as you can to match the words mentioned above.

句子 Sentences

❑ **朗读句子。** Read the sentences aloud.

① 考完试你们有什么打算？

Kǎo wán shì nǐmen yǒu shénme dǎsuàn?

What's your plan after the exam?

② 我打算去旅行。

Wǒ dǎsuàn qù lǚxíng.

I plan to travel.

③ 假期你们打算做什么？

Jiàqī nǐmen dǎsuàn zuò shénme?

What's your plan for the vacation?

④ 我打算一放假就回国。

Wǒ dǎsuàn yí fàng jià jiù huí guó.

I will return home as soon as the vacation begins.

⑤ 我必须学习汉语，参加HSK考试。

Wǒ bìxū xuéxí Hànyǔ, cānjiā HSK kǎoshì.

I have to study Chinese and prepare for the HSK test.

⑥ 以后你有什么打算？

Yǐhòu nǐ yǒu shénme dǎsuàn?

What's your plan for the future?

⑦ 在中国工作，你家人同意吗？

Zài Zhōngguó gōngzuò, nǐ jiārén tóngyì ma?

Do your family agree on your working in China?

⑧ 我打算给家人和朋友买礼物。

Wǒ dǎsuàn gěi jiārén hé péngyou mǎi lǐwù.

I want to buy some gifts for my family and friends.

❑ **听录音，填词语。** Listen to the recording and fill in the blanks. 🔘 17-01

① 我_____一放假就回国。

Wǒ.............yí fàng jià jiù huí guó.

② _____你们打算做什么？

.............nǐmen dǎsuàn zuò shénme?

③ 考_____试你们有什么打算？

Kǎo.............shì nǐmen yǒu shénme dǎsuàn?

④ 我_____学习汉语，参加HSK考试。

Wǒ.............xuéxí Hànyǔ, cānjiā HSK kǎoshì.

⑤ 在中国工作，你家人_____吗？

Zài Zhōngguó gōngzuò, nǐ jiārén.............ma?

⑥ _____你有什么打算？

.............nǐ yǒu shénme dǎsuàn?

⑦ 我打算给家人和朋友买_____。

Wǒ dǎsuàn gěi jiārén hé péngyou mǎi ....

情景 Situations

❑ **看图片，和同伴商量他们可能在说什么。** Look at the picture, and discuss with your partner what they are probably talking about.

Kǎo wán shì nǐmen yǒu shénme dǎsuàn?

243

□ 朗读对话一，注意发音和语气。Read Dialogue 1 aloud, pay attention to the pronunciation and the tone.

春香：考完试你们有什么打算¹？
Chūnxiāng: Kǎo wán shì nǐmen yǒu shénme dǎsuàn?

山本：我打算睡觉、吃饭、喝啤酒。
Shānběn: Wǒ dǎsuàn shuì jiào, chī fàn, hē píjiǔ.

玛莎：我打算上街，买很多漂亮衣服。
Mǎshā: Wǒ dǎsuàn shàng jiē, mǎi hěn duō piàoliang yīfu.

春香：欧文，你呢？
Chūnxiāng: Ōuwén, nǐ ne?

欧文：我打算去旅行。
Ōuwén: Wǒ dǎsuàn qù lǚxíng.

玛莎：去哪儿？
Mǎshā: Qù nǎr?

欧文：西藏。听说那儿的雪山非常漂亮。
Ōuwén: Xīzàng. Tīngshuō nàr de xuěshān fēicháng piàoliang.

春香：我也想去西藏，但是我打算冬天去。
Chūnxiāng: Wǒ yě xiǎng qù Xīzàng, dànshì wǒ dǎsuàn dōngtiān qù.

Chun Hyang: What's your plan after the exam?
Yamamoto: I plan to sleep, eat, and drink beer.
Masha: I plan to go shopping and buy many beautiful clothes.
Chun Hyang: Irving, how about you?
Irving: I plan to travel.
Masha: To where?
Irving: Tibet. It's said that the snow mountain there is very beautiful.
Chun Hyang: I want to go to Tibet, too. But I plan to go there in winter.

Tip:
1. Here 打算 is a noun meaning *plan*.

□ 根据对话一回答问题。Answer the following questions according to Dialogue 1.

1 考完试，山本有什么打算？
Kǎo wán shì, Shānběn yǒu shénme dǎsuàn?

2 考完试，玛莎有什么打算？
Kǎo wán shì, Mǎshā yǒu shénme dǎsuàn?

3 欧文打算去哪儿旅行？为什么？
Ōuwén dǎsuàn qù nǎr lǚxíng? Wèi shénme?

4 春香有什么打算？
Chūnxiāng yǒu shénme dǎsuàn?

二

□ 听录音，判断正误。Listen to the recording and decide whether the following sentences are true or false. 17-02

1 娜拉打算一放假就去美国。 □
Nàlā dǎsuàn yí fàng jià jiù qù Měiguó.

2 春香打算跟中国朋友去旅行。 □
Chūnxiāng dǎsuàn gēn Zhōngguó péngyou qù lǚxíng.

3 春香的中国朋友家住在西安。 □
Chūnxiāng de Zhōngguó péngyou jiā zhù zài Xī'ān.

4 欧文放假当汉语老师。 □
Ōuwén fàng jià dāng Hànyǔ lǎoshī.

5 山本放假打算参加HSK考试。 □
Shānběn fàng jià dǎsuàn cānjiā HSK kǎoshì.

6 王军放假打算去爬西山。 □
Wáng Jūn fàng jià dǎsuàn qù pá Xīshān.

❑ **朗读对话二，注意发音和语气。** Read Dialogue 2 aloud, pay attention to the pronunciation and the tone.

王军: 假期你们打算做什么？
Wáng Jūn: Jiàqī nǐmen dǎsuàn zuò shénme?

娜拉: 我打算一放假就回国。
Nàlā: Wǒ dǎsuàn yí fàng jià jiù huí guó.

春香: 我打算跟中国朋友去她的家。
Chūnxiāng: Wǒ dǎsuàn gēn Zhōngguó péngyou qù tā de jiā.

娜拉: 她家在哪儿？
Nàlā: Tā jiā zài nǎr?

春香: 西安。你有什么打算，欧文？
Chūnxiāng: Xī'ān. Nǐ yǒu shénme dǎsuàn, Ōuwén?

欧文: 我打算当老师，教英文。
Ōuwén: Wǒ dǎsuàn dāng lǎoshī, jiāo Yīngwén.

王军: 山本，你呢？
Wáng Jūn: Shānběn, nǐ ne?

山本: 我必须学习汉语，准备参加HSK考试。
Shānběn: Wǒ bìxū xuéxí Hànyǔ, zhǔnbèi cānjiā HSK kǎoshì.

娜拉: 你呢，王军？
Nàlā: Nǐ ne, Wáng Jūn?

王军: 我想去爬雪山。
Wáng Jūn: Wǒ xiǎng qù pá xuěshān.

Wang Jun:	What's your plan for the vacation?
Nara:	I will return home as soon as the vacation begins.
Chun Hyang:	I plan to go to a Chinese friend's home with her.
Nara:	Where is her home?
Chun Hyang:	Xi'an. What's your plan, Irving?
Irving:	I plan to be a teacher and teach English.
Wang Jun:	Yamamoto, how about you?
Yamamoto:	I have to study Chinese and prepare for the HSK test.
Nara:	How about you, Wang Jun?
Wang Jun:	I plan to climb the snow moutain.

❑ **根据对话二填空，然后试着说说对话内容。** Fill in the blanks according to Dialogue 2 and try to retell it.

假期快到了，娜拉打算_____，春香打算_____，她朋友家在_____。
Jiàqī kuài dào le, Nàlā dǎsuàn..............., Chūnxiāng dǎsuàn..............., tā péngyou jiā zài ....

欧文打算_____，山本打算_____，王军打算_____。
Ōuwén dǎsuàn..........., Shānběn dǎsuàn.........., Wáng Jūn dǎsuàn............. .

三

□ 看图片，和同伴商量他们可能在说什么。Look at the picture, and discuss with your partner what they are probably talking about.

Yǐhòu nǐ yǒu shénme dǎsuàn?

□ 朗读对话三，注意发音和语气。Read Dialogue 3 aloud, pay attention to the pronunciation and the tone.

娜拉： 以后你有什么打算？
Nàlā: Yǐhòu nǐ yǒu shénme dǎsuàn?

欧文： 我打算在中国找工作。
Ōuwén: Wǒ dǎsuàn zài Zhōngguó zhǎo gōngzuò.

娜拉： 在中国工作，你家人同意吗？
Nàlā: Zài Zhōngguó gōngzuò, nǐ jiārén tóngyì ma?

欧文： 我喜欢中国，他们会同意的。
Ōuwén: Wǒ xǐhuan Zhōngguó, tāmen huì tóngyì de.

你呢？
Nǐ ne?

娜拉： 我也喜欢中国，但是我爸爸
Nàlā: Wǒ yě xǐhuan Zhōngguó, dànshì wǒ bāba

妈妈不同意。
māma bù tóngyì.

欧文： 一个人在外国有点儿不方便。
Ōuwén: Yí ge rén zài wàiguó yǒudiǎnr bù fāngbiàn.

娜拉： 是啊。我可能要去美国学习。
Nàlā: Shì a. Wǒ kěnéng yào qù Měiguó xuéxí.

欧文： 太好了，你可以来找我玩儿。
Ōuwén: Tài hǎo le, nǐ kěyǐ lái zhǎo wǒ wánr.

娜拉： 好的。
Nàlā: Hǎo de.

Nara: What's your plan for the future?
Irving: I plan to find a job in China.
Nara: Do your family agree on your working in China?
Irving: I love China, and they will agree. How about you?
Nara: I love China too, but my parents won't allow me to stay.
Irving: It is a bit inconvenient to live in a foreign country alone.
Nara: Right. Perhaps I will go to the U.S. for further study.
Irving: That's great. You can visit me there.
Nara: Yes.

❏ 根据对话三，选择合适的句子跟同伴对话。Choose the proper sentences in Dialogue 3 and talk with your partner.

Ask	Answer
以后你有什么打算？ Yǐhòu nǐ yǒu shénme dǎsuàn?	
	我喜欢中国，他们会同意的。 Wǒ xǐhuan Zhōngguó, tāmen huì tóngyì de.
你呢？ Nǐ ne?	

四

❏ 先读一遍句子，然后听录音，并按照你听到的顺序给句子标上序号。Read the following sentences first, then listen to the recording and number the sentences according to what you hear. 🔘 17-03

□ 我打算给家人和朋友买礼物。
　 Wǒ dǎsuàn gěi jiārén hé péngyou mǎi lǐwù.

□ 你爸爸喜欢喝茶吗？
　 Nǐ bàba xǐhuan hē chá ma?

□ 行，你想买什么？
　 Xíng, nǐ xiǎng mǎi shénme?

□ 我爸爸喜欢旅行，哥哥喜欢唱歌。
　 Wǒ bàba xǐhuan lǚxíng, gēge xǐhuan chàng gē.

□ 你可以给妈妈买点儿茶。
　 Nǐ kěyǐ gěi māma mǎidiǎnr chá.

□ 王军，周末跟我上街怎么样？
　 Wáng Jūn, zhōumò gēn wǒ shàng jiē zěnmeyàng?

□ 那你买DVD吧，什么样儿的都有。
　 Nà nǐ mǎi DVD ba, shénme yàngr de dōu yǒu.

□ 爸爸不喜欢，妈妈喜欢。
　 Bàba bù xǐhuan, māma xǐhuan.

❏ 朗读对话四，注意发音和语气。Read Dialogue 4 aloud, pay attention to the pronunciation and the tone.

欧文：　王军，周末跟我上街怎么样？
Ōuwén:　Wáng Jūn, zhōumò gēn wǒ shàng jiē zěnmeyàng?

王军：　行，你想买什么？
Wáng Jūn:　Xíng, nǐ xiǎng mǎi shénme?

欧文：　我打算给家人和朋友买礼物。
Ōuwén:　Wǒ dǎsuàn gěi jiārén hé péngyou mǎi lǐwù.

Irving: Wang Jun, will you go shopping with me this weekend?
Wang Jun: Okay. What do you want to buy?
Irving: I want to buy some gifts for my family and friends.

王军: 你爸爸喜欢喝茶吗？
Wáng Jūn: Nǐ bàba xǐhuan hē chá ma?

欧文: 爸爸不喜欢，妈妈喜欢。
Ōuwén: Bàba bù xǐhuan, māma xǐhuan.

王军: 你可以给妈妈买点儿茶。
Wáng Jūn: Nǐ kěyǐ gěi māma mǎidiǎnr chá.

欧文: 我爸爸喜欢旅行，哥哥喜欢唱歌。
Ōuwén: Wǒ bàba xǐhuan lǚxíng, gēge xǐhuan chàng gē.

王军: 那你买DVD吧，什么样儿的都有。
Wáng Jūn: Nà nǐ mǎi DVD ba, shénme yàngr de dōu yǒu.

Wang Jun:	Does your father like tea?
Irving:	My father doesn't, but my mother does.
Wang Jun:	You can buy some tea for your mother.
Irving:	My father likes traveling and my brother likes singing.
Wang Jun:	You can buy some DVDs then. You can find all kinds of DVDs here.

❑ 画线连接。Draw lines and match.

① 周末跟我上街怎么样？
Zhōumò gēn wǒ shàng jiē zěnmeyàng?

② 你爸爸喜欢喝茶吗？
Nǐ bàba xǐhuan hē chá ma?

③ 我爸爸喜欢旅行，哥哥喜欢唱歌。
Wǒ bàba xǐhuan lǚxíng, gēge xǐhuan chàng gē.

Ⓐ 爸爸不喜欢，妈妈喜欢。
Bàba bù xǐhuan, māma xǐhuan.

Ⓑ 那你买DVD吧，什么样儿的都有。
Nà nǐ mǎi DVD ba, shénme yàngr de dōu yǒu.

Ⓒ 行，你想买什么？
Xíng, nǐ xiǎng mǎi shénme?

活动 Activities

一、双人活动 Pair work

先填写下面的表格，然后跟同伴讨论假期应该做什么。Fill in the following form first, and then discuss with your partner what you should be done in the vacation.

	Plans for the vacation	How do you think
王军 Wáng Jūn		
春香 Chūnxiāng		
山本 Shānběn		
欧文 Ōuwén		
You		
Your partner		

二、小组活动 Group work

3–4人一组，为玛莎制定一个假期计划。Work in groups of 3 or 4 and make a vacation plan for Masha.

1. 这是玛莎在中国的最后一个假期，请你为她好好安排一下。It is Masha's last vacation in China. Please make a good plan for her.

2. 每个组向大家介绍自己组的计划，并说明理由。 As for each group, introduce your plan to Masha and explain reasons.

3. 由大家推选出最好的计划。The class chooses the best plan.

三、全班活动 Class work

你是一位校报记者，利用下面的表格准备一下，然后采访3–5位同学。Suppose you are a journalist for the campus newspaper. Make preparations according to the following form and then interview three to five students.

	Plans after learning Chinese
Student 1	
Student 2	
Student 3	
Student 4	
Student 5	

语言练习 Language Focus

一、语音和语调 Pronunciation and intonation

1. 辨音练习。Sound discrimination.

di-shi   ui-iu   i-ing   ing-iang
lü-xu   hui-liu   yi-xing   xing-xiang

2. 声调练习。Tone exercises.

wán wén xū jiā tōng

3. 朗读下列词语。Read the following words aloud.

① 前中后重。Stressing the latter part.

考试   旅行   回国   英文   礼物   同意   必须
kǎoshì   lǚxíng   huí guó   Yīngwén   lǐwù   tóngyì   bìxū

249

② "一"的读法。Pronunciation of 一.

一边	一天	一直	一年	一起
yì biān	yì tiān	yì zhí	yì nián	yìqǐ

4. 用正确的语调朗读下面的句子，注意语气和重音。Read the following sentences aloud with correct intonation, pay attention to the tone and the stress.

① 考完试你们有什么打算？
Kǎo wán shì nǐmen yǒu shénme dǎsuàn?

② 我打算去旅行。
Wǒ dǎsuàn qù lǚxíng.

③ 假期你们打算做什么？
Jiàqī nǐmen dǎsuàn zuò shénme?

④ 我打算一放假就回国。
Wǒ dǎsuàn yí fàngjià jiù huí guó.

⑤ 我必须学习汉语，准备参加HSK考试。
Wǒ bìxū xuéxí Hànyǔ, zhǔnbèi cānjiā HSK kǎoshì.

⑥ 在中国工作，你家人同意吗？
Zài Zhōngguó gōngzuò, nǐ jiārén tóngyì ma?

⑦ 我打算给家人和朋友买礼物。
Wǒ dǎsuàn gěi jiārén hé péngyou mǎi lǐwù.

二、替换练习 Substitution exercises

① 我打算<u>去旅行</u>。
Wǒ dǎsuàn qù lǚxíng.

  睡觉
  shuì jiào

  去运动
  qù yùndòng

  上街
  shàng jiē

② 我必须<u>学习汉语，参加HSK考试</u>。
Wǒ bìxū xuéxí Hànyǔ, cānjiā HSK kǎoshì.

  去教室
  qù jiàoshì

  给爸爸打电话
  gěi bàba dǎ diànhuà

  写作业
  xiě zuòyè

③ 在中国工作，你家人<u>同意</u>吗？
Zài Zhōngguó gōngzuò, nǐ jiārén tóngyì ma?

  去美国学习
  qù Měiguó xuéxí

  学习英语
  xuéxí Yīngyǔ

  去西藏工作
  qù Xīzàng gōngzuò

④ 他们会<u>同意</u>的。
Tāmen huì tóngyì de.

  喜欢
  xǐhuan

  去
  qù

  买
  mǎi

三、用"打算"完成句子 Complete the following sentences with 打算

① 放假的时候，我打算_____。
Fàng jià de shíhou, wǒ dǎsuàn...............

② 今天晚上，我打算_____。
Jīntiān wǎnshang, wǒ dǎsuàn...............

3 明年(next year) 我打算＿＿＿＿＿＿。
Míngnián wǒ dǎsuān..............

4 姐姐打算＿＿＿＿＿＿。
Jiějie dǎsuān..............

扩展活动 Extended Activities

一、生日晚会 Birthday party

你打算给母亲举办一个特别的生日晚会，先想想怎么做，然后跟同伴谈一谈，听听他/她的建议。最后向全班介绍晚会计划并说明理由。You want to hold a special birthday party for your mother. Think about it, discuss with your partner and listen to his/her advice. Then introduce the plan to the class and explain your reasons.

Word bank

鲜花	毛衣	蛋糕	亲戚
xiānhuā	máoyī	dàngāo	qīnqi
flower	sweater	cake	relatives

Activities to be prepared	People to be invited	Food to be prepared	Objects to buy

二、表达看法 Express your opinions

如果下面这些人有了100万人民币，他们会怎么做？谈谈你的看法。 What would they do if the people in the following pictures were to have 1million RMB? Express your opinions.

三、游戏：问打算 Game: ask the plan

每个人向旁边的人问一问他的打算。Everyone asks the student next to you his/her plan.

A tip for students

You can't ask the questions that previous students asked.

给教师的提示

您可以采取接力的方式进行。如果问的问题是重复的，就要受到惩罚。

总结与评价 Summary and Evaluation

一、在这一课你学会了什么？请你试着写出你记住的词语。What have you learned in this lesson? Please write down the words you have remembered.

A tip for students
....
You can also write in *pinyin*.

二、你近期有什么打算？你有什么长远打算？如果有人问你，你能用汉语说出来吗？利用下面的表格整理这一课学会的词语和句子。What's your recent plans? What's your long-term plans? If you are asked, can you tell them in Chinese? Review the words and sentences you have learned in this lesson according to the following form.

	Words	Sentences
Recent plans		
Long-term plans		

三、完成任务的自我表现评价。Self-evaluation.

A	B	C	D	Are you satisfied with your performance?
A	B	C	D	Do you often express your own ideas actively?
A	B	C	D	Do you often ask your classmates questions actively?

第 18 课

祝你生日快乐! (Zhù nǐ shēngrì kuàilè!)

Happy Birthday to You!

目标 | Objectives

1. 复习表示寒暄的常用语句。Review the commonly used expressions of greeting.
2. 学习简单的祝贺语。Learn simple expressions of congratulations.
3. 学习赠予时的常用表达。Learn the commonly used expressions of giving gifts.
4. 学会简单表达愿望。Learn to express wishes.

准备 Preparation

1. 和同伴商量下列句子什么时候说比较合适。Discuss with your partner when the following sentences should be said.

   1 最近怎么样?
   Zuìjìn zěnmeyàng?

   2 你身体好吗?
   Nǐ shēntǐ hǎo ma?

   3 你工作忙吗?
   Nǐ gōngzuò máng ma?

   4 你累吗?
   Nǐ lèi ma?

2. 看看下面几个生活场景,你经历过吗? 你知道应该说什么吗? Look at the following scenes. Have you experienced them in your daily life? Do you know what to say in these situations?

①   ②   ③   ④

253

词 语 Words and Expressions

❑ **朗读下列词语，注意发音和词语的意思。** Read the following words aloud, pay attention to the pronunciation and the meanings.

1 日子 rìzi day	2 送 sòng give	3 句 jù a measure word for sentence	4 祝 zhù wish	5 快乐 kuàilè happy	6 越来越 yuè lái yuè more and more	7 男 nán male
8 取得 qǔdé achieve	9 成绩 chéngjì achievement	10 明年 míngnián next year	11 毕业 bìyè graduate	12 欢迎 huānyíng welcome	13 常 cháng often	14 联系 liánxì contact
15 信 xìn letter	16 一路平安 yílù píng'ān have a safe trip	17 希望 xīwàng wish, hope	18 健康 jiànkāng health	19 顺利 shùnlì successful	20 年轻 niánqīng young	21 帮助 bāngzhù help
22 辛苦 xīnkǔ hard	**专有名词** **Proper noun**	23 教师节 Jiàoshī Jié Teachers' Day				

❑ **选择合适的词语进行搭配。** Choose the proper words to match the words below.

祝你
zhù nǐ

希望
xīwàng

送
sòng

A tip for students

You should find as many words as you can to match the words mentioned above.

句 子 Sentences

❑ **朗读句子。** Read the sentences aloud.

(1) 祝你生日快乐！
Zhù nǐ shēngrì kuàilè!
Happy birthday to you!

(2) 祝你越来越漂亮！
Zhù nǐ yuè lái yuè piàoliang!
I wish you prettier and prettier.

(3) 祝你学习取得好成绩。
Zhù nǐ xuéxí qǔdé hǎo chéngjì.
I wish you success in your study.

(4) 这是我们给你的礼物。
Zhè shì wǒmen gěi nǐ de lǐwù.
This is our gift for you.

⑤ 欢迎你毕业后再来中国。

Huānyíng nǐ bìyè hòu zài lái Zhōngguó.

Welcome to China again after graduation.

⑥ 有空儿常联系吧。

Yǒu kòngr cháng liánxì ba.

Keep in touch.

⑦ 祝你一路平安！

Zhù nǐ yílù píng'ān!

I wish you a safe trip.

⑧ 祝您身体健康，工作顺利！

Zhù nín shēntǐ jiànkāng, gōngzuò shùnlì!

I wish you a good health and success in work.

⑨ 谢谢老师对我们的帮助。

Xièxie lǎoshī duì wǒmen de bāngzhù.

Thank you for your help.

⑩ 老师，您辛苦了。

Lǎoshī, nín xīnkǔ le.

Thank you for your hard work.

☐ **听录音，填词语。** Listen to the recording and fill in the blanks. 💿 18-01

① 老师，您_____了。

Lǎoshī, nín.................le.

② 祝你_____漂亮！

Zhù nǐ.................piāoliang!

③ 祝你生日_____！

Zhù nǐ shēngrì.................!

④ 谢谢老师对我们的_____。

Xièxie lǎoshī duì wǒmen de...............

⑤ 祝您身体_____，工作_____！

Zhù nín shēntǐ............, gōngzuò............!

⑥ 祝你_____！

Zhù nǐ.................!

⑦ 有空儿常_____吧。

Yǒu kòngr cháng.................ba.

⑧ 欢迎你_____后再来中国。

Huānyíng nǐ........hòu zài lái Zhōngguó.

⑨ 祝你学习取得好_____。

Zhù nǐ xuéxí qǔdé hǎo..............

> **A tip for students**
>
> If you can't write Chinese characters, you can also write in *pinyin*.

情景 Situations

一

☐ **看着图片听两遍录音，然后和同伴商量他们可能在说什么。** Look at the picture and listen to the recording twice, then discuss with your partner what they are probably talking about. 💿 18-02

❑ **朗读对话一，注意发音和语气。** Read Dialogue 1 aloud, pay attention to the pronunciation and the tone.

张老师： Zhāng lǎoshī:	今天是什么日子？ Jīntiān shì shénme rìzi?
玛莎： Mǎshā:	春香的生日。 Chūnxiāng de shēngrì.
张老师： Zhāng lǎoshī:	我们每个人送[1]她一句话吧。 Wǒmen měi ge rén sòng tā yí jù huà ba.
娜拉： Nàlā:	春香，祝你生日快乐！ Chūnxiāng, zhù nǐ shēngrì kuàilè!
欧文： Ōuwén:	祝你越来越[2]漂亮！ Zhù nǐ yuè lái yuè piàoliang!
玛莎： Mǎshā:	祝你找到一个很帅的男朋友！ Zhù nǐ zhǎo dào yí ge hěn shuài de nán péngyou!
山本： Shānběn:	祝你学习取得好成绩。 Zhù nǐ xuéxí qǔdé hǎo chéngjì.
张老师： Zhāng lǎoshī:	这是我们给你的礼物。 Zhè shì wǒmen gěi nǐ de lǐwù.
春香： Chūnxiāng:	谢谢你们。 Xièxie nǐmen.

Ms Zhang:	What is special about today?
Masha:	Today is Chun Hyang's birthday.
Ms Zhang:	Let's each give her a wish.
Nara:	Chun Hyang, happy birth-day!
Irving:	I wish you prettier and prettier!
Masha:	I wish you find a very handsome boyfriend.
Yamamoto:	I wish you success in your study.
Ms Zhang:	This is our gift for you.
Chun Hyang:	Thank you.

Tips:

1. 送 can be followed by two objects, one referring to a person and the other to things.

2. 越来越 indicates a gradual change with time. E.g. 天气越来越热了。(Tiānqì yuè lái yuè rè le. The weather is getting hotter.)

❑ **根据对话一回答问题。** Answer the following questions according to Dialogue 1.

1) 今天是什么日子？
 Jīntiān shì shénme rìzi?

2) 娜拉对(to)春香说什么？
 Nàlā duì Chūnxiāng shuō shénme?

3) 欧文对(to)春香说什么？
 Ōuwén duì Chūnxiāng shuō shénme?

4) 玛莎对(to)春香说什么？
 Mǎshā duì Chūnxiāng shuō shénme?

5) 山本对(to)春香说什么？
 Shānběn duì Chūnxiāng shuō shénme?

6) 大家送给春香礼物了吗？
 Dàjiā sòng gěi Chūnxiāng lǐwù le ma?

看图片，和同伴商量她们可能在说什么。Look at the picture, and discuss with your partner what they are probably talking about.

Wǒ gěi nǐ dǎ diànhuà,

朗读对话二，注意发音和语气。Read Dialogue 2 aloud, pay attention to the pronunciation and the tone.

金大成: Jīn Dàchéng:	老师，下个星期我就要回国了。 Lǎoshī, xià ge xīngqī wǒ jiù yào huí guó le.
张老师: Zhāng lǎoshī:	哪天的飞机? Nǎ tiān de fēijī?
金大成: Jīn Dàchéng:	星期四下午。 Xīngqīsì xiàwǔ.
张老师: Zhāng lǎoshī:	下学期回来吗? Xià xuéqī huílai ma?
金大成: Jīn Dàchéng:	不回来了，明年我大学毕业。 Bù huílai le, míngnián wǒ dàxué bìyè.
张老师: Zhāng lǎoshī:	欢迎你毕业后再来中国。 Huānyíng nǐ bìyè hòu zài lái Zhōngguó.
金大成: Jīn Dàchéng:	好的，这是我的电话和email。 Hǎo de, zhè shì wǒ de diànhuà hé email.
张老师: Zhāng lǎoshī:	有空儿常联系吧。 Yǒu kòngr cháng liánxì ba.
金大成: Jīn Dàchéng:	好，我会经常给您写信的。 Hǎo, wǒ huì jīngcháng gěi nín xiě xìn de.
张老师: Zhāng lǎoshī:	祝你一路平安! Zhù nǐ yílù píng'ān!

Kim Tae-song: Ms Zhang, I will return home next week?

Ms Zhang: When is the flight?

Kim Tae-song: On the Thursday afternoon.

Ms Zhang: Will you come back next semester?

Kim Tae-song: No, I will graduate from college next year.

Ms Zhang: Welcome to China again after graduation.

Kim Tae-song: OK. This is my phone number and email address.

Ms Zhang: Keep in touch.

Kim Tae-song: Okay, I will write to you.

Ms Zhang: I wish you a safe trip.

Tip:

1. 就要……了 is used to describe an event about to happen. E.g. 我就要结婚了。(Wǒ jiù yào jiéhūn le. I am getting married.)

☐ 根据对话二判断下列说法是否正确。Decide whether the following statements are true or false according to Dialogue 2.

① 金大成下个星期要回国。☐
　　Jīn Dàchéng xià ge xīngqī yào huí guó.

④ 金大成大学毕业了。☐
　　Jīn Dàchéng dàxué bìyè le.

② 金大成的飞机是下个星期日的。☐
　　Jīn Dàchéng de fēijī shì xià ge xīngqīrì de.

⑤ 张老师给了金大成电话
　　Zhāng lǎoshī gěi le Jīn Dàchéng diànhuà
号码和email。☐
hàomǎ hé email.

③ 金大成下个学期还回来。☐
　　Jīn Dàchéng xià ge xuéqī hái huílai.

三

☐ 先读一遍句子，然后听录音，并按照你听到的顺序给句子标上序号。Read the following sentences first, then listen to the recording and number the sentences according to what you hear. 🔊 18-03

☐ 祝你找到一个好工作。
Zhù nǐ zhǎo dào yí ge hǎo gōngzuò.

☐ 什么样儿的公司？
Shénme yàngr de gōngsī?

☐ 明年夏天。
Míngnián xiàtiān.

☐ 王军，你什么时候毕业？
Wáng Jūn, nǐ shénme shíhou bìyè?

☐ 没问题。
Méi wèntí.

☐ 我想去公司。
Wǒ xiǎng qù gōngsī.

☐ 你想找什么样儿的工作？
Nǐ xiǎng zhǎo shénme yàngr de gōngzuò?

☐ 跟旅行有关系的公司。
Gēn lǚxíng yǒu guānxi de gōngsī.

☐ 希望以后你能带我们去旅行。
Xīwàng yǐhòu nǐ néng dài wǒmen qù lǚxíng.

☐ 谢谢！
Xièxie!

☐ 朗读对话三，注意发音和语气。Read Dialogue 3 aloud, pay attention to the pronunciation and the tone.

娜拉：　王军，你什么时候毕业？
Nàlā:　　Wáng Jūn, nǐ shénme shíhou bìyè?

王军：　明年夏天。
Wáng Jūn:　Míngnián xiàtiān.

欧文：　祝你找到一个好工作。
Ōuwén:　Zhù nǐ zhǎo dào yí ge hǎo gōngzuò.

王军：　谢谢。
Wáng Jūn:　Xièxie.

娜拉：　你想找什么样儿的工作？
Nàlā:　　Nǐ xiǎng zhǎo shénme yàngr de gōngzuò?

Nara:　Wang Jun, when will you graduate?
Wang Jun:　Next summer.
Irving:　I wish you will find a good job.
Wang Jun:　Thanks.
Nara:　What kind of job do you prefer?

王军:	我想去公司。	Wang Jun: I prefer to work in a company.
Wāng Jūn:	Wǒ xiǎng qù gōngsī.	
欧文:	什么样儿的公司?	Irving: What company?
Ōuwén:	Shénme yàngr de gōngsī?	Wang Jun: A company engaged in traveling.
王军:	跟旅行有关系的公司。	
Wāng Jūn:	Gēn lǚxíng yǒu guānxi de gōngsī.	Nara: I hope you can take us to travel in the future.
娜拉:	希望以后你能带我们去旅行。	
Nàlā:	Xīwàng yǐhòu nǐ néng dài wǒmen qù lǚxíng.	Wang Jun: No problem.
王军:	没问题。	
Wāng Jūn:	Méi wèntí.	

❑ 根据对话三，选择合适的句子跟同伴说话。Choose the proper sentences in Dialogue 3 and talk with your partner.

Ask	Answer
	明年夏天。 Míngnián xiàtiān.
你想找什么样儿的工作? Nǐ xiǎng zhǎo shénme yàngr de gōngzuò?	
什么样儿的公司? Shénme yàngr de gōngsī?	

❑ 听两遍录音，然后回答问题。Listen to the recording twice and answer the following questions. 🔘 18-04

① 今天是什么日子?
Jīntiān shì shénme rìzi?

② 娜拉对(to)老师说什么?
Nàlā duì lǎoshī shuō shénme?

③ 春香对(to)老师说什么?
Chūnxiāng duì lǎoshī shuō shénme?

④ 欧文对(to)老师说什么?
Ōuwén duì lǎoshī shuō shénme?

⑤ 刚来的时候他们汉语怎么样?
Gāng lái de shíhou tāmen Hànyǔ zěnmeyàng?

⑥ 现在他们的汉语怎么样?
Xiànzài tāmen de Hànyǔ zěnmeyàng?

☐ 朗读对话四，注意发音和语气。Read Dialogue 4 aloud, pay attention to the pronunciation and the tone.

欧文	老师，教师节快乐！
Ōuwén:	Lǎoshī, Jiàoshī Jié kuàilè!
娜拉：	祝您身体健康，工作顺利！
Nàlā:	Zhù nín shēntǐ jiànkāng, gōngzuò shùnlì!
春香：	祝老师越来越年轻。
Chūnxiāng:	Zhù lǎoshī yuè lái yuè niánqīng.
张老师：	谢谢你们。
Zhāng lǎoshī:	Xièxie nǐmen.
欧文	谢谢老师对我们的帮助。
Ōuwén:	Xièxie lǎoshī duì wǒmen de bāngzhù.
娜拉：	刚来的时候，我们不会说汉语。
Nàlā:	Gāng lái de shíhou, wǒmen bú huì shuō Hànyǔ.
春香	现在我们可以跟中国人聊天儿了。
Chūn xiāng:	Xiànzài wǒmen kěyǐ gēn Zhōngguórén liáo tiānr le.
欧文	老师，您辛苦了！
Ōuwén:	Lǎoshī, nín xīnkǔ le!

Irving: Happy Teacher's Day!
Nara: I wish you a good health and success in work!
Chun Hyang: I wish you younger and younger!
Ms Zhang: Thank you.
Irving: Thank you for your help.
Nara: I could speak no Chinese when I just arrived here.
Chun Hyang: Now we can chat with Chinese people.
Irving: Thank you for your hard work!

☐ 根据对话四填空，然后试着说说对话。Fill in the blanks according Dialogue 4 and try to retell it.

今天是_____。我们祝老师_____。娜拉祝老师_____。春香祝老师_____。
Jīntiān shì............. Wǒmen zhù lǎoshī............. Nàlā zhù lǎoshī............. Chūnxiāng zhù lǎoshī..........

欧文谢谢老师_____。娜拉告诉老师_____。春香很高兴，因为_____。我们
Ōuwén xièxie lǎoshī............ Nàlā gàosu lǎoshī............ Chūnxiāng hěn gāoxìng, yīnwèi............ Wǒmen

觉得_____。
juéde.............

活动 Activities

一、双人活动 Pair work

和同伴商量一下，下面句子中哪些可以在送别晚会上说。Read the following sentences and discuss with your partner which sentences can be said at a goodbye party.

① 祝你生日快乐！
Zhù nǐ shēngrì kuàilè!

② 祝你越来越漂亮！
Zhù nǐ yuè lái yuè piàoliang!

③ 祝你学习取得好成绩。
Zhù nǐ xuéxí qǔdé hǎo chéngjì.

④ 这是我们给你的礼物。
Zhè shì wǒmen gěi nǐ de lǐwù.

⑤ 欢迎你毕业后再来中国。
Huānyíng nǐ bìyè hòu zài lái Zhōngguó.

⑥ 有空儿常联系吧。
Yǒu kòngr cháng liánxì ba.

⑦ 祝你一路平安！
Zhù nǐ yílù píng'ān!

⑧ 祝您身体健康，工作顺利！
Zhù nín shēntǐ jiànkāng, gōngzuò shùnlì!

⑨ 谢谢老师对我们的帮助。
Xièxie lǎoshī duì wǒmen de bāngzhù.

⑩ 老师，您辛苦了。
Lǎoshī, nín xīnkǔ le.

> **A tip for students**
> What else do you know?

二、全班活动：春香的送别会 Class work: a farewell party for Chun Hyang

1. 每个同学送给她一句祝福的话或者提出一个希望。Each student should say a sentence of blessing to Chun Hyang or express a wish.

2. 做一张纪念卡片送给春香。Make a memorial card for her.

三、双人活动 Pair work

看图片，跟同伴商量。Look at the pictures and discuss with your partner.

1. 下周玛莎要做什么？What will Marsha do next week?

2. 在每种情况下，玛莎应该说什么？What should Marsha say under each circumstance?

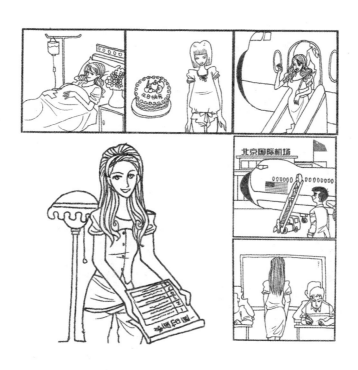

语言练习 Language Focus

一、语音和语调 Pronunciation and intonation

1. 辨音练习。Sound discrimination.

uai-uan	ie-üe	ang- uang	in-ing
kuai-huan	jie-yue	kang-wang	xin-qing	ri-yi

2. 声调练习。Tone exercises.

měi sòng jǔ huà zhù dào duì

3. 朗读下列词语。Read the following words aloud.

① 前重后轻。Stressing the former part.

日子
rìzi

② 前中后重。Stressing the latter part.

快乐	取得	成绩	飞机	毕业	明年
kuàilè	qǔdé	chéngjì	fēijī	bìyè	míngnián

联系	经常	希望	健康	顺利	年轻
liánxì	jīngcháng	xīwàng	jiànkāng	shùnlì	niánqīng

4. 用正确的语调朗读下面的句子，注意语气和重音。Read the following sentences aloud with correct intonation, pay attention to the tone and the stress.

① 祝你生日快乐！
Zhù nǐ shēngrì kuàilè!

② 祝你越来越漂亮！
Zhù nǐ yuè lái yuè piàoliang!

③ 祝你学习取得好成绩。
Zhù nǐ xuéxí qǔdé hǎo chéngjì.

④ 这是我们给你的礼物。
Zhè shì wǒmen gěi nǐ de lǐwù.

⑤ 欢迎你毕业后再来中国。
Huānyíng nǐ bìyè hòu zài lái Zhōngguó.

⑥ 有空儿常联系吧。
Yǒu kòngr cháng liánxì ba.

⑦ 谢谢老师对我们的帮助。
Xièxie lǎoshī duì wǒmen de bāngzhù.

⑧ 老师，您辛苦了。
Lǎoshī, nín xīnkǔ le.

二、替换练习 Substitution exercises

① 祝你生日快乐。
Zhù nǐ shēngrì kuàilè.

身体健康
shēntǐ jiànkāng

越来越漂亮
yuè lái yuè piāoliang

生活(life)幸福(happy)
shēnghuó xìngfú

② 希望以后你能带我们去旅行。
Xīwàng yǐhòu nǐ néng dài wǒmen qù lǚxíng.

你取得好成绩
nǐ qǔdé hǎo chéngjì

你找到一个很帅的男朋友
nǐ zhǎo dào yí ge hěn shuài de nán péngyou

我能去美国
wǒ néng qù Měiguó

三、用"越来越"回答问题 Answer the following questions with 越来越

① A: 听说爷爷病了，现在身体怎么样?
　　Tīngshuō yéye bìng le, xiànzài shēntǐ zěnmeyàng?

　　B: ＿＿＿＿＿＿＿＿＿＿＿＿＿＿。

② A: 学了半年汉语，你汉字怎么样?
　　Xué le bàn nián Hànyǔ, nǐ Hànzì zěnmeyàng?

　　B: ＿＿＿＿＿＿＿＿＿＿＿＿＿＿。

③ A: 我已经两年没见她了，她现在怎么样?
　　Wǒ yǐjīng liǎng nián méi jiàn tā le, tā xiànzài zěnmeyàng?

　　B: ＿＿＿＿＿＿＿＿＿＿＿＿＿＿。

④ A: 外边(outside)还在下雨吗?
　　Wàibian hái zài xià yǔ ma?

　　B: ＿＿＿＿＿＿＿＿＿＿＿＿＿＿。

四、用"就要……了"完成句子 complete the sentences with 就要……了

① ＿＿＿＿＿＿＿＿＿＿＿，我想上街买礼物。
＿＿＿＿＿＿＿＿＿＿＿, wǒ xiǎng shàng jiē mǎi lǐwù.

② ＿＿＿＿＿＿＿＿＿＿＿，我们快点儿走吧。
＿＿＿＿＿＿＿＿＿＿＿, wǒmen kuài diǎnr zǒu ba.

③ 今天你得带雨伞(umbrella)，＿＿＿＿＿＿＿＿＿＿＿。
Jīntiān nǐ děi dài yǔsǎn, ＿＿＿＿＿＿＿＿＿＿＿.

④ ＿＿＿＿＿＿＿＿＿＿＿，我们上车吧。
＿＿＿＿＿＿＿＿＿＿＿, wǒmen shàng chē ba.

扩展活动 Extended Activities

一、新年晚会 A new year party

1. 3–4人一组，为大家制定一个新年晚会的计划，并选三句新年钟声响起时可以说的话。
    Work in groups of 3 or 4 and work out a new year party plan, and then select 3 sentences which can be said when the new year bell chimes.

2. 向大家介绍一下你们的晚会计划。Introduce your party plan to the class.

A tip for students

Pay attention to listening and make suggestions for them.

二、全班活动 Class work

全班一起动手，制作一张临别留言卡送给老师。The whole class work together to make a farewell card for your teacher.

三、看图编故事 Make up a story according to the pictures

①　　　　②　　　　③

④　　　　⑤

总结与评价 Summary and Evaluation

一、在这一课你学会了什么？请你试着写出你记住的词语。What have you learned in this lesson? Please write down the words you have remembered.

A tip for students

You can also write in *pinyin*.

二、 当你的朋友过生日或者有同学要回国的时候，你能用汉语说几句祝福的话吗？
利用下面的表格整理这一课学会的表示祝愿的句子，在合适的时候说一说。
Are you able to give him/her wishes in Chinese when your friend is celebrating his/her birthday or a classmate returns to his/her country? Review the sentences you have learned in this lesson according to the following form and practice them at an appropriate time.

	Wishes
To your friend who is celebrating his/her birthday	
At a new year party	
To your classmate who will return to his/her own country	
To a person who is looking for a job	
To a girl who doesn't have a boyfriend	
To a boy who doesn't have a girlfriend	

三、 完成任务的自我表现评价。Self-evaluation.

A	B	C	D	Are you satisfied with your performance?
A	B	C	D	Do you often express your own ideas actively?
A	B	C	D	Do you often ask your classmates questions actively?

复习 3

Review 3

一、语言练习 Language exercises

1. **用下面的动词各说一个句子。** Make a sentence with each of the following verbs.

给　　送　　告诉
gěi　　sòng　　gàosu

2. **根据图片，用"比……多了"造句。** Look at pictures and make sentences with 比……多了.

①

②

¥2000,00　　　¥200
③

3. **用所给的词语完成对话。** Complete the dialogues with the given words.

(1)　一边……一边……
　　　yìbiān … yìbiān …

　　A: 你什么时候听音乐?
　　　　Nǐ shénme shíhou tīng yīnyuè?

　　B: _____。

(2)　有时候……有时候……
　　　yǒu shíhou … yǒu shíhou …

　　A: 星期天你几点起床?
　　　　Xīngqītiān nǐ jǐ diǎn qǐ chuáng?

　　B: _____。

(3)　一点儿也……
　　　yìdiǎnr yě …

　　A: 你再穿一件衣服吧?
　　　　Nǐ zài chuān yí jiàn yīfu ba?

　　B: _____。

(4)　一……就……
　　　yī … jiù …

　　A: 你什么时候回国?
　　　　Nǐ shénme shíhou huí guó?

　　B: _____。

(5)　就要……了
　　　jiù yào … le

　　A: 我们去游泳吧?
　　　　Wǒmen qù yóuyǒng ba?

　　B: _____。

(6)　……越来越……
　　　… yuè lái yuè …

　　A: 他的学习现在怎么样?
　　　　Tā de xuéxí xiànzài zěnmeyàng?

　　B: _____。

(7)　……可是……
　　 ... kěshì ...

　　A: 我们去这家饭店吧!
　　　 Wǒmen qù zhè jiā fàndiàn ba!

　　B: ＿＿＿＿＿＿＿＿＿＿。

(8)　……或者……
　　 ... huòzhě ...

　　A: 周末你想干什么?
　　　 Zhōumò nǐ xiǎng gàn shénme?

　　B: ＿＿＿＿＿＿＿＿＿＿。

二、活动 Activities

1. 3-4人一组。从下面的活动中选择你喜欢的和不喜欢的，并说明理由。Work in groups of 3 or 4. Choose the activities you like and you dislike from the following table and tell your reasons.

| 唱歌 chàng gē | 跳舞 tiào wǔ | 听音乐 tīng yīnyuè | 看书 kàn shū | 喝酒 hē jiǔ |
| 逛街 guàng jiē go shopping | 打篮球 dǎ lánqiú | 打羽毛球 dǎ yǔmáoqiú play badminton | 踢足球 tī zúqiú play football | 爬山 pá shān |

A tip for students

If there is no activity you can talk about, add some new.

2. 应聘外语辅导老师。Apply for the position of a foreign language tutor.

看看下面3位家长对辅导老师的要求。你觉得他们的孩子可能多大岁数，有什么爱好。然后按要求准备一下，并向家长推荐自己。Look at the following requirements put forward by three parents. Guess the age and hobbies of their children. Make preparations and recommend yourself to the parents as the foreign language tutor.

家长1的要求：爱好音乐和运动、会说一点儿汉语。喜欢孩子。
Requirements of parents 1: like music and sports, speak a little bit Chinese and like children.
家长2的要求：爱好足球和旅游，汉语口语比较好。喜欢和孩子一起踢足球。
Requirements of parents 2: like football and traveling, better oral Chinese and like playing football with children.
家长3的要求：喜欢逛街、跳舞和唱歌，会说一点儿汉语。
Requirements of parents 3: like go shopping, dance and sing, speak a little bit Chinese.

3. 猜词语比赛。Guess the words.

两人一组。将13到18课的一些可以表演的词语做成卡片，一个同学表演，一个同学猜。看哪一组猜出的词语最多。Work in pairs. Write down some words from lesson 13 to 18 on the cards. One student acts out the words' meanings and the other guesses. See which group will guesses the most words.

Word bank

想 xiǎng　爷爷 yéye　奶奶 nǎinai　医生 yīshēng　书 shū　散步 sàn bù　喜欢 xǐhuan　电视 diànshì　汉字 Hànzì　说 shuō　翻译 fānyì
旅行 lǚxíng　唱歌 chàng gē　打球 dǎ qiú　运动 yùndòng　爬山 pá shān　骑自行车 qí zìxíngchē　画家 huàjiā　画画儿 huà huàr　学习 xuéxí　雨 yǔ
雪 xuě　冷 lěng　衣服 yīfu　刮风 guā fēng　旅行 lǚxíng　回国 huí guó　快乐 kuàilè　欢迎 huānyíng

三、短剧表演 Mini-play

1. **将全班分成小组，抽签选择短剧的内容。大家一起商量短剧怎么演，每个人应该说什么话，准备好以后给大家表演。最后利用下面的表格给自己的小组和自己的表现打分，也要给其他的小组打分。** Divide the class into groups and draw lots to decide the content of the play. Discuss how to act and what to say, and then act the play out in front of the class. After the performance, evaluate the performance of yourself, your group and other groups.

短剧内容：Plays suggested:

1. 两人一组。别人给你们介绍对象，让你们在公园的门口第一次见面。看到对方很漂亮，但是聊天后谁也不喜欢谁。Work in pairs. Someone sets up a date for you. You're told to meet your date for the first time at the park gate. You think she is pretty at the first sight, but nothing hits off between you two after chatting.

2. 三人一组。假期快到了，大家打算一起去旅游，商量去什么地方和什么时候去的时候，3个人的意见不一样，都觉得自己的想法最好。Work in groups of three. The vacation's coming and you plan to travel together. You can't agree to others' ideas when discussing where and when to go. Everyone thinks his/her own idea is the best.

3. 四人一组。大家都接到晚会的邀请，但是不知道是什么晚会，一个人觉得是生日晚会，准备了大蛋糕；一个人觉得是有人要回国了，准备了礼物和卡片；还有一个人以为是周末聚会，带了一瓶好酒。结果发现他们都错了。Work in groups of four. You all received an invitation to a party, but no one knows what kind of a party this is going to be. One thinks it's going to be a birthday party and prepares a big cake; one thinks someone's returning from overseas and prepares gift and card; the other person thinks it's going to be a weekend get-together and brings over a bottle of fine wine. Then you all find yourselves wrong.

学生用的评价表 Self-evaluation form for students

自己小组的表现 Your group's performance	A B C D E
自己的表现 Your performance	A B C D E
表现最好的小组 The best-performed group	Group1 Group2 Group3
表现最好的同学 The best-performed student	1. 2. 3.

教师用的评价表 Evaluation form for the teacher

语言综合表现评价参考标准

等级	语音和语调	语法和词汇	流利性	合作性
优	非常准确	基本没有错误	语速适当，非常流利	能经常提示或帮助他人回答
良	正确	偶尔有失误	语速适当，但有停顿	偶尔能提醒对方
中	基本正确	语法词汇错误较多，但有控制	停顿较多，句子总量不够	基本没有主动参与的意识
差	不正确	缺乏语法控制能力，词汇错误较多	对语速没有控制，结结巴巴	完全不能参与到活动中

词 语 简 称 表
Abbreviations of Word Classes

n	noun	名词	míngcí
pn	proper noun	专有名词	zhuānyǒu míngcí
v	verb	动词	dòngcí
mv	model verb	能愿动词	néng yuàn dòngcí
a	adjective	形容词	xíngróngcí
pron	pronoun	代词	dàicí
num	numeral	数词	shùcí
m	measure	量词	liàngcí
adv	adverb	副词	fùcí
prep	preposition	介词	jiècí
conj	conjunction	连词	liáncí
pt	particle	助词	zhùcí
int	interjection	叹词	tàncí

词 语 表
Vocabulary Index

第1课

你	*pron*	nǐ	you
好	*a*	hǎo	good
是	*v*	shì	be
哪	*pron*	nǎ	which
国	*n*	guó	country
人	*n*	rén	people, person
我	*pron*	wǒ	I, me
呢	*pt*	ne	a modal particle
叫	*v*	jiào	call
什么	*pron*	shénme	what
名字	*n*	míngzi	name
这	*pron*	zhè	this
的	*pt*	de	a modal particle
朋友	*n*	péngyou	friend
您	*pron*	nín	you
贵姓	*n*	guìxìng	surname

1. 加*号的为超纲词语。
2. 补充词语为活动和练习中补充的词语。

姓	v	xìng	one's surname is
住	v	zhù	live
哪儿	pron	nǎr	where
号	n	hào	number
楼	n	lóu	building
他	pron	tā	he, him
吗	pt	ma	a modal particle
留学生	n	liúxuéshēng	overseas student
也	adv	yě	also, too
哪个	pron	nǎge	which
房间	n	fángjiān	room

专有名词

日本	pn	Rìběn	Japan
美国	pn	Měiguó	U.S.
中国	pn	Zhōngguó	China
王军	pn	Wáng Jūn	Wang Jun
欧文	pn	Ōuwén	Irving
山本一郎	pn	Shānběn Yīláng	Yamamoto Ichiro
娜拉	pn	Nàlā	Nala

补充词语

她	pron	tā	she
从	prep	cóng	from
来	v	lái	come
你们	pron	nǐmen	you, a plural form of "你"
老师	n	lǎoshī	teacher
英国	pn	Yīngguó	British
泰国	pn	Tàiguó	Thailand
同学	n	tóngxué	classmate
男	a	nán	male
女	a	nǚ	female

第2课

现在	n	xiànzài	now
几	pron	jǐ	how many, how much
点	m	diǎn	o'clock
七	num	qī	seven
一	num	yī	one
刻	m	kè	quarter
上课	v	shàng kè	attend class
八	num	bā	eight
时候	n	shíhou	time

吃	v	chī	eat
早饭	n	zǎofàn	breakfast
半	num	bàn	half
明天	n	míngtiān	tomorrow
有	v	yǒu	have
课	n	kè	class
星期	n	xīngqī	week
六	num	liù	six
我们	pron	wǒmen	we, us
没有	v	méiyǒu	not have
不	adv	bù	no, not
五	num	wǔ	five
上午	n	shàngwǔ	morning
下午	n	xiàwǔ	afternoon
生日	n	shēngrì	birthday
月	m	yuè	month
晚上	n	wǎnshang	evening, night
睡觉	v	shuìjiào	sleep, go to bed
十	num	shí	ten
二	num	èr	two
中午	n	zhōngwǔ	noon
休息	v	xiūxi	rest
三	m	sān	three
今天	n	jīntiān	today

专有名词

玛莎	pn	Mǎshā	Masha

补充词语

电话	n	diànhuà	telephone
起床	v	qǐ chuáng	get up
下课	v	xià kè	dismiss a class
洗澡	v	xǐ zǎo	take a bath
上网	v	shàng wǎng	surf on the Internet
看电视		kàn diànshì	watch TV
吃晚饭		chī wǎnfàn	have dinner
昨天	n	zuótiān	yesterday
后天	n	hòutiān	the day after tomorrow
选	v	xuǎn	choose

第3课

售货员	n	shòuhuòyuán	shop assistant
要	v	yào	want

这个	pron	zhège	this
块	num	kuài	yuan
那个	pron	nàge	that
多少	pron	duōshao	how much, how many
钱	n	qián	money
两	num	liǎng	two
个	m	gè	a measure word
买	v	mǎi	buy
面包	n	miànbāo	bread
还	adv	hái	still
别的		biё de	other
再	adv	zài	again
瓶	m	píng	bottle, a measure word
水	n	shuǐ	water
一共	adv	yígòng	altogether
给	v	gěi	give
铅笔	n	qiānbǐ	pencil
支	m	zhī	a measure word
了	pt	le	a modal particle
谢谢	v	xièxie	thanks
零钱	n	língqián	change
苹果	n	píngguǒ	apple
斤	m	jīn	jin, a unit of weight
摊主	n	tānzhǔ	seller
太	adv	tài	too
贵	a	guì	expensive
行	v	xíng	OK
香蕉	n	xiāngjiāo	banana
找	v	zhǎo	look for, find

专有名词

| 春香 | pn | Chūnxiāng | Chun Hyang |

补充词语

爸爸	n	bàba	father
妈妈	n	māma	mother
可口可乐	n	kěkǒu kělè	coke
饼干	n	bǐnggān	biscuit
方便面	n	fāngbiànmiàn	instant noodles
橘子	n	júzi	orange
葡萄	n	pútao	grape
汉堡包	n	hànbǎobāo	hamburger
啤酒	n	píjiǔ	beer
咖啡	n	kāfēi	coffee

第4课

*服务员	*n*	fúwùyuán	waiter/waitress
你们	*pron*	nǐmen	you, a plural form of "你"
*来	*v*	lái	want
主食	*n*	zhǔshí	staple food
碗	*m*	wǎn	bowl
米饭	*n*	mǐfàn	rice
（一）点儿	*num*	(yì)diǎnr	a little
面条儿	*n*	miàntiáor	noodle
饺子	*n*	jiǎozi	dumpling
喝	*v*	hē	drink
啤酒	*n*	píjiǔ	beer
茶	*n*	chá	tea
勺子	*n*	sháozi	spoon
请	*v*	qǐng	please
饭	*n*	fàn	rice
很	*adv*	hěn	very
张	*m*	zhāng	piece, a measure word
*餐巾纸	*n*	cānjīnzhǐ	napkin
*结账	*v*	jié zhàng	pay a bill
百	*num*	bǎi	hundred
四	*num*	sì	four
菜	*n*	cài	dish
*打包	*v*	dǎ bāo	get a doggie bag

菜名

红烧鱼	*pn*	hóngshāo yú	braised fish in soy sauce
炒青菜	*pn*	chǎo qīngcài	sautéed vegetables
红烧牛肉	*pn*	hóngshāo niú ròu	braised beef in soy sauce
鸡蛋炒饭	*pn*	jīdàn chǎo fàn	fried rice with eggs
酸辣汤	*pn*	suān là tāng	hot and sour soup

补充词语

糖醋里脊	*pn*	táng cù lǐji	sweet and sour pork
宫保鸡丁	*pn*	gōng bǎo jī dīng	Kung Pao chicken
西红柿炒鸡蛋	*pn*	xīhóngshì chǎo jīdàn	scrambled eggs with tomato
红烧茄子	*pn*	hóngshāo qiézi	braised eggplant
酒	*n*	jiǔ	wine
水果	*n*	shuǐguǒ	fruit
可乐	*n*	kělè	coke

第5课

请问	v	qǐngwèn	excuse me
邮局	n	yóujú	post office
在	v	zài	at, in, on
学生	n	xuésheng	student
就	adv	jiù	exactly
前（边）	n	qián(bian)	front
远	a	yuǎn	far
食堂	n	shítáng	cafeteria
旁边	n	pángbiān	next to
带	v	dài	take
去	v	qù	go
吧	pt	ba	a modal particle
医院	n	yīyuàn	hospital
怎么	pron	zěnme	how
走	v	zǒu	walk, go
从	prep	cóng	from
这儿	pron	zhèr	here
一直	adv	yìzhí	straight
往	prep	wǎng	toward
银行	n	yínháng	bank
左（边）	n	zuǒ(bian)	left(side)
还是	conj	háishi	or
右（边）	n	yòu(bian)	right(side)
学校	n	xuéxiào	school
附近	n	fùjìn	near
书店	n	shūdiàn	bookstore
然后	conj	ránhòu	then
米	m	mǐ	meter
拐	v	guǎi	turn
家	n	jiā	home
离	v	lí	from
到	v	dào	to
分钟	m	fēnzhōng	minute
出	v	chū	go out
大门	n	dàmén	gate

补充词语

东（边）	n	dōng(bian)	east
南（边）	n	nán(bian)	south
西（边）	n	xī(bian)	west
北（边）	n	běi(bian)	north
上（边）	n	shàng(bian)	above

下（边）	n	xià(bian)	under
中间	n	zhōngjiān	between
对面	n	duìmiàn	opposite
第		dì	a prefix of ordinal numbers
路口	n	lùkǒu	crossing
超市	n	chāoshì	supermarket
向……转		xiàng … zhuǎn	turn
停	v	tíng	stop

第6课

司机	n	sījī	driver
饭店	n	fàndiàn	restaurant
停	v	tíng	stop
门口	n	ménkǒu	gate
票	n	piào	ticket
大使馆	n	dàshǐguǎn	embassy
坐	v	zuò	take, sit
*路	n	lù	road
车	n	chē	vehicle
和	conj	hé	and
都	adv	dōu	all
上	v	shàng	(get) on
*公交卡	n	gōngjiāo kǎ	public transport card
真	adv	zhēn	really
方便	a	fāngbiàn	convenient
图书馆	n	túshūguǎn	library
售票员	n	shòupiàoyuán	conductor
*得	mv	děi	have to
换	v	huàn	change, transfer
站	n	zhàn	station
地铁	n	dìtiě	subway
能	mv	néng	can, be able to
机场	n	jīchǎng	airport
可以	mv	kěyǐ	can, may
线	n	xiàn	line

专有名词

中国饭店	pn	Zhōngguó Fàndiàn	the China Hotel

补充词语

打车	v	dǎ chē	take a taxi
开车	v	kāi chē	drive a car
走路	v	zǒu lù	walk

坐公共汽车		zuò gōnggòng qìchē	take a bus
坐大巴		zuò dàbā	take a shuttle bus
坐飞机		zuò fēijī	take a plane
鸟巢		niǎo cháo	Bird's Nest, the national stadium
路边		lù biān	road side
这里	pron	zhèlǐ	here

第7课

寄	v	jì	mail
*职员	n	zhíyuán	clerk
哪里	pron	nǎlǐ	where
姐姐	n	jiějie	elder sister
先	adv	xiān	first
填	v	tián	fill in
*单子	n	dānzi	form
这里	pron	zhèlǐ	here
写	v	xiě	write
地址	n	dìzhǐ	address
元	m	yuán	yuan
存	v	cún	deposit
第	a	dì	a prefix of ordinal numbers
次	m	cì	time
万	num	wàn	ten thousand
*护照	n	hùzhào	passport
号码	n	hàomǎ	number
下边	n	xiàbian	under, below
帮	v	bāng	help
千	num	qiān	thousand
美元	n	měiyuán	US dollar
人民币	n	rénmínbì	RMB
毛	m	máo	mao
零	num	líng	zero
九	num	jiǔ	nine
数	v	shǔ	count
正好	adv	zhènghǎo	right

专有名词

泰国	pn	Tàiguó	Thailand
上海	pn	Shànghǎi	Shanghai

补充词语

明信片	n	míngxìnpiàn	postcard
邮票	n	yóupiào	stamp

信封	*n*	xìnfēng	envelope
包裹	*n*	bāoguǒ	package
信用卡	*n*	xìnyòng kǎ	credit card
存折	*n*	cúnzhé	deposit book
邮戳	*n*	yóuchuō	postmark
特色	*n*	tèsè	specialty
礼物	*n*	lǐwù	gift
日元	*pn*	rìyuán	yen
韩元	*pn*	hányuán	Korean won
英镑	*pn*	yīngbàng	pound

第8课

事	*n*	shì	matter
忘	*v*	wàng	forget
钥匙	*n*	yàoshi	key
开	*v*	kāi	open
一下	*num*	yíxià	once
门	*n*	mén	door
*床单	*n*	chuángdān	sheet
脏	*a*	zāng	dirty
客气	*v*	kèqi	polite
电话	*n*	diànhuà	telephone
坏	*a*	huài	broken, bad
*空调	*n*	kōngtiáo	air conditioner
问题	*n*	wèntí	problem
时间	*n*	shíjiān	time
修	*v*	xiū	fix, repair
知道	*v*	zhīdào	know
跟	*prep*	gēn	with
一起	*adv*	yìqǐ	together
灯	*n*	dēng	lamp
亮	*a*	liàng	light
看	*v*	kàn	watch, look
*见	*v*	jiàn	see
电脑	*n*	diànnǎo	computer
*上网	*v*	shàng wǎng	surf on the Internet
用	*v*	yòng	use
多	*a*	duō	much
长	*a*	cháng	long
一会儿	*num*	yíhuìr	a while

专有名词

李平	*pn*	Lǐ Píng	Li Ping

补充词语

电视	*n*	diànshì	TV
马桶	*n*	mǎtǒng	toilet
洗衣机	*n*	xǐyījī	washing machine
台灯	*n*	táidēng	lamp
电	*n*	diàn	electricity
漏水		lòu shuǐ	leak
关机	*v*	guān jī	power off
图像	*n*	túxiàng	image
堵	*v*	dǔ	block up
自行车	*n*	zìxíngchē	bicycle
车带	*n*	chē dài	tail strop
气	*n*	qì	gas
骑	*v*	qí	ride
推	*v*	tuī	push
修车铺		xiū chē pū	bicycle repair shop
放	*v*	fàng	put
送	*v*	sòng	send
被罩	*n*	bèizhào	quilt cover
手机	*n*	shǒujī	cell phone
打（电话）	*v*	dǎ (diànhuà)	make(a call)
接（电话）	*v*	jiē (diànhuà)	pick up(a call)
声音	*n*	shēngyīn	voice
锁	*n*	suǒ	lock
丢	*v*	diū	lose

第9课

喂	*int*	wèi	hello
宿舍	*n*	sùshè	dorm
对	*v*	duì	right
位	*m*	wèi	a measure word
打	*v*	dǎ	dial, call
错	*a*	cuò	wrong
想	*v*	xiǎng	want
介绍	*v*	jièshào	introduce
晚饭	*n*	wǎnfàn	dinner
以后	*n*	yǐhòu	after
教室	*n*	jiàoshì	classroom
她	*pron*	tā	she, her
回来	*v*	huílái	return
可能	*mv*	kěnéng	probably
告诉	*v*	gàosu	tell

279

再见	*v*	zàijiàn	goodbye
飞机	*n*	fēijī	plane
*票务员	*n*	piào wù yuán	ticket officer
天	*m*	tiān	day
更	*adv*	gèng	more
便宜	*a*	piányi	cheap
那	*conj*	nà	then
办公室	*n*	bàngōngshì	office
老师	*n*	lǎoshī	teacher
开会	*v*	kāi huì	attend a meeting
*签证	*n*	qiānzhèng	visa
快	*adv*	kuài	hurry
期	*n*	qī	a period of time
延长	*v*	yáncháng	prolong
办	*v*	bàn	do

专有名词

李红	*pn*	Lǐ Hóng	Li Hong
金大成	*pn*	Jīn Dàchéng	Kim Tae-song
张老师	*pn*	Zhāng lǎoshī	Ms Zhang
李老师	*pn*	Lǐ lǎoshī	Mr Li
广州	*pn*	Guǎngzhōu	Guangzhou

补充词语

订	*v*	dìng	book
谁的		shuí de	whose
病	*v*	bìng	disease
救护车	*n*	jiùhùchē	ambulance
小偷	*n*	xiǎotōu	thief
偷	*v*	tōu	steal
着火	*v*	zháo huǒ	catch fire
救火	*v*	jiù huǒ	fire fighting

第10课

头疼	*a*	tóu téng	headache
嗓子	*n*	sǎngzi	throat
发烧	*v*	fā shāo	have a fever
有点儿	*adv*	yǒudiǎnr	slightly, a little
感冒	*v*	gǎnmào	catch a cold
药	*n*	yào	medicine
拿	*v*	ná	take
请假	*v*	qǐng jià	ask for leave
回	*v*	huí	return

对不起	v	duìbuqǐ	sorry
没关系		méi guānxi	it's all right
回去	v	huíqu	return
医生	n	yīshēng	doctor
舒服	a	shūfu	comfortable
早晨	n	zǎochen	morning
吐	v	tù	vomit
拉肚子	v	lā dùzi	have loose bowels
昨天	n	zuótiān	yesterday
肉	n	ròu	meat
片	m	piàn	tablet
病	v	bìng	illness, disease
咳嗽	v	késou	cough
试	v	shì	try
体温	n	tǐwēn	temperature
度	m	dù	degree
*打针	v	dǎ zhēn	injection

补充词语

眼睛	n	yǎnjing	eye
鼻子	n	bízi	nose
嘴	n	zuǐ	mouth
耳朵	n	ěrduo	ear
脖子	n	bózi	neck
肩膀	n	jiānbǎng	shoulder
胳膊	n	gēbo	arm
肚子	n	dùzi	belly
腿	n	tuǐ	leg
脚	n	jiǎo	foot
流鼻涕		liú bítì	have a running nose
牙	n	yá	tooth
网吧	n	wǎngbā	Internet bar
挂号	v	guàhào	register
内科	n	nèikē	internal medicine
外科	n	wàikē	surgery
拍片	v	pāi piàn	take an X-ray
化验	v	huàyàn	chemical examination
牙科	n	yá kē	dentistry
交钱	pay	jiāo qián	pay money
拿药	get	ná yào	get medicine

第11课

好久	a	hǎojiǔ	a long time

281

啊	int	a	a modal particle
最近	n	zuìjìn	recently
怎么样	pron	zěnmeyàng	how
忙	a	máng	busy
每	pron	měi	every, each
累	a	lèi	tired
已经	adv	yǐjīng	already
习惯	v	xíguàn	accustomed
考试	v	kǎoshì	exam
注意	v	zhùyì	pay attention to
身体	n	shēntǐ	body
但是	conj	dànshì	but
进	v	jìn	enter
关	v	guān	close
同学	n	tóngxué	classmate
班	n	bān	class
汉语	n	Hànyǔ	Chinese
难	a	nán	difficult
女儿	n	nǚ'ér	daughter
谁	pron	shuí	who, whom
刚	adv	gāng	just
下	v	xià	go down
岁	m	suì	age
弟弟	n	dìdi	younger brother
今年	n	jīnnián	this year
大	a	dà	big, old
大学	n	dàxué	university
年级	n	niánjí	grade
学	v	xué	learn, study
有意思	a	yǒu yìsi	interesting
非常	adv	fēicháng	very

补充词语

明年	n	míngnián	next year
扇子	n	shànzi	fan
沙发	n	shāfā	sofa
茶几	n	chájī	tea table
报纸	n	bàozhǐ	newspaper
本子	n	běnzi	notebook

第12课

周末	n	zhōumò	weekend
干什么		gàn shénme	do something

上街		shàng jiē	go shopping
游泳	v	yóuyǒng	swim
空儿	n	kòngr	free
电影	n	diànyǐng	movie
新	a	xīn	new
呀	int	ya	a modal particle
饭馆儿	n	fànguǎnr	restaurant
最	adv	zuì	most, least
又……又……		yòu … yòu …	both … and …
糟糕	a	zāogāo	bad
晚会	n	wǎnhuì	party
参加	n	cānjiā	attend
晚	a	wǎn	late
开始	v	kāishǐ	begin

补充词语

爬山		pá shān	climb a mountain
逛街		guàng jiē	go shopping
喝酒		hē jiǔ	drink wine
运动	v	yùndòng	do sports
聊天儿	v	liáo tiānr	have a chat
打网球		dǎ wǎngqiú	play tennis
买东西		mǎi dōngxi	go shopping
雨	n.	yǔ	rain

第13课

经常	adv	jīngcháng	often
*家人	n	jiārén	family
口	m	kǒu	a measure word
*爷爷	n	yéye	grandfather
奶奶	n	nǎinai	grandmother
爸爸	n	bàba	father, dad
妈妈	n	māma	mother, mum
妹妹	n	mèimei	younger sister
哥哥	n	gēge	elder brother
爱人	n	àiren	husband or wife
漂亮	a	piàoliang	beautiful, pretty
帅	a	shuài	handsome
他们	pron	tāmen	they, them
孩子	n	háizi	child
工作	n	gōngzuò	work
当	v	dāng	work as
公司	n	gōngsī	company

做	v	zuò	do
经理	n	jīnglǐ	manager
年纪	n	niánjì	age
书	n	shū	book
或者	conj	huòzhě	or
出去	v	chūqu	go out
散步	v	sàn bù	take a walk
喜欢	v	xǐhuan	likc
电视	v	diànshì	TV

补充词语

警察	n	jǐngchá	policeman
商人	n	shāngrén	businessman
护士	n	hùshi	nurse
厨师	n	chúshī	cook
因为	n	yīnwèi	because
拉人		lā rén	deliver
送人		sòng rén	escort
乘客	n	chéngkè	passenger

第十四课

*学期	n	xuéqī	semester
*综合	n	zōnghé	comprehensive
口语	n	kǒuyǔ	oral, speaking
*听力	n	tīnglì	listening
汉字	n	Hànzì	Chinese characters
节	m	jié	a measure word
觉得	v	juéde	feel, think
听	v	tīng	listen
课文	n	kèwén	text
说	v	shuō	say
有时候		yǒu shíhou	sometimes
懂	v	dǒng	understand
遍	m	biàn	a measure word
这样	pron	zhèyàng	so, this way, like this
聊天儿	v	liáo tiānr	chat
可是	conj	kěshì	but
得	pt	de	a modal particle
慢	a	màn	slow
提高	v	tígāo	improve
水平	n	shuǐpíng	level
会	v	huì	be able to
话	n	huà	words

问	v	wèn	ask
出来	v	chūlái	go out
比	prep	bǐ	compare
为什么		wèi shénme	why
了解	v	liǎojiě	know
历史	n	lìshǐ	history
文化	n	wénhuà	culture
*跟…有关系		gēn … yǒuguān xì	have something to do with
翻译	n	fānyì	translator, interpreter
研究	v	yánjiū	study

专有名词

| 山下 | pn | Shānxià | Yamashita |

补充词语

读	v	dú	read
做生意		zuò shēngyi	do business
纸	n	zhǐ	paper
杂志	n	zázhì	magazine
文章	n	wénzhāng	article
阅读	n	yuèdú	reading
写作	n	xiězuò	writing
唱歌		chàng gē	sing songs
杯子	n	bēizi	cup
被子	n	bèizi	quilt

第15课

过	pt	guò	indicating the completion of an action
地方	n	dìfang	place
旅行	v	lǚxíng	travel
唱	v	chàng	sing
歌	n	gē	song
音乐	n	yīnyuè	music
爱好	n	àihào	hobby
篮球	n	lánqiú	basketball
运动	n	yùndòng	sport
球	n	qiú	ball
爬	v	pá	climb
山	n	shān	mountain
*周	n	zhōu	week
公共汽车	n	gōnggòng qìchē	bus
骑	v	qí	ride

自行车	n	zìxíngchē	bicycle
画家	n	huàjiā	painter
画	v	huà	paint
画儿	n	huàr	picture
特别	adv	tèbié	especially
正在	adv	zhèngzài	be doing
学习	v	xuéxí	study
新闻	n	xīnwén	news
一边…一边	while	yìbiān … yìbiān …	while
作业	n	zuòyè	homework
中文	n	Zhōngwén	Chinese

专有名词

西山	pn	Xīshān	Xishan Mountain
云南	pn	Yúnnán	Yunnan

补充词语

踢足球		tī zúqiú	play football
打篮球		dǎ lánqiú	play basketball
打羽毛球		dǎ yǔmáoqiú	play badminton
弹钢琴		tán gāngqín	play piano
跳舞	v	tiào wǔ	dancc
玩儿游戏		wánr yóuxì	play games
中学	n	zhōngxué	middle school
大学	n	dàxué	university
主持人	n	zhǔchí rén	emcee
节目	n	jiémù	program

第16课

天气	n	tiānqì	weather
晴	a	qíng	sunny
热	a	rè	hot
听说	v	tīngshuō	it's said that
阴	a	yīn	overcast
雨	n	yǔ	rain
秋天	n	qiūtiān	fall
不过	conj	bú guò	however
夏天	n	xiàtiān	summer
穿	v	chuān	wear
衣服	n	yīfu	clothes
冬天	n	dōngtiān	winter
因为	conj	yīnwèi	because

雪	*n*	xuě	snow
冷	*a*	lěng	cold
春天	*n*	chūntiān	spring
怕	*v*	pà	hate
比较	*adv*	bǐjiào	comparatively
刮	*v*	guā	blow
大风	*n*	dà fēng	strong wind
那么	*pron*	nàme	such

专有名词

大连	*pn*	Dàlián	Dalian

补充词语

转	*v*	zhuǎn	turn into
中雨	*n*	zhōngyǔ	moderate rain
大雨	*n*	dàyǔ	heavy rain
多云	*n*	duōyún	cloudy
暖和	*a*	nuǎnhuo	warm
温度	*n*	wēndù	temperature
公园	*n*	gōngyuán	park
雨伞	*n*	yǔsǎn	umbrella
照相	*v*	zhào xiàng	take a photo

第17课

完	*v*	wán	finish
打算	*v*	dǎsuàn	plan
那儿	*pron*	nàr	there
*雪山	*n*	xuěshān	snow mountain
*假期	*n*	jiàqī	vacation
放假	*v*	fàng jià	take a vacation
教	*v*	jiāo	teach
英文	*n*	Yīngwén	English
必须	*adv*	bìxū	must, have to
准备	*v*	zhǔnbèi	prepare
同意	*v*	tóngyì	agree
外国	*n*	wàiguó	foreign
玩儿	*v*	wánr	play
礼物	*n*	lǐwù	gift
样儿	*n*	yàng ér	kind, type

专有名词

西藏	*pn*	Xīzàng	Tibet

287

补充词语

鲜花	n	xiānhuā	flower
毛衣	n	máoyī	sweater
蛋糕	n	dàngāo	cake
亲戚	n	qīnqi	relatives

第18课

日子	n	rìzi	day
送	v	sòng	give
句	m	jū	a measure word for sentence
祝	v	zhū	wish
快乐	a	kuàilè	happy
越来越		yuè lái yuè	more and more
男	a	nán	male
取得	v	qǔdé	achieve
成绩	n	chéngjì	achievement
明年	n	míngnián	next year
毕业	v	bìyè	graduate
欢迎	v	huānyíng	welcome
常	adv	cháng	often
联系	v	liánxì	contact
信	n	xìn	letter
一路平安		yílù píng'ān	have a safe trip
希望	v	xīwàng	wish, hope
健康	v	jiànkāng	health
顺利	a	shùnlì	successful
年轻	a	niánqīng	young
帮助	v	bāngzhù	help
辛苦	a	xīnkǔ	hard

专有名词

| *教师节 | pn | Jiàoshī Jié | Teachers' Day |

补充词语

生活	n	shēnghuó	life
幸福	a	xìngfú	happy
外边	n	wàibian	outside

语 言 注 释 列 表
Index of Language Tips

第1课

对话一：

① **你好。**

在汉语里，两个三声相连，第一个变成二声，如"nǐ hǎo"读作"ní hǎo"。

② **你是哪国人？你叫什么名字？**

汉语疑问句的语序与英语不同，它跟陈述句的语序是一样的，只需把要提问的部分替换成疑问词语即可，语序不变。如"我是日本人。"提问时为"你是哪国人？"

③ **我是日本人，你呢？**

"你呢"在句子中的意思是"你是哪国人"。名词或代词+"呢"构成疑问句，意思要根据前面的句子来定，如"我住308，你呢？"这句话中"你呢"意思是"你住哪个房间？"

④ **我是美国人。**

汉语的基本语序是：主语+谓语（通常为动词或形容词）+宾语（如果动词带宾语的话）。

对话二：

① **这是我的中国朋友。**

汉语表示领属关系时，定语和中心语之间常用"的"连接，如"我的朋友"、"他的电脑"、"我的书"等等。

② **您贵姓？**

对长辈或表示对别人尊重时，可以用"贵姓"询问对方的姓。"您"是你的尊称。

③ **你住哪儿？**

"哪儿"是where的意思，用来询问地点，意思是"什么地方"，而"哪"是"which"这两个词不要混淆了。

对话三：

① **你是美国人吗？**

汉语陈述句的末尾加上"吗"就变成了疑问句，回答时用句中动词或形容词的肯定或否定形式。如"你是美国人吗？"——"我是/不是美国人。""你去教室吗？"——"去/不去。"

② **我住716。**

为了区别"1"和"7"，数字"1"在电话号码、房间号码及汽车号码中通常会念作"yāo"，如"316"(sān yāo liù)。

第2课

对话一：

① **现在几点？**

"几"在这里用来询问时间。汉语中一般用"几"来询问10以下的数量，如"你家有几口人？"、"房间里有几个人？"等。

② **现在七点一刻。**

十五分钟为一刻，如"7：15"说"七点一刻""8：45"说"八点三刻"。但30分钟不说"两刻"，如"6：30"应说"六点半"。

③ **你几点上课？**

汉语的语序跟英语不同，不能说"几点你上课？"

④ **我七点半吃早饭。**

在汉语里，时间词要放在动词前面，不能说"吃早饭七点半"。如"他八点上课"不能说"他上课八点"。

对话二：

① **明天星期六。**

在说时间的时候，句子的主语和谓语之间一般不加动词"是"，如"今天12号？""现在三点。"

② **星期五上午我有课，下午没有课。**

时间状语可以放在主语之前，也可以放在主语之后。如"星期五上午我有课。"也可以说"我星期五上午有课。""上午我没有课。"也可以说"我上午没有课。"

③ **星期五上午我有课，下午没有课。**

"有"的反义词是"没有"不是"不有"。

第3课

对话一：

① **您要什么？**

"要"在这里指"买"。

② **我要这个。那个多少钱？**

在口语中"这"、"那"可以读为"zhèi"和

"nèi"。

③ 那个**多少钱**?

在汉语中"多少"和"几"都可以问数量。"几"一般用来询问10以下的数量,如"你家有几口人?"如果是10以上的数量或者钱,一般用"多少"来提问,如"你们班有多少人?""你有多少钱?"等等。

④ 我要**两**个。

数字"2"在量词前和表示时间的时候,不能念èr,而读作"两"(liǎng),如"两个"(liǎng ge—two)、"两天"(liǎng tiān—two days)、"两点(liǎng diǎn—two o'clock)等。

对话二:

① 你**买什么**?

汉语的语序跟英语不同,不能说"什么你买?"

② **还**要别的吗?

"还"表示在原来的范围之外有补充,如"还要什么?"、"还有什么?"

③ **再**买一瓶水。

"再"用在动词之前,在这里表示同一动作的重复或继续,如"再吃一个"、"再说一遍"。

对话三:

① **有没有**铅笔?

"有"的否定式是"没有"。汉语可以用肯定和否定形式并列起来提问。如"有没有水?""你去不去教室?"用肯定或否定形式回答,如"有"或"没有"、"去"或"不去"。

② **一块五一支**。

是"铅笔一块五一支"的意思。汉语口语中常省略一些双方都知道的信息。也可以说"一支一块五。"

对话四:

① **太贵了**。

"太…了"表示程度,多用于不如意的事情。如"太贵了"、"太大了"、"太少了"。但也可以说"太好了!"

② 三块**行吗**?

"行吗"常用于商量。如"我休息一会,行吗?"回答一般为"行"或"不行"。

③ **给**你十块。

这里的"给"是动词。"给"的后面可以带两个

宾语。一个指人,一个指物。

第4课

对话一:

① **来**一个红烧鱼。

这里的"来"是"要"的意思。常用于购物和点菜等。

② 两**碗**米饭。

"碗"本来是表示容器的名词,可以用作量词。这样的量词还有"杯、瓶、盘"等。

对话二:

① 你们吃**点儿**什么?

"一点儿"用在动词后面,表示不定的、较少的数量。在这里也起到缓和语气的作用,使说话更客气。如"你喝点儿什么?"

对话三:

① 你的饭**好**吃吗?

"好"也可以用在动词前,表示使人满意的性质在哪方面。

第5课

对话一:

① 请问,邮局**在**哪儿?

这里的"在"是动词,表示人和事物的位置。如"我的铅笔在桌子上。"

② **就**在前边。

这里的"就"起到肯定语气的作用。

③ 我**带**你去吧。

在这里"带"是带领的意思。

对话二:

① 在银行左边**还是**右边?

这是一个选择疑问句。要求答话人从"还是"前后的两个选项中选择其中之一。

对话三:

① **怎么**走?

"怎么"后面加动词,询问动词的方式。如"怎么买"、"怎么去"、"怎么看"。

对话四:

① 从我家**到**学校十五分钟。

"从……到……"表示起点到终点。中间可以加地点，也可以加时间。如："从昨天到今天"。

儿化。

第6课

对话二：

① 128路车**来**了。

"来"是动词，表示从别的地方到说话人所在的地方。

② 我们上车**吧**。

在这里，"吧"表示请求。放在句尾，表达一种温和的商量语气，如"我们走吧。"

对话三：

① **得**换车。

"得"在这里读作"děi"，是"必须"的意思。

对话四：

① 地铁**能**到机场吗？

这里的"能"表示具有客观条件或者客观条件是否容许某种结果。回答为"能"或"可以"。

第7课

对话一：

① 寄**给**我姐姐。

"给"在这里是介词，引进动作行为的接受者。

对话二：

① 请填**好**这个。

这里"好"是补充说明动词"填"的结果，这种补语叫做结果补语，如"吃完"。

对话三：

① 我**要**寄钱。

"要"在这里是助动词，表示"打算"的意思，如"我要上网"。

对话四：

① 您**数一数**。

单音节动词重叠时，动词中间可以加"一"。

第8课

对话一：

① 帮我开**一下**门。

"一下"用在动词后面，表示动作短暂，也可以

对话三：

① 你能帮我**看看**吗？

"看看"是动词"看"的重叠形式，第二个"看"要读轻声。动词重叠一般表示动作持续的时间短，次数少。在这里主要是缓和语气，委婉地表达说话人的主观愿望。

对话四：

① 你的电脑**怎么**了？

"怎么了"用来询问对方的情况。如"他怎么了？"、"老师怎么了？"

② **要**用多长时间？

"要"在这里是助动词，"需要"的意思。

③ **一会儿**就好。

"一会儿"表示时间很短。"好"在这里是"完"的意思。

第9课

对话一：

① **喂**，你好，请问是留学生宿舍吗？

"喂"是打电话的常用语，开始打电话和开始接电话的时候都可以用。

② 你**找哪位**？

"找"在这里动词，"寻找"的意思。"哪位"是打电话时的常用语，意思是"哪一位"，也就是"谁"的意思。

③ 你**打错**了。

"打"在这里指"打电话"。

对话二：

① 我找山本，他**在**吗？

这里的"在"是动词，是"在房间"的意思。

对话三：

① 喂，是春香**吧**？

当提问的人对某一事实或情况有了某种估计，但又不能完全肯定时，就可以在陈述句末尾加上"吧"来表示推测，如"你是张老师吧？"

对话四：

① 您买**哪天的**？

"哪天的"是一个"的"字短语，指"哪一天的

票"。在汉语里，上文出现过或不说也明白的信息可以省略，用"的"字短语。

② 还有**更**便宜的吗？

"更"表示程度高，用于比较。"更"的后面常接动词和形容词。

对话五：

① 开会**去**了。

这里的"去"是表示趋向的补语，补充说明"开会"的方向。

② 我的签证**快**到期了。

"快……了"表示即将要发生的事情。

③ **多长时间**能办好？

"多长时间"用来询问时间的长短，不能说"多少时间"。

第10课

对话一：

① **有点儿**发烧。

"有点儿"表示程度不高，是稍微的意思。多用来表示不如意的事情。如"有点儿贵"、"有点儿忙"。

对话二：

① **快回宿舍休息**吧。

这句话两个动词共用一个主语，这样的句子叫连动句。第二个动词"休息"是"回宿舍"的目的。

对话三：

① 早晨吐了**两次**。

"两次"是数量补语，补充说明动词"吐"的次数。如"看了两遍"、"去了几次"。

② 我给你**开**点药。

"开"在这里是"写出"的意思。

第11课

对话一：

① 山本，**好久不见**。

"好久不见"是有一段时间没有见面的人寒暄时常用的语句。

对话三：

① 你们是**谁**？

在口语中，"谁"可以读成"shéi"。

对话四：

① 你今年**多大**？

"你今年多大"用于询问年龄不太大的人。如果对方年龄比较大，应该问"您多大年纪？"如果问小孩子的年龄，可以用"你几岁？"

第12课

对话一：

① 这个周末你们**干**什么？

"干"就是"做"的意思，口语中"做什么"可以说"干什么"。

② 我想**和**朋友上街。

在这里，"和"是介词，用来引进相关的对象，用法同"跟"一样。

对话三：

① 有一**家**四川饭店又便宜又好吃。

"家"在这里是量词。

第13课

对话一：

① 你**想**家吗？

这里的"想"是"想念"的意思。

② 你家有几**口**人？

"口"是量词，专用于说家庭中的人数。其他地方一般用"个"，如"我们班有12个同学。"

对话四：

① 爷爷看书**或者**出去散步。

"或者"用在叙述句里，表示选择关系。"或者"前后的两种事物或情况必选其一。

第14课

对话二：

① 有时候老师**说得太快**，我**听不懂**。

在动词和结果补语之间加入"得"或"不"，构成可能补语，用来表示主客观条件是否允许某种结果或情况发生。如"听得懂"就是能听懂的意思。

对话三：

① 你**比**我好多了。

"比"用于比较句，引出比较的对象，如"他的汉语比我好"。

② 我刚来的时候**什么都**听不懂。

这里的"什么"表示所说的范围之内没有例外。常和"都"一起用于强调否定。如"他什么都不买。"、"我什么都没吃。"

第15课

对话一：

① 王军，你去**过**什么地方？

"过"用在动词后，表示某种行为或变化曾经发生过。如"你看过这个电影吗？"

对话二：

① **周日**我们一起爬西山吧？

汉语里，"星期"也可以用"周"来表示。如"星期一"可以说"周一"，"星期日"可以说"周日"，但是"星期天"不能说"周天"。

对话三：

① 你**会**画吗？

"会"在这里是动词，表示"熟识、通晓"。

② 现在**正在**学呢。

"正在……呢"表示动作正在进行或持续。如"我们正在上课呢。"

对话四：

① 我喜欢**一边**听音乐**一边**聊天儿。

"一边……一边……"用来表示两种以上的动作同时进行。如"我们一边看电视一边聊天儿。"

第16课

对话一：

① **一**下雨**就**不热了。

在这里，"一……就……"连接两个动作。前一个动作是条件和原因，后一个动作是结果。表示在前面的条件下总会出现后面的结果。如"我一感冒就咳嗽。"

对话三：

① **不过**，我喜欢夏天。

"不过"表示转折，比"但是"语气轻一些。

对话四：

① 我觉得**一点儿也不**冷。

"一点儿也"放在"不"和"没有"前，表示完全否定。如"一点儿也不热"、"一点儿也没吃"。

第17课

对话一：

① 考完试你们有什么**打算**？

这里的"打算"是名词，意思是关于行动的想法和念头。

第18课

对话一：

① 我们每个人**送**她一句话吧。

"送"后面可以有两个宾语。一个指人，一个指事物。

② 祝你**越来越**漂亮。

"越来越"表示随着时间的推移而变化，如"天气越来越热了"。

对话二：

① 下个星期我**就要**回国**了**。

"就要……了"表示即将发生的事情，如"我就要结婚了"。

录 音 文 本
Scripts

01-01
听录音，写出你听到的电话号码和房间号。

人	电话	房间
1	69538571	328
2	87432916	506
3	69538942	1407

01-02
看图片，听录音，并按录音内容在图上用数字标出先后顺序。

1、泰国　　2、法国　　3、美国
4、中国　　5、韩国　　6、日本

01-03
听录音，填词语。

1、你是哪国人？
2、我是美国人。
3、我叫欧文，这是我的中国朋友。
4、我是日本人，你呢？
5、你住哪个房间？
6、我的名字叫王军。
7、我也住留学生楼。
8、你叫什么名字？
9、我姓王，您贵姓？

01-04
看着图片听两遍录音，然后和同伴根据图片内容对话。

欧文：你好。
山本：你好。
欧文：你是哪国人？
山本：我是日本人，你呢？
欧文：我是美国人。
山本：你叫什么名字？
欧文：我叫欧文，你呢？
山本：我叫山本一郎。

01-05
看着图片听两遍录音，然后和同伴商量录音和图片的内容有什么不同。

山本：欧文，你好。
欧文：你好，山本，这是我的中国朋友。
山本：你好，我叫山本一郎，您贵姓？
王军：我姓王，叫王军。
山本：你住哪儿？
王军：我住5号楼。

01-06
听录音，回答问题。

山本：娜拉，这是我的朋友，他叫欧文。
娜拉：你好，我叫娜拉，你是美国人吗？
欧文：我是美国人。
娜拉：你住哪儿？
欧文：我住留学生楼。
娜拉：我也住留学生楼，你住哪个房间？
欧文：我住716。
娜拉：我住328。

02-01
听录音，画线连接。

1、现在几点？
2、七点半吃早饭。
3、八点上课。
4、星期六没有课。
5、今天8号。
6、你的生日几月几号？
7、明天星期几？

02-02
看着图片听两遍录音，然后和同伴商量录音和图片的内容有什么不同。

山本：明天你有课吗？
王军：明天星期六，我们没有课。
山本：明天不是星期六。
王军：明天星期几？
山本：明天星期五，16号。
王军：星期五上午我有课，下午没有课。

02-03
听录音，判断正误。

娜拉：你晚上几点睡觉？

山本：十二点。

娜拉：中午休息吗？

山本：不休息。你呢？

娜拉：我也不休息。

山本：下午你有课吗？

娜拉：星期二下午没有，星期三下午有。

03—01

听录音，并在房间的门上写出你听到的房间号。

1、王军住608。

2、王军的朋友住326。

3、欧文住716。

4、春香住915。

5、山本住430。

6、玛莎住1207。

03—02

听录音，填词语。

1、再买一瓶水。

2、还要别的吗？

3、有零钱吗？

4、那个多少钱？

5、太贵了，三块行吗？

6、你要多少？

7、我买一个面包。

8、那个多少钱？

9、您要什么？

10、有没有铅笔？

03—03

看着图片听两遍录音，然后和同伴根据图片内容对话。

售货员：您要什么？

欧　文：我要这个。

售货员：一块五。

欧　文：那个多少钱？

售货员：三块。

欧　文：我要两个。

03—04

听两遍录音，回答问题。

玛　莎：有没有铅笔？

售货员：有，一块五一支。

玛　莎：我要两支。

售货员：还要什么？

玛　莎：不要了，谢谢。

售货员：有零钱吗？

玛　莎：没有。

03—05

先读一遍下面的句子，然后听录音，并按照你听到的顺序给句子标上序号。

山本：苹果多少钱一斤？

摊主：三块五。

山本：太贵了，三块行吗？

摊主：行，你要多少？

山本：我要两斤苹果。香蕉呢？

摊主：两块五。

山本：我要一斤香蕉。

摊主：一共八块五。

山本：给你十块。

摊主：找你一块五。

04—01

听录音，填词语。

1、来一个红烧鱼。

2、请给我一个勺子。

3、喝点儿什么？

4、你们吃点儿什么？

5、这个菜请打包。

6、我要一张餐巾纸。

7、有什么主食？

04—02

看着图片听两遍录音，然后和同伴根据图片内容对话。

服务员：你们吃什么？

欧　文：来一个红烧鱼。

服务员：还要什么？

娜　拉：再要一个炒青菜。

服务员：吃什么主食？

欧　文：两碗米饭。

服务员：还要别的吗？

娜　拉：不要了，谢谢！

04—03

看着图片听两遍录音，然后和同伴商量他们可能在说什么？

服务员：你们吃点儿什么？

欧　文：一个红烧牛肉，一个炒青菜。
春　香：有什么主食？
服务员：米饭、面条儿、饺子。
春　香：我要一个鸡蛋炒饭。
欧　文：我要面条儿。
服务员：喝点儿什么？
欧　文：我要一瓶啤酒。
春　香：我喝茶。

04—04
听两遍录音，然后回答问题。
欧　文：服务员，有勺子吗？
服务员：有。
欧　文：请给我一个勺子。
服务员：给您。
欧　文：谢谢！再来一个酸辣汤。
服务员：好。
欧　文：春香，你的饭好吃吗？
春　香：很好吃。你的面条儿呢？
欧　文：也很好吃。
春　香：服务员，我要一张餐巾纸。

04—05
先读一遍句子，然后听录音，并按照你听到的顺序给句子标上序号。
山　本：服务员，结账。
王　军：多少钱？
服务员：一百四十二。
王　军：给你一百六。
服务员：有两块吗？
春　香：我有。
山　本：这个菜请打包。
服务员：还有哪个？
春　香：饺子也打包。

05—01
听录音，边听边画。画好后按图说位置。
1、邮局在银行的后边。
2、医院在银行的左边。
3、书店在邮局的右边。
4、学校在医院的前边。
5、食堂在学校的旁边。

05—02
听录音，填词语。
1、从这儿一直往前走。
2、请问，邮局在哪儿？
3、从我家到学校十五分钟。
4、请问去医院怎么走？
5、在银行的左边还是右边？
6、出学校大门往右拐。
7、学校附近有书店吗？

05—03
听录音，判断正误。
玛　莎：请问，邮局在哪儿？
中国学生：就在前边。
玛　莎：远吗？
中国学生：不远，在食堂的旁边。
玛　莎：食堂在哪儿？
中国学生：我带你去吧。

05—04
看着图片听录音，然后和同伴商量录音和图片的内容有什么不同。
娜拉：小姐，请问去医院怎么走？
小姐：从这儿一直往前走。
娜拉：远不远？
小姐：不远。银行的旁边就是。
娜拉：在银行左边还是右边？
小姐：右边。

05—05
听录音，判断正误。
欧文：山本，学校附近有书店吗？
山本：有。
娜拉：怎么走？
山本：从学校一直往前走。
娜拉：然后呢？
山本：走100米，再往左拐。
欧文：远吗？
山本：不远。

05—06
听录音，回答问题。
欧文：王军，你家离学校远吗？
王军：不远，从我家到学校十五分钟。

山本：怎么走？

王军：出学校大门往右拐。

娜拉：一直走吗？

王军：对。

06—01

听录音，填词语。

1、请问，我们在哪儿换车？

2、这路车到图书馆吗？

3、再坐两站。

4、我去中国饭店。

5、请您停在门口。

6、车票多少钱一张？

7、然后换几路？

8、去大使馆坐几路车？

06—02

先读一遍句子，然后听录音，并按照你听到的顺序给句子标上序号。

司机：您好，您去哪儿？

玛莎：我去中国饭店，远吗？

司机：不太远。

（15分钟后）

玛莎：中国饭店到了吗？

司机：前边就是。

玛莎：请您停在门口。

司机：好。

玛莎：多少钱？

司机：一共35块，给您票。

06—03

看着图片听两遍录音，然后和同伴根据图片内容对话。

山　本：请问，这路车到图书馆吗？

售票员：得换车。

山　本：欧文，我们上吧？

欧　文：好的。

山　本：买两张票。

售票员：两块。

欧　文：请问，我们在哪儿换车？

售票员：再坐两站。

山　本：然后换几路？

售票员：换57路。

06—04

听录音，回答问题。

玛　莎：我买一张票。

售票员：你去哪儿？

玛　莎：地铁站。

售票员：一块。

玛　莎：还有几站？

售票员：四站。

玛　莎：地铁能到机场吗？

售票员：可以，坐6号线。

07—01

听录音，填词语。

1、您好，我寄这个。

2、请先填这张单子。

3、存多少？

4、您能帮我吗？

5、一美元换多少人民币？

6、这里写你姐姐的名字和地址。

7、是第一次存吗？

07—02

听录音，判断正误。

玛莎：您好，我存钱。

职员：是第一次存吗？

玛莎：是。

职员：存多少？

玛莎：存一万。

职员：请填好这个。

玛莎：怎么填？

职员：在这里写你的名字。

玛莎：护照号码呢？

职员：写在名字的下边。

07—03

看着图片听两遍录音，然后和同伴商量他们可能在说什么。

欧文：请问，这里能换钱吗？

职员：能。您换什么钱？

欧文：美元。一美元换多少人民币？

职员：六块八毛三。您换多少？

欧文：三百美元。

职员：这是两千零四十九元，您数一数。

欧文：正好，谢谢。

08—01

听录音，填词语。

1、我的床单脏了，能换一下吗？

2、你的电脑怎么了？

3、我房间的电话坏了。

4、我的空调也坏了。

5、我的灯不亮了，你能帮我看看吗？

6、要用多长时间？

7、我忘了带钥匙，帮我开一下门，好吗？

08—02

先读一遍下面的句子，然后听录音，并按照你听到的顺序给句子标上序号。

欧　文：你好。

服务员：你好，请问有事吗？

欧　文：我房间的电话坏了。

服务员：你住哪个房间？

欧　文：我住716，我的空调也坏了。

服务员：还有别的问题吗？

欧　文：没有了，谢谢。

08—03

看着图片听两遍录音，然后和同伴商量录音和图片的内容有什么不同。

娜拉：王军，你晚上有时间吗？

王军：有。

娜拉：我的mp4坏了，在哪儿能修？

王军：我知道，晚上我跟你一起去。

娜拉：我的灯不亮了，你能帮我看看吗？

王军：可以。

娜拉：晚上见。

王军：晚上见。

08—04

听录音，判断正误。

王军：李平，这是我的日本朋友。

山本：你好，我叫山本一郎。

王军：他的电脑坏了。

李平：你的电脑怎么了？

山本：不能上网。

李平：我帮你看看。

山本：要用多长时间？

李平：一会儿就好。

09—01

听录音，填词语。

1、你打错了，山本住一楼。

2、你找哪位？

3、请问娜拉在吗？

4、你找我有什么事？

5、还有更便宜的吗？

6、她回来我告诉她。

09—02

听录音，判断正误。

金大成：喂，你好。

李　红：你好，我找山本，他在吗？

金大成：在。山本，你的电话。

山　本：谢谢！喂，我是山本。

李　红：山本，我是李红。

山　本：你好，李红！你找我有什么事？

李　红：我想给你介绍几个朋友。

山　本：太好了。什么时候？

李　红：晚饭以后可以吗？

山　本：可以。晚上见。

09—03

看着图片听两遍录音，然后和同伴根据图片内容对话。

欧文：喂，是春香吧？我是欧文。

春香：欧文，你好。

欧文：请问娜拉在吗？

春香：娜拉去教室了。

欧文：她什么时候回来？

春香：可能得10点。

欧文：我明天再找她吧。

春香：好的，她回来我告诉她。

欧文：再见。

春香：再见！

09—04

先读一遍句子，然后听录音，并按照你听到的顺序给句子标上序号。

金大成：喂，您好！我要买飞机票。

票务员：您去哪儿？

金大成：广州。

票务员：您买哪天的？

金大成：12号的。

票务员：您要什么时间的？

金大成：下午的。

票务员：1250元一张。

金大成：还有更便宜的吗？

票务员：晚上的票便宜，850元。

金大成：那我要晚上的。

09—05

听录音，回答问题。

李老师：您好，留学生办公室。

山　本：请问，张老师在吗？

李老师：她不在，开会去了。

山　本：您是李老师吧？我是山本。

李老师：山本，你好，有事吗？

山　本：李老师，我的签证快到期了。

李老师：没问题，可以延长。

山　本：多长时间能办好？

李老师：两个星期。

山　本：我明天上午去办公室行吗？

李老师：可以。

10—01

听录音，填词语。

1、是不是<u>感冒</u>了？

2、你哪儿不<u>舒服</u>？

3、<u>试一下</u>体温。

4、老师，我要<u>请假</u>。

5、我<u>头疼</u>，<u>嗓子疼</u>。

6、用<u>打针</u>吗？

7、<u>早晨</u>我吐了两次。

10—02

看着图片听两遍录音，然后和同伴一起根据图片内容对话。

娜拉：老师，我要请假。

老师：你怎么了？

娜拉：我头疼。

老师：感冒了吗？

娜拉：有点儿。

老师：快回宿舍休息吧。

娜拉：我不能上课了，对不起。

老师：没关系，回去吃点儿药，多喝水。

10—03

先读一遍句子，然后听录音，并按照你听到的顺序给

句子标上序号。

医生：你哪儿不舒服？

欧文：早晨我吐了两次。

医生：拉肚子吗？

欧文：有点儿。

医生：你昨天吃了什么？

欧文：吃了很多肉，还喝了啤酒。

医生：我给你开点儿药。

欧文：怎么吃？

医生：一天三次，一次一片。

10—04

听录音，判断正误。

欧文：医生，我的朋友病了。

医生：怎么了？

山本：我头疼，咳嗽。

医生：试一下体温。

山本：好。

医生：三十八度八。你发烧了。

欧文：用打针吗？

医生：得打一针，我再给他开点药。

山本：很快能好吗？

医生：没问题，回去多休息。

11—01

听录音，填词语。

1、A：娜拉，你好，<u>好久</u>不见。

　　B：欧文，你好，你<u>最近</u>怎么样？

2、我大学<u>一年级</u>，你呢？

3、我是娜拉，<u>请进</u>吧。

4、你们是<u>同学</u>吗？

5、注意<u>身体</u>。

6、你是她的<u>女儿</u>吧？

7、那你很<u>累</u>吧？

11—02

听录音，判断正误。

春香：山本，好久不见。

山本：是啊，你最近怎么样？

春香：我很好，你呢？

山本：我也很好。

春香：你忙吗？

山本：有点儿忙。每天下午都有课。

春香：那你很累吧？

山本：已经习惯了。你呢？

春香：我们快考试了，也很忙。

山本：注意身体。

11—03

看着图片听两遍录音，然后和同伴商量录音和图片的内容有什么不同。

李红：请问，春香在吗？

娜拉：她不在，但是她很快会回来。

李红：我是她的朋友，我叫李红。

娜拉：我是娜拉，请进吧。

李红：春香什么时候回来？

娜拉：很快，她的电脑没关。

李红：你们是同学吗？

娜拉：对，我们在一个班。

李红：汉语难吗？

娜拉：有点儿难。

11—04

先读一遍句子，然后听录音，并按照你听到的顺序给句子标上序号。

春香：请问，这是张老师家吗？

（张老师）女儿：是啊，你们是谁？

娜拉：我们是她的学生。

女儿：我妈妈刚下楼，请进。

娜拉：她什么时候回来？

女儿：很快就回来。

春香：你是她的女儿吧？

女儿：对。

娜拉：你几岁了？

女儿：我六岁。

11—05

听录音，回答问题。

山本：欧文，这是我弟弟。

欧文：你好，你是第一次来中国吗？

弟弟：是。

欧文：你今年多大？

弟弟：我18岁。

欧文：我也18岁。

弟弟：我大学一年级，你呢？

欧文：在美国我也是一年级，现在我在中国学汉语。

弟弟：汉语有意思吗？

欧文：非常有意思，你也来中国吧。

12—01

听录音，填词语。

1、这个周末你们<u>干</u>什么？

2、<u>周末</u>我们一起去，怎么样？

3、我们想请您<u>参加</u>。

4、您<u>晚</u>一点儿来也行。

5、跟我去<u>游泳</u>吧！

6、<u>真糟糕</u>，周四晚上我有事。

7、明天晚上你有<u>空儿</u>吗？

8、我们一起去看<u>电影</u>吧。

12—02

看着图片听两遍录音，然后和同伴商量他们可能在说什么。

山本：这个周末你们干什么？

娜拉：我想和朋友上街。

王军：我去游泳。你呢，山本？

山本：我还没想好。

王军：跟我去游泳吧！

山本：好啊。

王军：娜拉，你也一起去吧？

娜拉：好吧，周末见！

12—03

听录音，判断正误。

山本：娜拉，明天晚上你有空儿吗？

娜拉：有空儿，有事吗？

山本：我们一起去看电影吧，我有两张票。

娜拉：是新电影吗？

山本：对呀。

娜拉：太好了。几点的？

山本：晚上七点半的。

娜拉：我们一起吃晚饭，怎么样？

山本：行。

娜拉：那我们五点楼下见吧。

山本：好。

12—04

看着图片听两遍录音，然后和同伴商量录音和图片的内容有什么不同。

欧文：学校附近哪个饭馆儿最好？

山本：有一家四川饭店又便宜又好吃。

欧文：周末我们一起去，怎么样？

山本：周末我有事。

欧文：明天晚上呢？
山本：明天晚上我有课。
欧文：你不去，没有人跟我喝啤酒。
山本：周四晚上行吗？
欧文：真糟糕，周四晚上我有事。

12—05
先读一遍句子，然后听录音，并按照你听到的顺序给
句子标上序号。
娜　拉：张老师，星期六晚上您有时间吗？
张老师：有事吗？
娜　拉：星期六是欧文的生日。
玛　莎：我们要开个生日晚会。
娜　拉：我们想请您参加。
张老师：星期六我的朋友要来我家。
玛　莎：您晚点儿来也行。
张老师：晚会几点开始？
玛　莎：八点。
张老师：我九点来行吗？
娜　拉：太好了！

13—01
听录音，填词语。
1、你爸爸在哪儿工作？
2、她喜欢在家看电视。
3、我爸爸在医院工作，他是医生。
4、你爷爷、奶奶多大年纪？
5、你想家吗？
6、他们有孩子吗？
7、你姐姐多大？
8、他们每天做什么？
9、你家有几口人？

13—02
看着图片听两遍录音，然后和同伴商量录音和图片的
内容有什么不同。
春香：王军，这个人是你姐姐吗？
王军：对，这是我姐姐，旁边是她爱人。
春香：你姐姐真漂亮。
欧文：她爱人也很帅。
春香：你姐姐多大？
王军：30岁。
春香：他们有孩子吗？
王军：有一个女儿。

欧文：她几岁？
王军：两岁。

13—03
先读一遍句子，然后听录音，并按照你听到的顺序给
句子标上序号。
春香：你爸爸在哪儿工作？
王军：在医院，他是医生。
欧文：你妈妈呢？
王军：她在学校当老师。
春香：你姐姐也在医院工作吗？
王军：不，她在公司。
欧文：春香，你爸爸做什么工作？
春香：我爸爸也在公司，他是经理。
王军：你妈妈呢？
春香：我妈妈不工作。

14—01
听录音，填词语。
1、你觉得什么课最难？
2、请你再说一遍。
3、听力和口语不太难，汉字有点儿难。
4、这个学期你们有什么课？
5、我刚来的时候，什么都听不懂。
6、这个用汉语怎么说？
7、有时候老师说什么，我听不懂。

14—02
听录音，判断正误。
欧文：山下，你在听什么呢？
山下：我在听课文。我的听力不好，怎么办呢？
欧文：多听多说就行。
山下：有时候老师说什么，我听不懂。
欧文：那你就说"老师，请再说一遍好吗？"
山下：下次我就这样说。
欧文：你还要经常跟中国人聊天儿。
山下：可是他们说得太快。
欧文：你可以说"请慢点儿说。"
山下：好，我试一试。

14—03
听两遍录音，然后回答问题。
娜拉：山本，怎么提高口语水平？
山本：多跟中国朋友聊天儿。

娜拉：可是我不会说的话太多了。

山本：那你就问"这个用汉语怎么说？"

娜拉：有时候我能听懂，说不出来。

山本：你比我好多了。

娜拉：为什么？

山本：我刚来的时候什么都听不懂。

15—01
听录音，填词语。

1、我喜欢旅行，去过很多<u>地方</u>。

2、你喜欢什么<u>运动</u>？

3、欧文，每天晚上你<u>干什么</u>？

4、山本，你有什么<u>爱好</u>？

5、<u>有时候</u>跟朋友聊天儿，<u>有时候</u>看电视。

6、我喜欢<u>一边</u>听音乐<u>一边</u>上网聊天儿。

15—02
听录音，判断正误。

王军：玛莎，你喜欢运动吗？

玛莎：非常喜欢。

王军：你喜欢什么运动？

玛莎：游泳、打球和爬山。

王军：我也喜欢爬山。

玛莎：周日我们一起爬西山吧？

王军：好啊。

玛莎：我们怎么去？

王军：坐112路公共汽车。

玛莎：公共汽车人太多了。

王军：骑自行车去，怎么样？

玛莎：行。

15—03
看着图片听两遍录音，然后和同伴根据图片内容对话。

玛莎：你好！

画家：你好！你去云南旅行吗？

玛莎：对，你呢？

画家：我去工作。

玛莎：你做什么工作？

画家：我是画画儿的。

玛莎：我特别喜欢中国画儿。

画家：你会画吗？

玛莎：会一点儿。现在正在学呢。

画家：你来中国学画画儿吗？

玛莎：不，我来学习汉语。

15—04
看着图片听两遍录音，然后和同伴商量录音和图片的内容有什么不同。

春香：欧文，每天晚上你干什么？

欧文：有时候跟朋友聊天儿，有时候看电视。

春香：王军，你呢？

王军：我喜欢上网，每天晚上都上网。

娜拉：我也上网。你聊天儿吗？

王军：聊天儿，也看新闻。

娜拉：我喜欢一边听音乐一边聊天儿。

春香：我没有时间，晚上要学习汉语。

欧文：你真是个好学生。写作业吗？

春香：有时候也看中文电影。

16—01
听录音，填词语。

1、非常好，是<u>晴天</u>。

2、明天多少<u>度</u>？

3、今天<u>天气</u>怎么样？

4、这儿的冬天冷<u>不冷</u>？

5、<u>春天和秋天</u>最好了，不冷也不热。

6、听说明天上午<u>阴</u>，下午<u>有雨</u>。

7、我最喜欢这里的<u>秋天</u>。

16—02
看着图片听两遍录音，然后和同伴商量录音和图片的内容有什么不同。

娜拉：老师说周末我们要去大连。

玛莎：太好了！听说大连非常漂亮。

春香：是啊！我特别想去。

欧文：周末的天气怎么样？

娜拉：周六是晴天。

玛莎：太好了，我们可以游泳。

欧文：周日的天气怎么样？

娜拉：周日有雨。

春香：我不喜欢下雨。

16—03
听录音，判断正误。

李红：你喜欢这里吗？

山本：喜欢。我最喜欢这里的秋天。

李红：这里的秋天很漂亮。

山本：天气也很好。

李红：不过，我喜欢夏天。

玛莎：我也觉得夏天好，可以穿漂亮衣服。

春香：我喜欢冬天。

玛莎：为什么？

春香：因为冬天有雪啊。

娜拉：冬天太冷了，我喜欢春天。

16—04
听录音，回答问题。

金大成：这儿的冬天冷不冷？

欧　文：有点儿冷。

金大成：我最怕冷了。

欧　文：韩国的冬天冷吗？

金大成：我住的地方一点儿也不冷。

欧　文：你怕热吗？夏天这里比较热。

金大成：我不怕。春天和秋天怎么样？

欧　文：春天和秋天最好了，不冷也不热。

金大成：听说春天经常刮大风？

欧　文：现在没有那么大了。

17—01
听录音，填词语。

1、我<u>打算</u>一放假就回国。

2、<u>假期</u>你们打算做什么？

3、考<u>完</u>试你们有什么打算？

5、我<u>必须</u>学习汉语，参加HSK考试。

6、在中国工作，你家人<u>同意</u>吗？

7、<u>以后</u>你有什么打算？

8、我打算给家人和朋友买<u>礼物</u>。

17—02
听录音，判断正误。

王军：假期你们打算做什么？

娜拉：我打算一放假就回国。

春香：我打算跟中国朋友去她的家。

娜拉：她家在哪儿？

春香：西安。你有什么打算，欧文？

欧文：我打算当老师，教英文。

王军：山本，你呢？

山本：我必须学习汉语，准备参加HSK考试。

娜拉：你呢，王军？

王军：我想去爬雪山。

17—03
先读一遍句子，然后听录音，并按照你听到的顺序给

句子标上序号。

欧文：王军，周末跟我上街怎么样？

王军：行，你想买什么？

欧文：我打算给家人和朋友买礼物。

王军：你爸爸喜欢喝茶吗？

欧文：爸爸不喜欢，妈妈喜欢。

王军：你可以给妈妈买点儿茶。

欧文：我爸爸喜欢旅行，哥哥喜欢唱歌。

王军：那你买DVD吧，什么样儿的都有。

18—01
听录音，填词语。

1、老师，您<u>辛苦</u>了。

2、祝你<u>越来越</u>漂亮！

3、祝你生日<u>快乐</u>！

4、谢谢老师对我们的<u>帮助</u>。

5、祝您身体健康，工作<u>顺利</u>！

6、祝你<u>一路平安</u>！

7、有空儿常<u>联系</u>吧。

8、欢迎你<u>毕业</u>后再来中国。

9、祝你学习取得好<u>成绩</u>。

18—02
看着图片听两遍录音，然后和同伴商量他们可能在说什么。

张老师：今天是什么日子？

玛　莎：春香的生日。

张老师：我们每个人送她一句话吧。

娜　拉：春香，祝你生日快乐！

欧　文：祝你越来越漂亮！

玛　莎：祝你找到一个很帅的男朋友！

山　本：祝你学习取得好成绩。

张老师：这是我们给你的礼物。

春　香：谢谢你们。

18—03
先读一遍句子，然后听录音，并按照你听到的顺序给句子标上序号。

娜拉：王军，你什么时候毕业？

王军：明年夏天。

欧文：祝你找到一个好工作。

王军：谢谢。

娜拉：你想找什么样儿的工作？

王军：我想去公司。

欧文：什么样的公司？

王军：跟旅行有关系的公司。

娜拉：希望以后你能带我们去旅行。

王军：没问题。

18—04

听两遍录音，然后回答问题。

欧　文：老师，教师节快乐！

娜　拉：祝您身体健康，工作顺利！

春　香：祝老师越来越年轻。

张老师：谢谢你们。

欧　文：谢谢老师对我们的帮助。

娜　拉：刚来的时候，我们不会说汉语。

春　香：现在我们可以跟中国人聊天儿了。

欧　文：老师，您辛苦了！

郑 重 声 明